中國社會思想史

（下）

張 承 漢 著

學歷：國立臺灣大學社會學系畢業
美國聖路易大學碩士
美國哈佛大學研究

經歷：國立臺灣大學社會學系暨研究所教授、
系主任、所長、

現職：旅居海外專事社會學之研究與寫作。

三 民 書 局 印 行

國立中央圖書館出版品預行編目資料

中國社會思想史／張承漢著.--初版.--
臺北市：三民，民83
　　冊；　　公分
參考書目：面
ISBN 957-14-2076-X（下冊：平裝）

1.社會-哲學,原理-中國-歷史

509.2　　　　　　　　　8305203

ⓒ 中國社會思想史（下）

著　作　人　張承漢
發　行　人　劉振強
著作財產權人　三民書局股份有限公司
發　行　所　三民書局股份有限公司
　　　　　　地址／臺北市復興北路三八六號
　　　　　　郵撥／○○○九九九八一五號
印　刷　所　三民書局股份有限公司
門　市　部　復北店／臺北市復興北路三八六號
　　　　　　重南店／臺北市重慶南路一段六十一號
初　版　中華民國八十三年八月
編　　號　S 50004
基本定價　陸元捌角玖分
行政院新聞局登記證局版臺業字第○二○○號

ISBN 957-14-2076-X（平裝）

自　序

　　人類由獸皮裏體，更之以衣縷；由茹毛飲血，代之以爨食；由穴居野處，易之以宮室；由涉水歷險，調之以舟楫。不僅衣食住行如此，其他在科技、倫理、制度等等方面，亦復如此，故一部人類歷史，可說是為求生存而向自然和社會環境挑戰的調適紀錄。無論挑戰的成敗如何，人類均能從中汲取經驗，用以調整生活之內涵與方式。所以古往今來的歷史，也就隨著人類挑戰的經驗而豐富、而壯麗。人類於挑戰成功之餘，固然把經驗用之於生活之上，同時也隨著新挑戰和新問題的出現而不斷思慮。思慮周詳，固喜不可抑；思慮欠周，亦不揚棄。因之，有關人類生活方式之思慮，日積月累，浩瀚無際。可是，在連串的挑戰之中，與人類關係最密切和最重要者，厥惟人類共同生活——社會——的觀念。因為克服自然環境並非不易；不易者，乃人類社會應如何組織、如何調適之基本問題。這些問題是人類生存之所繫，如果社會之組織和問題不能解決，其他一切努力，形同多餘。所以自古以來之聖賢哲士，無不費盡心智，思以說明人類社會之種種現象，和解決人類社會的各種問題；而一部人類歷史，事實上就是人類應該如何彼此調適、以謀生存與發展之社會思想史。如果從歷史中抽出社會思想部分，其所剩者，也就寥寥無幾，乏善可陳了。

　　一個國家民族的社會思想史，是該國家民族對於社會生活的種種觀念之紀實，通常隨著其特殊之地理、心理，以及文化背景之不同，而別具風貌。因此，中國社會思想史乃中國人在求生存和生活之過程中，如何彼此調適、克服問題之觀念紀錄。然而，不幸的是，對於這部生活觀念的紀錄，始終沒有合邏輯、有系統之整體闡述；或偶爾為之，亦不以

社會學的觀點作解釋。此種棄先賢社會思想於不顧，總不能不說是件憾事。

尤其近百年來，中國在西方文化與工業衝擊之下，固有文化遭受劇烈而重大破壞，代之以西方思想文物，其勢力方興未艾。其初，在文化震驚 (cultural shock) 之下，國人對於來自西方的文物制度、思想體系，每抱著一種驚奇、排外，甚至敵視的態度。及至義和團事變，八國聯軍直搗北京，「天朝」美夢，從此驚醒，始知「華夏文物」並非唯我獨尊。加之軍事失利，導致政治主權的喪失，於是割地賠款，相繼而來，大有走上世界其他古老帝國同一命運之趨勢。所幸「自強」運動及時而生，如「師夷之長以制夷」，「中學為體，西學為用」以及「全盤西化」等等。其目的在挽狂瀾於既倒，振大漢之先聲。這些運動迨至推翻滿清建立民國而鼎盛，故民國的建立，無疑亦是西方文化影響的結果。中共占據大陸，某些作為，固不足取，而今日臺灣之社會文化，正是此種西方文化影響下的延續，尤其美國化 (Americanization) 的程度，更日甚一日。

由於這種文化變遷之趨勢，遂引起國人對中國思想文化之關切，於是提倡所謂「中華文化復興運動」，期從中國固有之文化遺業 (culture heritage) 中，就適合於當前時代者，擷其精華，宏揚之，光大之。但此文化復興運動對於思想發展之影響如何？成就如何？目前尚言之過早，不過從長期觀點而言，支配中國思想者，既非歐美文明，亦非孔孟遺光，殆為一種適合當前時代需要的混成模式。此所謂「歐美文明」，乃指歐美文明之通性，此種通性吸取精到，固有助於中國思想文化之現代化；吸取不精到，則自暴自棄，永遠附驥人後。所謂「孔孟遺光」，乃我國思想文化之精髓，此精髓是否能夠發揚光大，亦難斷言。蓋在文化衝擊之下，孔孟價值所能付予文化復興的力量有多少，也是疑

問。而所謂「混成模式」，乃指中國之思想文化，旣不能如數吸收歐美文化，又不能以「文藝復興」方式恢復固有文化，則兩者趨中，可能發生涵化（acculturation）作用，故可獨樹一幟，自成一格。

然則中國之思想文化，確有其不朽價值，此等價值極宜擇善固執，以為文化涵化之要素。蓋揆諸以往五千餘年的歷史，其間文物思想，以一貫之，苟非有其永恆之價值，則華夏文物，孔孟遺光，恐早已成為歷史紀錄，與古埃及、希臘、羅馬同為人們憑弔之遺跡，夫何復興價值之可言？近代研究中國思想文化之外國人，日益增加，其原因固不一而足，而中國思想文化之實質，恐為其欲了解之眞正目的。尤其當今國際勾心鬭角方殷之際，惟力是尚，人慾橫流之時，中華文化尤能屹立不搖，使專以物質為重的西洋文明為之敬重，其不朽價值殆存乎其本體矣。

十二年前，先師龍冠海教授嘗對我說：「余因中風，行動不便，望你能繼承我志，著中國社會思想史一書，以宣揚中國社會思想。」我於恭謹拜受之餘，內心卻有無限辛酸與慌恐。辛酸者，吾師一生，焚膏繼晷，兀兀窮年，其獻身於社會學之教學與研究者，可謂勞矣。而晚年竟落得形單影隻，輾轉牀第，終以諸症併作，撒手人寰，怎不令人掩面唏噓！慌恐者，筆者才疏學淺，遊學無根，面對浩若煙海之中國古籍，怎不令人徬徨躊躇，不知所以！可是，辛酸可以，慌恐則不足取。因此，自受命以來，無時不以撰寫「中國社會思想史」為職志，無地不以順遂龍師心願而自期。尤其希望能拋磚引玉，激發中國社會思想之研究興趣。故敢將十餘年來在臺大講授「中國社會思想史」之講義，彙集擴充，予以付梓，其用意即在於此。

然而，寫社會思想史不易，寫中國社會思想史尤其不易。其中涉及問題之多，絕非想像可及。不過，我只為激發中國社會思想之研究工作

率先開路，希望後繼者，尤其年輕之社會學者，不斷努力，則於「宣揚」中國社會思想之目的，自然就可達到了。

本書是「西洋社會思想史」（三民書局出版）的姊妹篇，兩書合併讀之，讀者當知中西社會思想之旨趣及其異同也。

最後，本書之能出版，要特別感謝同窗好友韓復智教授之鼓勵與賜助。復智者，仁人君子也，其在中國思想史上的鑽研成就，知者共識；微復智關懷，則本書無由問世。此外，鄉長黃鵬志先生，時賜教宜，每出書，輒經其仔細校訂。本書付梓，又蒙賜正，五內感篆，非筆墨所能形容。至於書中內容與詮釋，容有欠當不周之處，尚祈博雅君子，學界前輩，不吝指正，是所幸焉。

張 承 漢　序於臺灣大學社會學研究室
民國七十四年十月二十五日
民國八十三年五月三日修正

中國社會思想史(下)　目　次

自　序

第六篇　宋元時期的社會思想

第一章　宋元時期的社會背景…………………………………… 3

第二章　宋元時期的社會思想…………………………………… 7

　第一節　李　覯…………………………………………………… 7

　第二節　王安石……………………………………………………17

　第三節　司馬光……………………………………………………24

　第四節　范仲淹……………………………………………………31

　第五節　葉　適…………………………………………………… 3

　第六節　許　衡……………………………………………………43

第七篇　明清時期的社會思想

第一章　明代的社會背景…………………………………………53

第二章　明代的社會思想…………………………………………57

　第一節　方孝孺……………………………………………………57

　第二節　王陽明……………………………………………………63

　第三節　王　艮……………………………………………………81

　第四節　李　贄……………………………………………………85

第三章　清代的社會背景…………………………………………93

第四章 清代的社會思想……………………………………95
　第一節 黃宗羲………………………………………95
　第二節 顧亭林……………………………………… 101
　第三節 王夫之……………………………………… 114
　第四節 唐　甄……………………………………… 123
　第五節 戴　震……………………………………… 130
　第六節 洪亮吉……………………………………… 136
　第七節 焦　循……………………………………… 143

第八篇　民國時期的社會思想

第一章 民國時期的社會背景………………………… 151
　第一節 清末的政治劇變與影響…………………… 151
　第二節 軍閥割據與五四運動……………………… 160
第二章 民國時期的社會思想………………………… 163
　第一節 孫中山……………………………………… 163
　第二節 康有為……………………………………… 194
　第三節 梁啓超……………………………………… 210
　第四節 譚嗣同……………………………………… 241
　第五節 嚴　復……………………………………… 255
　第六節 章炳麟……………………………………… 277
　第七節 蔡元培……………………………………… 289
　第八節 胡　適……………………………………… 305

第九篇　中國社會思想的回顧與前瞻

第一章 中國社會思想的回顧………………………… 325

第二章　中國社會思想的前瞻……………………………………333

　第一節　二十世紀的社會價值及其困境…………………………333

　第二節　中國社會思想的研究與發展……………………………337

主要參考書目……………………………………………………………357

跋…………………………………………………………………………367

第 六 篇
宋元時期的社會思想

第一章　宋元時期的社會背景

唐末失政，五代迭興。後周趙匡胤於陳橋兵變，黃袍加身，統一中原，建國號宋，是謂太祖。此後三百餘年間，爲中國學術思想史之發展，另成新局。前已言之，社會思想之發展與社會背景有關，宋代自不例外，其與社會思想發展有關者，歸納言之，約有以下數端。

一、政治上　宋太祖開國之初，爲弱藩鎮，加強統一，乃採集權中央之專制主義。同時興水利，墾荒地，大事建設，此不但結束長期的混亂割據，也爲國家的長期統一奠定基礎。但由於重文輕武，偏重內防，以致造成積弱不振之殘局。加上從太祖起立下不殺言官之家法，於是思想分歧，意見不一；政治每有改革，反對之聲四起；離心離德，無法團結。此種分歧局面，導致外寇不斷侵入。有宋一代，始終與外患爲伍，遼、金、元處處爲敵，時時入侵，國家積弱，了無生機。可是此種衰弱之局，反而造成宋學發展之特有精神。蓋宋之積弱與政治有關，於是要求改革之聲，此起彼落。神宗時，王安石變法即其一例。王安石變法失敗，固與前述之難獲共識有關，而要求政令改革，卻不絕於耳。錢穆教授指出，宋學精神厥有兩端，一曰革新政令，二曰創通經義❶。此兩者

---

❶　錢穆，「中國近三百年學術史」，臺北市：商務印書館，民國四十六年，第一章。

顯係政治不修的結果，但也是社會思想發展的源頭。

此外，宋太祖立國之初，深知治國之道在於學問，乃令武臣讀書，因之，助長了儒學之發展。後太宗、眞宗、仁宗均極力倡導，「故儒林風氣，嶄然一新，而一代學術，遂應運而興矣。」❷因此，宋代皇室之重儒，是導致社會思想發展之另一原因。

二、教育上　政治措施固然影響思想之發展，但其方法，則靠教育。宋之教育寄託於書院，而書院乃宋學精神之所在❸。

宋立國之初，教育弊端叢生。至仁宗時，中央建立太學，地方設立學校，教育制度於是次第完備；而完備之教育制度對於學術思想之發展與創新，貢獻尤巨。

三、宗教上　前述儒學盛行，但不排外。尤自中葉以後，各種宗教紛然雜陳，思想信仰雖不一致，但相互尊重，彼此包容，此對宋學發展，助益匪淺。先是道教復起，後有佛學調和❹，如程顥治學，即涉道釋二說，然後求諸六經。朱熹先涉儒學，終涉虛靈之說。陸九淵亦復如此。所以，宋代儒學因佛教滲入而形成理學，周敦頤、邵雍、張載、朱熹、程顥諸子之言心言性，均與此有關。

此外，此時西方宗教陸續東來。先是景教（基督教的一支）於唐初抵達，後有拜火教、摩尼教、回教相繼東播，及至宋代，勢力益強。其東來固爲東西文化之接觸增益不少，而於東西學術之交流，貢獻尤大。宋儒張載、邵雍的思想，均受其影響。因此，宋代西教東漸，對於當時學術思想之發展，貢獻甚著。

上述三項，係宋時社會之明顯特徵，也是與社會思想有關之主要因

❷　陳鐘凡，「兩宋思想述評」，臺北市：華世出版社，民國六十六年，臺一版，頁8。
❸　同❶。
❹　同❷，頁10。

素。所以，此一時期社會思想之內涵與發展，與前多少有所不同。

及至元朝，因由蒙古遊牧民族入侵而承大統，藉漢巨室而滅金，再滅南宋。但其本身文化層次不高，典章制度，俱一從缺，所以「政治簡陋，法令粗疏，惟以判例慣例爲典制，而無系統精密之律文。」❺故自元太宗窩闊臺起，即與漢文化接觸，並行中國制度。其後所任官吏，漢人亦不少，所以漢文化遂取代了蒙古之遊牧與部落文化。對中國而言，「夷而進於中國，則中國之也。」其目的在以華變夷。所以元朝之一切文物制度，均以漢文化爲主，並無特異之處。雖然如此，在社會階級上，卻依然涇渭分明。所謂蒙古人、色目人、漢人、南人，四者之權利義務皆不相同。此外，職業等第亦分高低，計有官、吏、僧、道、醫、工、匠、娼、儒、丐等十級❻。但由於中國文化自來博大深邃，包容性強，故元時之社會背景，對於當時思想影響不大。加之，元朝不及百年，期間大儒如許衡、竇默、趙復、姚樞、馬端臨、脫脫等，其思想均無顯著之「蒙古背景」。此種情況，可能與中國歷來的「正統」之說有關❼。然而由於元人統治極嚴，屢興「言論獄」與「文字獄」，使人不敢隨意發表有關社會問題與思想之言論。唯文人中仍有以詩、詞、曲等方式表達對於社會之不滿者。如許衡、姚樞、郝經、劉因等。一般言之，元代可謂是中國社會思想之蕭條期。

---

❺　蒙思明，「元代社會階級制度」，載韓復智編「中國史論集」（下冊），臺北市：國立編譯館，民國七十四年，頁1713。
❻　賴榕祥編著，「中國歷代治亂興亡史」，頁296。
❼　詳見薩孟武，「中國政治思想史」，臺北市：三民書局，民國六十一年，頁453。

第二章　宋元時期的社會思想

第一節　李　覯

一、**略傳**　李覯字泰伯，江西人。生於宋眞宗大中祥符二年（西元一〇〇九年），卒於仁宗嘉祐四年（西元一〇五九年）。「俊辯能文，舉茂才異等不中，親老，以教授自資，學者常數十百人。皇祐（仁宗年號）初，范仲淹薦爲試太學助教。」（宋史卷四百三十二儒林二）曰：「李覯著書立言……斯人之才之學，非常儒也。」後召爲海門主簿，太學說書。著有周禮致太平論、平上書、禮論、潛書、廣潛書、慶曆民言等等，輯爲直講李先生文集。爲宋初社會思想大家。

二、**社會思想**　李覯的社會思想，係以其功利之哲學觀點爲基礎。因此，凡論及社會現象時，無論政治、經濟、教育，或宗教，均以現象的社會功能爲要務。故其社會思想實際而不虛玄，崇實而不矯作，在中國社會思想史上，是少數不好高騖遠，只求實際的思想家之一。其主要社會思想如下：

（一）**論社會願望**　社會願望（ social desirable ）是個人心理所祈求的對象，其具體表現，則爲社會價值之追求。在人類的願望或價值

中❶，名、利、權三者最高，並爲人人追求之最終理想。此何以人常爲三者或其一之達成而不擇手段，以致違法亂紀，破壞社會秩序。在中國思想家中，尤其是儒家，對於名利權一事，向採輕視態度。如孟子謂：「王何必曰利，亦有仁義而已矣！」（孟子梁惠王）孟子之所以貶低利之重要性，在人往往「見利忘義」，以破壞社會秩序，達到獲利的目的。而李覯則不然，他認爲，利是求生存的方法，以正當方法求利，乃人情之常，亦人情之當。他說：

> 利可言乎？曰：人非利不生，曷爲不可言？欲可言乎？曰：欲，人之情，曷爲不可言？言而不以禮，是貪與淫，罪矣。不貪不淫而曰不可言，無乃賊人之生，反人之情！世俗之不熹儒以此。

（直講李先生文集卷二十九）

李覯的論述，顯然具實「直講」，毫無掩蓋造作。換言之，具有實事求是的科學精神。但是追求實利，並非目無法紀，爲所欲爲，凡事須以禮進行。申言之，追求利欲，與追求時所負的道德責任不可分離。時下部分學者，往往受西方人「價值中立」（value free）的影響，對於事務一味批評，看似在追求眞理，但卻不顧社會責任，結果導致社會日益「迷惘」（anomie）。李覯卻不如此，他言人之情欲或人之需要時，毫無卑視掩蓋之義。他說：

> 孟子謂「何必曰利」，激也；焉有仁義而不利者乎？其書數稱湯武，將以七十里百里而王天下，利豈小哉！孔子七十所欲不踰矩，非無欲也。於詩則道男女之時，容貌之美，悲感念望，以見一國之風，其順人也至矣。學者大抵雷同，古之所是則謂之是，古之所非則謂之非，詰其所以是非之狀，或不能知。古人之言，豈一端

---

❶ 人的「願望」似屬天生，如 W. I. Thomas 的四願望說。而價值則是社會的文化面。卽社會加諸於某種具體或抽象現象之上的有利觀念。

而已矣！（同上）

李覯的這段話，不僅批評了當時人不求眞理，以古人所是爲是，所非爲非的態度，也認爲是社會不喜儒的原因。中國古代儒者爲建立其理想之規範社會，達到治平之目的，常將社會推之於極端，以致對於情、欲、名、利等人類基本需要，漠然視之，毫不關心，甚或認爲是破壞理想境界的根源，每予卑視與壓抑。李覯的反俗儒思想，對於儒家思想之發展，貢獻至巨。

（二）政治主張　李覯的政治主張，基本上是民本思想的延續，以君主安民爲中心。他說：

> 天生斯民矣，能爲民立君而不能爲君養民。立君者天也，養民者君也；非天命之私一人，爲億萬人也。民之所歸，天之所右也；民之所去，天之所左也。天命不易哉！民心可畏哉！是故古先哲王皆孳孳焉以安民爲務也。（同上，卷十八安民策第一）

因此，在李覯的思想中，人民的安危與生活的保障，是統治者的唯一責任，也就是一人責任說。所謂人民之安，泛指人民生活之全部，非僅指「飲之、食之、治之、令之而已」。安之要務在教化，所謂「教而後能安」。教的目的在「使民父子親，夫婦和，宗族相睦，鄉黨相信，財不以爭，力不以鬪，肅肅雍雍，相從於禮讓之地。」（同上）由此可見，政治措施的目標是社會關係的和諧與調適。如果「使民父子不親，夫婦不和，宗族不睦，鄉黨不信，財則必爭，力則必鬪，呼天扣心，相從於刑戮之場……此周所以長世而秦所以不祀也。」（同上）

由此可見，政權之是否長遠，主要與社會關係之良窳有關。李覯思想蘊藏著高度之社會學含義，於此足見一斑❷。

---

❷　李敖在主編之「中國名著精華全集」（臺北市：遠流出版公司，民國七十二年）中，將李覯歸爲「社會學」類，可資參考。

（三）經濟主張　前已言之，李覯的思想是以實用為根基；以人性
為依歸，故在言及經濟事務時，悉以利國利民為要務，換言之，凡不能
直接利國利民之思想或措施，均予反對。他反宗教，即係一例。所以在
經濟方面，他主張「人無遺力，地無遺利，一手一足無不耕，一步一畝
無不稼。」（同上，卷六國用篇第四）以期人力物力之充分利用。「能
其事而後可以食；無事而食，是眾之殃，政之害也。」（同上，國用篇
第三）然而李覯並不否認社會分工之重要性。換言之，並非指社會中
之每個人皆須耕，皆須稼。只是「能其事」即可。事無大小，無須一
致。故不可耕而不織，更不可無視於政事。不過李覯特別強調「人無遺
力」，不外在提高生產力而已。

　　其次是「耕者有其田」的主張。李覯最重「生民之道，食為大」的
道理。而食則起自土地，土地不能自有，無法激勵生產意願。他說：

　　　　吾民之饑，不耕乎？曰：天下無廢田。吾民之寒，不蠶乎？
　　曰：柔桑滿野，女手盡之。然則如之何其饑且寒也？曰：耕不免
　　饑，蠶不得衣；不耕不蠶，其利自至。耕不免饑，土非其有也；蠶
　　不得衣，口腹奪之也……吾乃今知井地之法，生民之權衡乎！井地
　　立則田均，田均則耕得食，食足則蠶者得衣，不耕不蠶不饑者希
　　矣。（同上，卷二十潛書）

「耕不免饑，土非其有」的佃農政策，使人民得不到自己辛勞耕稼
的成果。所以「鉏耰未乾，喉不甘矣；新絲出盆，膚不縫矣。」（同
上）反觀「鉅產宿財之家，穀陳而帛腐；傭饑之男，婢寒之女，所售弗
過升斗尺寸。」（同上）李覯之所以贊成井田制度，即在人人得其田而
耕之。他又說：

　　　　是故土地，本也，耕穫，末也；無地而責之耕，猶徒手而使戰
　　也。法制不立，土田不均，富者日長，貧者日削，雖有耒耜，穀不

可得而食也。食不足，心不常，雖有禮義，民不可得而教也……故平土之法，聖人先之。（同上，卷十九平土書）

人欲耕而無田，而田反爲不耕之「鉅產宿財之家」所有，自然激發不起生產意願。蓋生產爲地主所奪，生產效率必然降低。孫中山先生提倡耕者有其田，正與李覯思想相吻合。

（四）反宗教制度　李覯的思想既然建立在實用之觀點上，故對於不能產生實際效果的宗教活動與信仰，自不爲然。他既然認爲「治國之實，必本於財用」（同上，卷十六富國策第一），對於不事生產之僧侶自無讚辭。他認爲，道士、和尚，無父無君，不忠不孝，罪不可逭。他嘗說：

昔孟子之闢楊墨曰：「楊氏爲我，是無君也；墨氏兼愛，是無父也。」今山澤之臞，務爲無求於世；呼吸服食，謂壽可長；非爲我乎？浮屠之法，棄家違親，鳥獸魚鼈，毋得殺伐；非兼愛乎？爲我是無君，兼愛是無父；無父無君，不忠不孝，況其弗及者，則罪可知矣。（同上，富國策第五）

李覯的宗教觀點，顯然是其實用哲學的延伸。蓋神職人員，游手好閒，不事生產，所以才有「止度人而禁修寺觀」（同上）之議。他指出，道士、和尚存在，有十害，不存在，則有十利。他說：

緇黃存則其害有十，緇黃去則其利有十。男不知耕而農夫食之，女不知蠶而織婦衣之，其害一也。男則曠，女則怨，上感陰陽，下長淫濫，其害二也。幼不爲黃，長不爲丁，坐逃繇役，弗給公上，其害三也。俗不患貧而患不施，不患惡而患不齋，民財以殫，國用以耗，其害四也。誘人子弟，以披其削，親老莫養，家貧莫救，其害五也。不易之田，樹藝之圃，大山澤藪，跨據略盡，其害六也。營繕之功，歲月弗已，驅我貧民，奪我農時，其害七也。材木瓦石，兼收並采，市價騰踊，民無室廬，其害八也。門堂之

飾，器用之華，刻畫丹漆，末作以燉，其害九也。惰農之子，避吏之猾，以傭以役，所至如歸，其害十也。果去之，則男可使耕而農夫不輟食矣；女可使蠶而織婦不輟衣矣，其利一也。男則有室，女則有家，和氣以臻，風俗以正，其利二也。戶有增口，籍有增丁，繇役乃均，民力不困，其利三也。財無所施，食無所齋，民有羨餘，國以充實，其利四也。父保其子，兄保其弟，冠焉帶焉，沒齒弗去，其利五也。土田之直，有助經費，山澤之富，一歸衡虞，其利六也。營繕之勞，悉已禁止，不驅貧民，不奪農時，其利七也。良材密石，亦既亡用，民得築蓋，官得繕完，其利八也。淫巧之工，無所措手，棄末反本，盡緣南晦，其利九也。宮毀寺壞，不傭不役，惰者猾者，靡所遁逃，其利十也。去十害而取十利，民人樂業，國家富強，萬世之策也。（同上）

上述十害十利，無一不是從實用觀點入手，故李覯所以反對宗教，不在宗教信仰之本身，而在從事神職之道士和尚不事生產。雖然他不像韓愈欲「人其人，火其書，廬其居」（韓昌黎先生集原道）般的極端，但如「漸而厰之」，則宗教亦必因後繼無人而廢止。

（五）社會制度　李覯的社會制度觀，係建立在社會制度的約束力上。換言之，是以制度的功能為基礎。他所謂之社會制度，即禮。禮泛指一切約束人類行為之規範。他說：

　　嘗聞之，禮樂刑政，天下之大法也；仁義智信，天下之至行也。八者並用，傳之者久矣。而吾子一本於禮，無乃不可乎？曰：是皆禮也。飲食、衣服、宮室、器皿，夫婦、父子、長幼、君臣、上下、師友、賓客、死喪、祭祀，禮之本也；曰樂、曰政、曰刑、禮之支也，而刑者又政之屬矣；曰仁、曰義、曰智、曰信，禮之別名也；是七者蓋皆禮矣。（文集禮論第一）

由上觀之，李覯所謂之禮，又指一切社會制度之總稱，故曰：「禮者法制之總名也。」（同上，禮論第二）；「禮者君之大柄也，所以治政安居也。」（同上，禮論第六）因爲禮有約束行爲之作用，故有控制社會之功能。然則禮如何產生？他說：

夫禮之初，順人之性欲而爲之節文者也。人之始生，饑渴存乎內，寒暑交乎外；饑渴寒暑，生民之大患也。食草木之實，鳥獸之肉，茹其毛而飲其血，不足以養口腹也；被髮衣皮，不足以稱肌體也。聖人有作，於是因土地之宜以殖百穀，因水火之利以爲炮燔烹炙，治其犬豕牛羊及醞酒醴酏以爲飲食；藝麻爲布，繰絲爲帛，以爲衣服。夏居橧巢，則有顚墜之憂，冬入營窟，則有陰寒、重腿之疾；於是爲之棟宇，取材於山，取土於地，以爲宮室。手足不能以獨成事也，飲食不可以措諸地也；於是范金斲木，或爲陶瓦脂膠丹漆以爲器皿。（同上，禮論第一）

由上觀之，禮又是因應生存及生活需要而產生之文化規範，它是自生的社會制度（crescive social institution），故求生存與生活之經濟制度首先出現；一俟生存問題獲得解決，則伴隨社會互動而生之其他社會制度，亦因之而生，這些社會制度也是禮。他說：

夫婦不正則男女無別，父子不親則人無所本，長幼不分則強弱相犯；於是爲之婚姻以正夫婦，爲之左右奉養以親父子，爲之伯仲叔季以分長幼。君臣不辨則事無統，上下不列則羣黨爭；於是爲之朝覲會同以辨君臣，爲之公、卿、大夫、士、庶人以列上下。人之心不學則懵也；於是爲之庠序講習以立師友。人之道不接則離也，於是爲之宴享苞苴以交賓客。死者人之終也，不可不厚也；於是爲之衣衾棺槨、衰麻哭踊以奉死喪。神者人之本也，不可以不事也；於是爲之禘嘗郊社，山川中霤以修祭祀。豐殺有等，疏數有度，貴

有常奉，賤有常守，賢者不敢過，不肖者不敢不及，此禮之大本也。（同上）

以上是有關人類互動時，應行遵守之系統化行爲規範——制度。其中包括婚姻制度、喪葬制度、家庭制度、政治制度、教育制度、娛樂制度、宗教制度等。這些制度，對於人類行爲皆有約束作用。所以李覯指出：「人之和必有發也，於是因其發而節之；和久必怠也，於是率其怠而行之；率之不從也，於是罰其不從以威之。是三者，禮之大用也。」（同上）可見禮對於人類行爲表現之限制了。又說：「夫禮，人道之準，世教之主也。聖人之所以治天下國家修身正心，無他，一於禮而已矣。」（同上）於此，禮之功能更爲顯見。

（六）社會控制　前述李覯有關禮的觀念，並非狹義之揖讓退進、灑掃之類，而是廣義的行爲規範，故有社會控制的功能。李覯在社會控制上的主要觀點，是以能發揮效用、達到目的爲主，至於方法，並不特別重視。所謂「或安而行之，或利而行之，或勉強而行之，及其成功一也。」（同上，禮論後語）由此可知，李覯的社會控制觀是以正（利而行之——賞）及負（勉強而行之——罰）兩種制裁方式爲主，但不特別強調其中任何一種，他所重視者是控制之效果，而不是形式。他說：

　　夫俗士之論，未有不貴刑法而賤禮義也；以爲天下之大，可域之於圄犴也；羣生之重，可摩之以刀鋸也；聞有稱王道誦教典也，則眾共笑之矣。必謂殺之而不懼，尚何有於教化乎？是皆不睹聖人之情者也。獨不知教失而後惡，化成而後刑，刑所以不勝惡也。

（同上，卷十八安民策第一）

由是可見，李覯顯然在駁斥偏頗的極端論調——只用一種方法或觀點即可治世。因此，他首重教化，教之無效，則利之，利之無效，則刑之。他說：

善觀民者，見刑之不勝惡也，則反之曰，是教之罪也；焉可以刑不勝惡而謂教益不可用也？……民有以生之而無以教之，未知爲人子而責之以孝，未知爲人弟而責之以友，未知爲人臣而責之以忠，未知爲人朋友交游而責之以信，未知廉之爲貴而罪以貪，未知讓之爲美而罪以爭，未知男女之別而罪以淫，未知上下之節而罪以驕，是納民於阱也；雖曰誅之，死者弗之悔而生者弗之悟也。（同上）

他所謂之教化，即社會化——把規範灌輸於社會成員的思想中的過程。此後如有違規者，則方刑之，蓋與社會本身無關，正是「不教而殺之謂虐」之詮釋，所以教化是社會控制的第一步。

其次是刑罰。李覯雖然講求功利（賞），但當功利仍不足以維持社會秩序時，則主張刑罰。他說：

刑罰之行尙矣，積聖累賢未有能去者也。非好殺人，欲民之不相殺也；非使畏己，欲民之自相畏也。（同上，卷十刑禁第一）

由是可見，以刑罰作爲社會控制之工具，事出無奈，所謂「刑期無刑」、「以戰止戰」者也。刑罰是不可避免的或者必要之「罪惡」，乃社會需要使然。蓋非如此，不足以畏天下，非如此，不足以儆人羣。他又說：

天討有罪，王者奉之，以作五刑。刑者非王者之意，天之意也；非天之意，天下之人之意也。殺人者死，而民猶有相殺；傷人者刑，而民猶有相傷，苟有以不忍而赦之，則殺人者不死，傷人者不刑。殺傷之者，無以懲其惡，被殺傷者無以伸其寃，此不近於帥賊而攻人者乎？（同上，刑禁第三）

可是，賞罰有時並不一定發揮效用。例如他說：

誘之以賞，利有厚於賞者，脅之以罰，禍有大於罰者。利厚於

賞，則去賞，禍大於罰，則就罰。（同上，卷二十二懾節）

賞罰之所以不能發揮效用，乃因有重於賞罰者，但如果「賞重於利，則民重賞，刑重於禍，則民畏罰。誘之以民之大利，嚇之以民之大畏，刑賞未必不會發生作用。」❸此乃人性使然。由此足見，以賞罰維持社會秩序，亦非易事。總之，人之事是藝術（art），而非技術（technique），所謂運用之妙，存乎一心，「一計不成，另生一計」，或有成功之日也。

　　（七）論社會變遷　李覯的社會變遷論，根源於政治之治亂相循。因其對國家與社會不分，故政治上的一治一亂，即社會之循環變遷。他說：

治之民思亂，亂之民思治。何也？生無事之時，身安而意侈，刑弛矣。急之則驚，歛輕矣，加之則怨；力未嘗鬪，自謂勇，心未嘗謀，自謂智，知兵之利而未見兵之害，小不得意，則欲翼而飛矣，故曰治之民思亂也。處多難之世，城者不肆，野者不稼，強者僵於戰，弱者斃於饑，父母妻子，劫束屠膾，然後見興兵之害，而不獲兵之利，幸而有主，則將兩其槁矣。故曰亂之民思治也。思治矣，雖中才可得其歡；思亂矣，非聖人不能弭其漸。（同上，卷二十一備亂）

按李覯之意，社會變遷乃「治久思亂，亂久思治」之結果。治久則意墮，似是物質腐蝕，心理鬆弛所造成的結果，這與文明使人墮落因而導致紛亂相同。但亂久思治，則在人見久亂之弊，身受苦痛所造成的。如此，李覯在解釋治亂上，應用兩個不同的向度，兩者如一體兩面，而又交互作用，彼此影響。所謂「天下合久必分，分久必合」是也。總

---

❸　薩孟武，「中國政治思想史」，臺北市：三民書局，民國六十一年，頁384。

之，其從心理因素說明治亂相循，雖然仍失之偏頗，惟亦可說明其重要性也。

　　三、李覯社會思想評議　綜觀李覯之社會思想，其中心目的，在人類社會生活之調處。其思想以實用觀為根據，進而推延至社會生活之各個層面。其中言及最周詳者，厥為社會制度及其功能之發揮。李覯雖然反對釋老緇黃，但不否認宗教之存在，因為「神者人之本也，不可以不事也。」他之所以反緇黃（和尚、道士）乃在其不事生產，且妨礙生產，故不能謂之反宗教。至於他對政治、經濟之關懷，皆起於實用觀點，而其所以採實用觀，當與經濟的效用有關。蓋自古以來，中國人即為生存問題所困擾。事實上，朝代更替，江山易主，每多以民不聊生使然。當然「民不聊生」之背後則涉及人口問題、制度問題，乃至科技問題等等。但基本上，生產力之提高則為當務之急。李覯主張以功利主義刺激生產意願，使民生問題由之而解決。

　　至於其對社會制度——禮——之觀點，在古代思想家中，少有與之相比者。總之，李覯的社會思想，貴在以人性與社會事實為基礎，不虛偽，不矯作，針對社會真相，予以批判與褒貶，並提出解決之道，故可謂一位偉大之社會學家及社會改革家。

第二節　王安石

　　一、略傳　王安石字介甫，撫州臨川人（今屬江西）。生於宋真宗天禧五年（西元一〇二一年），卒於宋哲宗元祐元年（西元一〇八六年）。為北宋政治家、文學家和社會改革家。仁宗慶曆二年進士。「安石議論高奇，能以辨博濟其說，果於自用，慨然有矯世變俗之志，於是上萬言書，以為：『今天下之財力日以困窮，風俗日以衰壞，患在不知

法度，不法先王之政故也。法先王之政者，法其意而已。法其意，則吾所改易更革，不至乎傾駭天下之耳目，囂天下之口，而固已合先王之政矣。……願監苟且因循之弊，明詔大臣，爲之以漸，期合於當世之變。』後安石當國，其所注措，大抵皆祖此書。」（宋史卷三百二十七）宋神宗熙寧間（西元一〇六八——一〇七七年），兩度爲相，進行變法（革新社會制度），兩度罷相。後退居江寧，封荆國公，著書立說，不問政事。王安石著作甚豐，然多在黨爭中焚毀，現存「王臨川集」、「臨川集拾遺」、「周禮義」、「道德經注」等書。

二、社會思想　王安石的社會思想，是針對當時社會環境的一種反應，故立論新奇，見解不俗，是謂「新學」。因而其社會思想不苟世說，頗能獨創。其要者，約有以下數端。

（一）**人性論**　王安石之人性論，與孟子、荀子、揚雄、韓愈等人之人性說，迴然不同。王安石認爲，人性之表現始於形體，易言之，無形體，則自無人性之表現，即形體是行爲（人性）之表現主體。他說：

神生於性，性生於誠，誠生於心，心生於氣，氣生於形，形者有生之本。（王臨川集卷六十六禮樂論）

由此可知，人性是人類形體固有之心理能力。但是，此種能力並無先天上的善惡特質。他把人性視爲「中性」，不含價值觀念——善惡，所以接近告子「生之謂性」（孟子告子）之說。因此，人性無善，亦無惡，而所謂善或惡，係「有感於外而後出於中者。」（同上，卷六十八原性）他說：

夫太極者，五行之所由生，而五行非太極也。性者，五常之太極也，而五常不可以謂之性。（同上）

由此可見，性只是「五常」（仁、義、禮、智、信）之基礎，但非五常。它是表現行爲之心理能力，無所謂善或惡。他又說：

夫太極生五行，然後利害生焉，而太極不可以利害言也。性生乎情，有情然後善惡形焉，而性不可以善惡言也。（同上）

性本身無價值標準，至為顯見。然則人何以有善惡之行？王安石認為，始於情，情是感於外（環境）而發自內的心理作用，故有善與惡。他說：

孟子以惻隱之心人皆有之，因以謂人之性無不仁。就所謂性者如其說，必也怨毒忿戾之心人皆無之。然後可以言人之性無不善，而人果皆無之乎？孟子以惻隱之心為性者，以其在內也。夫惻隱之心與怨毒忿戾之心，其有感於外而後出乎中者，有不同乎？荀子曰，其為善者偽也，就所謂性者如其說，必也惻隱之心人皆無之。然後可以言善者偽也。為人果皆無之乎？……且諸子之所言，皆吾所謂情也，習也，外性也。楊子之言為似矣，猶未出乎以習而言性也。古者有不謂喜怒愛惡欲情者乎？喜怒愛惡欲而善，然後從而命之曰仁也義也。喜怒愛惡欲而不善，然後從而命之曰不仁也，不義也。故曰有情然後善惡形焉。然則善惡者，情之成名而已矣。孔子曰：性相近也，習相遠也，吾之言如此。（同上）

王安石的這段話，可謂道盡人性之真諦，也正是目前社會學者與心理學者之共同看法。惜乎，近人不察，挾洋自重，每謂西人所謂人性如何。按王安石之意，性是人先天具有之能力，而此能力顯現於外者，謂之情。因此，「性情一也」。一在內，養而未發；一在外，發見於行。所以性情本身無善惡，善惡者，情之發而不合於理者。他說：

性情一也，世有論者曰：性惡情惡，是徒識性情之名而不知性情之實也。喜怒哀樂好惡欲未發於外而存於心，性也。喜怒哀樂好惡欲發於外而見於行，情也。性者情之本，情者性之用。……故此七者（喜、怒、哀、樂、好、惡、欲），人生而有之，接於物而後

動焉，動而當於理，則聖也賢也。不當於理，則小人也。（同上，
卷六十七性情）

王安石之此種觀點，尚須加以引伸。第一，他所謂之喜、怒、哀、
樂、好、惡、欲七者，並非指全部人性而言，僅其代表而已。第二，他
所謂「接於物而後動」，係指人之性由環境而引發（即情）。第三，他所
謂「當於理」，係指符合社會文化之價值或規範而言。此種價值與規範之
真實性如何，姑且不論，而其能作為判斷行為善惡之標準，殆無疑義。
因此，他反對人天生為善抑為惡的命定主張。換言之，性之善惡，係後
天「習」的結果。所以他服膺孔子「性相近也，習相遠也」之說。

總之，王安石之人性論，批判了孟子、荀子、揚雄、韓愈等人之觀
點，闡發了孔子之人性觀；詮釋中肯，接近事實，應為千古定論。

（二）社會變遷論　王安石之社會變遷論，含有濃厚的演化觀點。
蓋太古之時，人與禽獸併，聖人出而別之；人順其情而天下亂，復須教
化而治焉。故他說：

> 太古之人，不與禽獸朋也幾何。聖人惡之也，制作焉以別之。
> 下而戾於後世，侈裳衣，壯宮室，隆耳目之觀，以囂天下。君臣父
> 子兄弟夫婦，皆不得其所當然，仁義不足澤其性，禮樂不足鋼其
> 情，刑政不足網其惡，蕩然復與禽獸朋矣。聖人不作，昧者不識所
> 以化之之術，顧引而歸之太古，太古之道果可行之萬世，聖人惡用
> 制作於其間；必制作於其間，為太古之不可行也。顧欲引而歸之，
> 是去禽獸而之禽獸，奚補於化哉？吾以為識治亂者，當言所以化之
> 之術，曰歸之太古，非愚則誣。（同上，卷六十九太古）

由是可知，太古時期並無文化可言，以致人獸雜處，無分彼此。俟
後聖人惡之，「制作焉以別之」，文化從而產生。可是「侈裳衣，壯宮
室，隆耳目之觀」的結果，人之性情縱其所欲，致使禮樂、仁義、刑政

無以爲功，人再與禽獸爲伍。最後聖人作，教以治化之術，社會秩序再度恢復。王安石雖未說明將來社會如何，但如「化之之術，歸之太古，」則必然與禽獸朋；然而如化之之術不歸太古，則社會必然進步。

　　因此，王安石認爲，社會必然要變，何以要變，則未有說明。例如，他說：

　　　　蓋聖人之心，不求有爲於天下，待天下之變至焉，然後吾因其變而制之法耳。至孔子之時，天下之變備矣，故聖人之法亦自是而後備也。（同上，卷六十七夫子賢於堯舜）

　　王安石變法，顯然是因應「天下之變備矣」，故「制之法耳」。可是變並非復古，易言之，社會變遷乃係因應當時社會的權宜措施。他說：

　　　　古之人以是爲禮，而吾今必由之，是未必合於古之禮也。古之人以是爲義，而吾今必由之，是未必合於古之義也。夫天下之事，其爲變豈一乎哉，固有迹同而實異者矣。今人誾誾然求合於其迹，而不知權時之變，是則所同者古人之迹，而所異者其實也。事同於古人之迹而異於其實，則其爲天下之害莫大矣。（同上，非禮之禮）

　　事變（廣義言之，即社會變遷）是一種不可避免之現象，而且求變無須「迹同」，換言之，「權時之變」乃變遷之常規，因循「迹同」，其「實」不同，故雖變卻遺害天下。王安石之此說，顯有爲其「新法」辯護之意。所謂「天變不足畏，祖宗不足法，人言不足恤。」（宋史卷三百二十七王安石傳）又說：「變風俗，立法度，最方今之所急也。」因此求變創新，反對守成，便是其思想之主要基礎，可惜王安石徒有一套變遷理論，而缺乏執行藝術，所以其新法甫告推動，即行失敗。

　　(三)政治主張——賢人政治　王安石之政治觀，以賢人之治爲主。此種觀念，顯係中國傳統政治思想之傳承。王安石屬儒家，其賢人之

治，自不脫傳統儒家之窠臼。他說：

> 國以任賢使能而興，棄賢專己而衰。此二者，必然之勢，古今
> 之通義，流俗所共知耳。何治安之世有之而能興，昏亂之世雖有之
> 亦不興，蓋用之與不用之謂矣。有賢而用，國之福也；有之而不
> 用，猶無有也。（同上，卷六十九興賢）

由此可知，國家興衰，與賢能之有無用否，直接有關。王安石稱賢
能謂之材。因此，國家取材而用，是政治的第一要務。他說：

> 夫工人之為業也，必先淬礪其器用，掄度其材榦，然後致力寡
> 而用功得矣。聖人之於國也，必先遴柬其賢能，練覈其名實，然後
> 任使逸而事以濟矣。故取人之道，世之急務也。（同上，卷六十九
> 取材）

又說：

> 天下之患，不患材之不眾，患上之人不欲其眾。不患士之不欲
> 為，患上之人不使其為也。夫材之用，國之棟梁也，得之則安以
> 榮，失之則亡以辱。（同上，卷六十四材論）

人材乃國治之本，可是國君之不欲甄拔人材者，其慮者三：一是「
以為吾之位可以去辱絕危，終身無天下之患，材之得失，無補於治亂之
數。」二是：「……吾之爵祿貴富，足以誘天下之士，榮辱憂戚在我，
吾可以坐驕天下之士，將無不趨我者。」三是「……不求所以養育取用
之道，而諰諰然以為天下實無材。」（同上）雖然王安石依次駁斥，但
是人君之慮，亦非斷無道理。所以他特別強調賢德之重要。換言之，材
須賢須德，不賢不德，不為材。他說：

> 以賢治不肖，以貴治賤，古之道也。所謂貴者何也？公卿大夫
> 是也。所謂賤者何也？士庶人是也。同是人也。或為公卿，或為
> 士，何也？為其不能公卿也。故使之為士；為其賢於士也，故使之

爲公卿，此所謂以賢治不肖以貴治賤也。……其道德必稱其位，所謂以賢也。（同上，卷六十三諫官論）

由此可見，王安石所謂之材，非專指「能」而言，「材」是治事之能力，而能力中須有「賢」與「德」，否則此種能力必因無賢無德而不能發揮。換言之，賢與德是能的中心要素，含有賢與德之能，方謂之材。王安石人材第一的政治主張，即出於此。

（四）論教育　王安石之教育主張，事實上，即社會化過程中之規範內化，係孔孟一貫之道的接續。他對當時社會之教育措施，多有批評。他說：

> 善教者藏其用，民化上而不知所以教之之源，不善教者反是。民知所以教之之源，而不誠化上之意。善教者之爲教也，致吾義忠，而天下之君臣義且忠矣。致吾孝慈，而天下之父子孝且慈矣。致吾恩於兄弟，而天下之兄弟相爲恩矣。致吾禮於夫婦，而天下之夫婦相爲禮矣。天下之君君臣臣父父子子兄兄弟弟夫夫婦婦，皆吾教也。民則曰，我何賴於彼哉。此謂化上而不知所以教之之源也。不善教者之爲教也，不此之務，而暴爲之制，煩爲之防，劬劬於法令誥戒之間。（同上，卷六十九原教）

按王安石之意，教化係「上行下效」的工作，每一個人依地位而扮演角色，則民自化。蓋角色之要素爲規範，按地位而正確地扮演角色，必先規範內化。所以教育的目的即在於此。最後「致吾義忠」、「致吾孝慈」、「致吾恩」、「致吾禮」，社會自然就有秩序了。

王安石之此種主張，顯係針對宋時之教育弊端而發。蓋宋時學校，多講習章句之學，授之以國事，則不能勝任，故王安石嘆人材難求。他說：

> 方今州縣雖有學，取牆壁具而已，非有教導之官長育人才之事

也。唯太學有教導之官，而亦未嘗嚴其選，朝廷禮樂刑政之事，未嘗在於學；學者亦漠然自以禮樂刑政為有司之事，而非己所當知。學者之所教，講說章句而已；講說章句，固非古者教人之道也。

（同上，卷三十九上仁宗皇帝言事書）

換言之，宋時學校講授之功課，與社會國家之需要脫節，以致有教育，但無人才；有學習，而不能致用。質言之，王安石主張教育應與社會生活相結合，正是「教育即生活」之意。

三、王安石社會思想評議　王安石不僅是宋代最偉大的政治家，也是中國歷史上偉大的政治家之一。他的偉大，起於其思想之超羣脫俗，不同於世俗之見。但其政治改革之失敗，則起於方法運用之不當，故不能謂其為中國最偉大之政治家❹，惟其思想中之求變觀念，則是中國歷代思想家中所少見。在其社會變遷的思想中，有兩點值得重視：第一，他認為，變遷是種必然現象，任何力量均無法阻止；第二，一切社會制度，均須因應社會變遷的需要而加以改革。他提出之「新政」，正是此種思想的落實。衡諸當前社會學的理論，王安石的觀念，應無置疑。

其次，他對人性論的批判，使於孟、荀、揚、韓諸子之外，另創新猷。至於人材第一的政治主張，係傳統儒家的一貫信念，並無新義。總之，王安石的貢獻，如其說在政治，無寧說在社會；如其說是偉大的政治學家，無寧說是偉大的社會思想家。但無論如何，他在中國思想史上占有一席之地，則無問題。

第三節　司馬光

---

❹　見李敖主編，「中國名著精華全集」，第二十冊，臺北市：遠流出版公司，民國七十二年，頁33，人像說明。

一、略傳　司馬光字君實，陝州夏縣人（今屬山西）。生於宋眞宗天禧三年（西元一〇一九年），卒於宋哲宗元祐元年（西元一〇八六年），享年六十有八。仁宗寶元初，中進士甲科，歷任天章閣待制兼知諫院。治平三年（西元一〇六六年）以所撰「通志」八卷進獻，英宗時命設局續修，神宗時賜名「資治通鑑」。元豐八年（西元一〇八五年）哲宗即位，應召入主國政，次年任尙書左僕射，兼門下侍郞。卒後追封溫國公，謚文正。

司馬光是北宋保守思想派的主將，強調儒家的綱常倫理，墨守祖先之成規章典，故反對王安石變法。著有「資治通鑑」、「稽古錄」、「涑水紀聞」，及「司馬文正公集」等。

二、社會思想　司馬光是北宋保守思想的代表人物，可謂「口不絕吟於六藝之文，手不停披於百家之編。」一切均以儒家宗法爲依歸，儒家倫常爲宗旨，對於先儒之言，奉行唯謹。他說：「使詩書孔子之言，皆不可信，則已；若猶可信，則豈得盡棄而不顧哉。」（司馬文正公集卷十）所以他的社會思想有明顯的保守傾向。但對北宋而言，其影響非同小可，尤其因反對王安石變法，更造成政治上的震盪與不安。

（一）反變遷論　司馬光之思想保守，自是反對變遷。尤其反對王安石的變法。他說：

> 孔子傳之曰，日中則昃，月盈則食，天地盈虛，與時消息，而況於人乎？況於鬼神乎？是以聖人當國家隆盛之時，則戒懼彌甚，故能保其令問，永久無疆也。凡守太平之業者，其術無他，如守巨室而已……謹守祖宗之成法，苟不墮之以逸欲，敗之以讒諂，則世世相承，無有窮期。（同上，卷三惜時）

他認爲，凡事謹守祖宗成規，即可守太平之業。反之，不守祖宗之成法者，則國家覆亡，必不可免。例如他說：

不幸所委之人（王安石），於人情物理，多不通曉，不足以仰
副聖志，又足己自是……不知擇祖宗之令典，合天下之嘉謀，以啓
迪清衷，佐佑鴻業，而多以己意輕改舊章，謂之新法……不顧國
家大體，人之常情……捨是取非，興害除利，名爲愛民，其實病
民；名爲益國，其實傷國。（同上，卷七乞去新法之病民傷國者
疏）

所以他對王安石的變法，深惡痛絕，全然不顧當時的社會背景。他
不僅對王安石作人身攻擊，尤且反對其變法之內容。他說：

安石既愚且愎，不知擇祖宗之令典，合天下之嘉謀，以啓迪聰
明，佐佑丕烈，乃足己自是……然後逞其胸臆，變亂舊章，興害除
利，捨是取非，其尤病民傷國者，略舉四條：其一曰青苗錢，分命
使者，誘以重賞，強散息錢……其二曰免役錢，縱富強應役之人，
使家居自逸，征貧弱不役之戶，使流離轉死……其三曰保甲……穀
帛稅如故，又使捨耕桑，事戰陣，一身二任，民何以堪……四曰市
易，遣吏坐列販賣，與細民爭利……使道路怨嗟，遠近羞笑。（同
上，卷一遺表）

王安石變法的利弊如何，固難定奪，從近代社會發展觀之，其中
「多爲良法，且與今日新制相近，其餘雖未盡善，亦各有其命意之所
在。」❺因此，王安石變法之失敗，不一定敗在新法之傷國病民，而可
能敗在所謂「天變不足畏，祖宗不足法，人言不足恤」上。這與當年秦
孝公變法時，商鞅所謂：「疑行無成，疑事無功，君亟定變法之慮，殆
無顧天下之議之也。且夫有高人之行者，固見負於世，有獨知之慮者，

❺　金毓黻，「宋之變法與黨爭」，載韓復智編，「中國史論集」（下冊），
　　臺北市：國立編譯館，民國七十四年，頁1583。

必見驚於民」，（商君書卷一更法）不謀而合。這種觀點，與傳統的儒家思想自然不能調和。所以他在「奏彈王安石表」中說：

　　　　而安石首倡邪術，欲生亂階，違法易常，輕革朝典，學非言僞，王制所誅，非曰良臣，是爲民賊，而又牽合衰世，文飾姦言徒有嗇夫之辨談，詎塞爭臣之正論。（同上，奏彈王安石表）

　　由此可見，司馬光攻擊王安石的變法，已非理性上的批判了。在司馬光看來，儒家之社會政治思想，已經燦然大備，是社會秩序建立的指南，國家政治發展的標的，凡反對儒家思想，及由儒家思想爲成規所建立的典章制度，均是倒行逆施，傷國病民，置人民於水火之中的大逆不道。因此，他之所以反對變遷鼎革，實肇始於其對儒家思想之執著，並無「理論」上之依據。

　　（二）政治主張　因爲司馬光的思想以傳統儒家爲中心，故其政治主張均不離孔孟之道；以人的因素作爲基本之政治考慮。一般而言，其政治主張約分爲三。

　　1.取才以德爲先，其他均屬次要。他說：

　　右臣竊以取士之道，當以德行爲先，其次經術，其次藝能。
（同上，卷三論舉選狀）

又說：

　　自三代以前，其取士無不以德行爲本，而未嘗專貴文辭也（同上，卷六議貢獻狀）

　　他把德行視爲取士的首要標準，正是儒家思想的反映。蓋德不卒，欲其竭忠以事君，竭孝以事親，殆不可能。所以「爲國之要，在於審察人材。」（同上，卷四乞延訪羣臣第三劄子）

　　2.爲政在知人　國家之大，治事之煩，自不能凡事親躬。因此，知人善用，乃爲政之要務。換言之，人儘是才，不才者去之，使「百官

稱其職，萬幾當其理。」（同上）他說：

> 臣竊以善爲政者，視民如子，見不仁者誅之……故害民之吏，
> 患在不知，知而不除，使戕賊良善，不愛一州，而愛一酷吏，豈爲
> 民父母之意哉。（同上，言王逵第二劄子）

又說：

> 夫爲政之要，在於用人，賞善、罰惡而已。三者之得，則遠近
> 翕然，嚮風從化，可以不勞而成，無爲而治。三者之失，則流聞四
> 方，莫不解體，綱紀不立，萬事墮頹，治亂之原，安危之機，盡在
> 於是。（同上，上皇帝疏）

司馬光所強調的德爲先，用人第一，以及賞善、罰惡等，事實上，
是孔孟政治思想之精義，他不過重新強調，再作詮釋罷了。

　　3.君臣關係交泰　司馬光視君臣關係爲一種初級關係，唯其如此，
才能「明主不惡逆耳之言，以察治亂之原，忠臣不避滅身之禍，以論安
危之本，是以上下交泰，而事業光美也。」（同上，卷二請建儲副或進
用宗室第一狀）換言之，君臣關係交泰，才能各盡職責。他說：

> 君不交臣，則無以得其心，是以詩人歌頌其君之德，多稱飲食
> 飫燕之豐，鐘鼓箎磬之樂，車服旌旗之盛，幣帛錫予之多。蓋以君
> 臣兄弟朋友之際，舍此無以相交也。雖然，人君不以誠心加之，則
> 此四者雖美無益也。故鹿鳴曰：我有旨酒，以燕樂嘉賓之心。彤弓
> 曰：我有嘉賓，中心貺之，此言君臣之恩，不由外來也。（同上，
> 卷一進瞻彼南山詩表）

其所理想的君臣關係，是兄弟朋友關係，所謂「四海之內，如殿堂
之上，無不沈酣於茂恩，醫飫於盛德矣。」（同上）

但司馬光所謂之「君不交臣，則無以得其心」，並非沒有分際、踰
越規範的「初級關係」，而是恪守角色內涵的互動關係。在司馬光的保

守思想中，社會角色的分際是治道之必要條件，政治如此，其他亦然。
他說：

> 天地交謂之泰，天地不交謂之否，天地者上下之象也。施諸人
> 事，君仁而臣忠，父慈而子孝，兄愛而弟恭，皆泰也。君不仁，臣
> 不忠，父不慈，子不孝，兄不愛，弟不恭，皆否也。泰則上下之情
> 通，內外之志和，國以之治，家以之安。否則上下之情塞，內外之
> 志乖，國以之亂，家以之危，治亂安危之分，不在於他，在於審察
> 否泰之端而已矣。（同上，卷四上兩言疏）

由此可見，司馬光對於君臣關係重在角色的扮演，例如他說：「凡
爲人臣……夙夜惶懼，不敢默默。」（同上，卷三論夏竦謚第二狀）「忠
臣不避滅身之禍，以論安危之本，是以上下交泰，而事業光美也。」
（同上，請建儲副或進用宗室第一狀）而角色內涵（規範）的來源，則
爲孔孟之言。

（三）經濟主張　司馬光的經濟政策，乃以傳統的重農爲主，因爲
「食者生民之大本」，人民無饑寒之虞，自然「知穿窬探囊之可羞」，
所謂「不軌之民非不知穿窬探囊之可羞也，而冒行之，驅於饑寒故也。」
（同上，卷十三致知在格物論）在司馬光看來，民不聊生，乃一切社會
問題之來源。他嘗說：

> 今國家每下詔書，必以勸農爲先，然而農夫日寡，游手日繁，
> 豈非爲利害所驅邪。今農夫苦身勞力，惡衣糲食，以殖百穀，賦歛
> 萃焉，徭役出焉。歲豐則賤糶以應公上之須，給債家之求；歲凶能
> 流離異鄉，轉死溝壑……然則勸農者言也，害農者政也。天下生之
> 者益少，食之者益多，欲穀之無涌得乎哉。爲今之術，勸農莫過於
> 重穀，重穀莫如平糶……如是則穀重而農勸，雖有饑饉，常無流亡
> 盜賊之患矣。（同上，卷三論勸農上殿劄子）

中國農民自來窮困，加以「害農之政」，甚能不「使老弱不轉死溝
壑，壯者不起爲盜賊？」（同上）所以司馬光才批評王安石之「青苗
法」，百害而無一益。他說：

> ……皆以散青苗錢爲不便……彼言青苗錢不便者，大率但知所
> 遣使者，或年少位卑，倚勢作威，陵轢州縣，騷擾百姓。（同上，
> 卷七乞罷條例司常平使疏）

又說：

> 夫民之貧富，由勤惰不同，惰者常乏，故必資於人。今出錢貸
> 民而斂其息，富者不願取……貧者無可償……十年之外，百姓無復
> 存者矣。又盡散常平錢穀，專行青苗，它日若思復之，將何所取？
> 富室既盡，常平已廢，加之以師旅，因之以饑饉，民之羸者必委死
> 溝壑，壯者必聚而爲盜賊，此事之必至者也。（宋史卷三百三十六
> 司馬光傳）

在傳統的農業社會，生產力殊低，人民生存不易，所以食的問題須
先解決。此外，司馬光因受傳統儒家（尤其孟子）的影響，反對言利，
而主張仁義。換言之，仍以科層官僚的品德爲理事依據。故對於經濟政
策缺乏興趣，亦缺乏知識。

（四）反對迷信　司馬光的思想雖然保守，但不迷信。尤其對於喪
葬陰陽之術，使人拘而多畏的陰陽之說，認爲與國家興衰並無關係。他
說：

> 夫陰陽之書，使人拘而多畏，至於喪葬，爲害尤甚。是以士庶
> 之家，或求葬地，擇歲月，至有累世不葬者，臣嘗深疾此風，欲乞
> 國家禁絕其書……至於葬書，出於世俗委巷之言，司天陰陽官，皆
> 市井愚夫，何足問也……蓋王者受命於天，期運有常，國之興衰，
> 在德之美惡，固不繫葬地時日之吉凶也。（同上，卷四言山陵擇地

劄子)

孔子說：「未知生，焉知死。」（論語先進）又說：「敬鬼神而遠之」（論語雍也），司馬光秉此傳統，認爲「爲政之要，在於用人、賞善、罰惡而已。三者之得，則遠近翕然，嚮風從化，可以不勞而成。」（文集卷四上皇帝疏）所以坊間迷信之說，盡是無稽之談，不足採信。況且如從迷信，則勞民傷財，無補於國事，無益於個人。司馬光的儒家傳承觀念，於此亦可見一斑。

三、**司馬光社會思想評議**　司馬光是北宋保守思想的代表，也是傳統儒家思想的守護者。他在社會思想上，並無多少創見，只是針對王安石變法或社會改革有所反應而已。可是，從司馬光的反應看來，其對王安石變法後所造成問題，非僅止於「顧慮」或憂慮罷了。事實上，新法實行以後，弊端叢生，無論青苗法、貢舉法、市易法、保馬法、保甲法等等，大抵弊多於利❻。因此，如說司馬光只站在保守立場爲反對而反對，則非公平之論。王安石變法是否從整個社會文化上著眼，確也有商榷之處。然而司馬光一心以祖宗法制爲先，社會安定爲重，但無可否認的，他疏忽了社會的動態現象。熟知社會永遠不會停滯，變遷乃其常態，只是大變與小變而已。明乎此，則於司馬光的保守思想，當有正確認識。

第四節　范仲淹

一、**略傳**　范仲淹字希文，唐宰相履冰之後。江蘇吳縣人。生於宋太宗端拱二年（西元九八九年），卒於仁宗皇祐四年（西元一〇五二

---

❻　同❹，頁1581—1586。

年)，享年六十四。范氏兩歲而孤，後母改嫁朱氏，乃改姓朱，名說。「少有志操，既長，知其家世，迺感泣辭母，去之應天府，依戚同文學。」（宋史卷三百一十四列傳第七十三）二十六歲中進士，初爲廣德軍司理參軍，迎養其母。後改集慶軍節度推官，始恢復原姓，更名仲淹。

范仲淹官運亨通，初屢放外官。後西夏爲患，自請帶兵防禦，勇猛善戰，有「軍中有一范，西賊聞之驚破膽」之時諺。「仲淹爲將，號令明白，愛撫士卒，諸羌來者，推心接之不疑，故賊亦不敢輒犯其境。」（同上）及呂夷簡罷，范仲淹召還爲相，「中外想望其功業，而仲淹以天下爲己任，裁削倖濫，考覆官吏，日夜謀慮興致太平，然更張無漸，規摹闊大，論者以爲不可行。及按察使出，多所舉劾，人心不悅。」（同上）加之政爭不已，雖主持「慶曆變法」，惜遭權貴反對而未成功。其後邊陲有警，復外放平亂，唯年事已高，未及還京而卒。

范仲淹「汎通六經，長於易，學者多從質問，爲執經講解，亡所倦。」（同上）可見其不只知軍事，亦能治學問。平生著作甚多，卒後彙爲「范文正公集」，流傳至今。

二、社會思想　范仲淹的社會思想，重點有二：一爲政治主張，一爲社會救助。前者係身繫宦途，有感而發；後者可能感於身世飄零，與多年貧困的苦痛，極謀社會救助，以解人之困。

（一）政治主張　范仲淹的政治抱負，可從「先天下之憂而憂，後天下之樂而樂」見之（岳陽樓記）。終其一生，爲國爲民，栖栖惶惶，以至於死，可說憂則有之，而樂則無。他的政治主張，一部文集處處可見。其中「荅手詔條陳十事」，不僅是針對政治弊端的改革方案，也是政府組織的理想原則。

一曰明黜陟　其目的在使賢者進，不肖者退。不可「不限內外，不

問勞逸，賢不肖並進。」如此選拔良吏，爲國舉材，務期人人自勵以求績效，「然後天下公家之利必興，生民之病必救，政事之弊去，綱紀之壞必葺。人人自勸，天下與治。」

二曰抑僥倖　抑制投機取巧及鑽營求進，以免位實不符，造成不公，影響行政效率。所以反對靠裙帶關係謀取高位，「如此則內外朝君各務久於其職，不爲苟且之政，兼抑躁動之心。」同時「國家開文館延天下英才，使之直秘庭覽羣書，以待顧問，以養器業爲大用之備。」

三曰精貢舉　即選拔人才，以考六經爲主。蓋當時國家取士，以辭賦爲尚，結果諸士皆捨大方而趨小道，「雖濟濟盈庭，求有才有識者，十無一二，況天下危困乏人。」總之，治國有道，用人有方，唯六經唯則，辭賦雖美而言之無物，所謂華而不實，於治國何益。

四曰擇官長　即選擇有能力、有才華、有德行之士，爲地方長官。他說：

> ……先王建侯以共理天下，今之刺史縣令，即古之諸侯。一方舒慘，百姓休戚，實繫其人，故歷代盛明之時，必重此令，今乃不問賢愚，不較能否，累以資考，陞爲方面。儒弱者，不能檢吏得以蠹民；強悍者，惟是近名，率多害物，邦國之本，由此凋殘。

由此可知，地方官吏之重要。

五曰均公田　即以公田收入，作爲官吏的薪俸。惟宋時官吏所得微薄，不足養廉，因而導致其他問題。他說：

> ……聖人養民之時，必先養賢，養賢之方，必先厚祿，然後可以責廉隅，安職業也……在天下物貴之後，而俸祿不繼。士人家鮮不窮窘，男不得婚，女不得嫁，喪不得葬者，比比有之。復於守選待闕之日，衣食不足，貸償以苟。朝夕到官之後，必來見逼，至有冒法受賕，賒舉度日，或不恥賈販，與民爭利。既非負罪之人，不

守名節，吏有姦贓而不敢發，民有豪猾而不敢制，姦吏豪民得以侵暴，於是貧弱百姓理不得直，寃不待訴，徭役不均，刑罰不正，比屋受弊，無可奈何。

由此可見，官吏所得不足，不只影響其個人及家庭，進一步也能影響到國家與社會。尤其政事良窳，與此更有關連。因爲只有官吏養廉，才能發姦；只有官吏發姦，社會始能安康。范仲淹的這段話，與現代組織理論中之誘因說，實無不同。

六曰厚農桑　所謂厚農桑者，係指經濟發展而言。蓋民以食爲天，人民衣食無缺，始可長治。他說：

> 聖人之德，惟在善政，善政之要，爲在養民；養民之政，必先務農，農政既修，則衣食足，衣食足，則愛膚體，愛膚體，則畏刑罰，畏刑罰，則寇盜自息。禍亂不興，是聖人之德發於善政，天下之化起於農畝。

語云：饑寒起盜心。求生存是人類第一要務，不能求生，遑論倫理道德，更無言社會秩序了。所以范仲淹以爲，滿足人民之基本經濟需求，乃爲政的起碼條件，也是社會生存與發展的必要步驟。實則亦是人類政治發展的最高境界。

七曰修武備　修武備及發展軍事，主要在「以寧邦國」。因爲發展軍備，平時固可維持秩序，戰時可以保衛國家。所以必須未雨綢繆，以防後患。「京師衛兵多遠戍，或有倉卒，輦轂無備，此大可憂也。」倘若「緩急抽還，則外禦不嚴，戎狄進奔，便可直趨關輔。」軍事武備乃國家存亡之大本，不可不重。

八曰減徭役　旨在減少人民爲國家義務勞動的時次，以免影響生產。凡鰥寡孤獨及貧困者，均可免役。如此「少徭役，人自耕作，可期富庶。」

　　九曰覃恩信　即在「國家三年一郊，天子齋戒，袞冕謁見宗朝，乃
祀上帝，大禮既成，還御端門，肆赦天下。」大赦天下，是國家慶典的
象徵，也是政治恩惠的一種表現，古代帝王多沿用之。但大赦應眞正澤
及萬民，恩致百姓。不可「一兩月間，錢穀司存，督責如舊。桎梏老
幼，籍沒家產。至於寬賦歛，減徭役，存恤孤貧，振舉滯淹之事，未嘗
施行，使天子及民之意，盡成空言。」所以恩澤四方，要在澈底執行，
使人民眞正獲益，如此才不至於「有負聖心，損傷和氣。」

　　十曰重命令　「愼乃出令，令出惟行。」命令是權威的表現，也是
社會體系的基礎——信的考驗。命令不行，或行而不從，對於行政權威
都是一種挑戰。權威備受挑戰，則效率不能提升，國事自然無成。所謂
「先王重其法令，使無敢動搖，將以行天下之政也。」當時大宋朝綱，
百病俱顯，對於法令，輒多敷衍。顧其原因固多，但率爾頒令，未加詳
審，可能是其主因，所以范仲淹說：

　　　　今覩國家每降宣勑，條貫煩而無信，輕而弗稟，上失其威，下
　　　　受其弊。蓋由朝廷采百官起，請率爾頒行。既昧經常，即時更改，
　　　　此煩而無信之驗矣❼。

　　愼重命令的頒行，不惟避免率爾就事的弊端，而且可以避免滯礙難
行之事實。由此可見，法令繁瑣，不僅困擾古代，即在現代，科層制之
規章，恆多於牛毛，時人何其苦哉！

　　（二）社會救助　中國古代未有完善的福利政策，人民每有苦難，
多由家族或善人救助。一般而言，除非有重大災難發生，如天災地變，
政府甚少負起救濟責任。因此，設立義莊，周濟族人，可謂范仲淹社會
救助思想的具體表現。范文正公年譜載：天禧元年（西元一〇一七年）

───────────────

❼　以上俱見「范文正公集」（奏議上），臺北市：臺灣商務印書館，頁176—
　　182。

范仲淹爲亳州節度推官，奏請復本姓，後來名氣漸大，地位漸高，曾經對諸子弟說：

> 「吾吳中宗族甚眾。於吾固有親疏，然以吾祖宗視之，則均是子孫，固無親疏也；吾安得不邮其饑寒哉？且自祖宗來，積德百餘年，而始發於吾，得至大官。若獨享富貴而不邮宗族，異日何以見祖宗於地下，亦何以入家廟乎？」故恩例俸賜，嘗均族人。盡以俸餘買田於蘇州，號曰義莊。瞻養宗族，無間親疏。日有食，歲有衣；嫁娶凶葬，咸有瞻給……。及退，而視其私妻子，僅給衣食，其於富貴貧賤，毀譽歡戚，不一動其心。而慨然有志於天下。常自誦曰：士當先天下之憂而憂，後天下之樂而樂也。

由上可知，范仲淹心懷仁慈，時圖報恩，並將此胸懷推廣於整個社會，故有「先天下之憂而憂，後天下之樂而樂」之胸襟。范仲淹即據此胸襟而行政事，所謂「用天下心爲心」，就是將心比心，也就人饑己饑，人溺己溺的感受。故設義莊，先周濟族人，再惠及社會（如爲官時，屢上奏議，救濟各地災民）。他的義莊規矩如下：

一、逐房計口給米，每口一升，並支白米；如支糙米，即臨時加折。

一、男女五歲以上入數。

一、女使有兒女在家及十五年，年五十歲以上，聽給米。

一、多衣每口一疋，十歲以下，五歲以上，各半疋。

一、每房許給奴婢米一口，即不支衣。

一、有吉凶增減口數，畫時上簿。

一、逐房各置請米曆子一道，每月末，於掌管人處批請，不得預先隔跨月分支請。掌管人亦置簿，拘轄簿頭，錄諸房口數爲額，掌管人自行破用，或探支與人，許諸房覺察，勒陪填。

一、嫁女支錢三十貫，再嫁二十貫。

一、娶婦支錢二十貫，再娶不支。

一、子弟出官，人每還家待闕，守選、丁憂，或任川廣福建官，留
　　家鄉里者，並依諸房例給米絹，幷吉凶錢數。雖近官，實有故
　　留家者，亦依此例支給。

一、逐房喪葬，尊長有喪，先支一十貫，至葬事又支一十五貫。次
　　長五貫，葬事支十貫，卑幼十九歲以下，喪葬通支七貫。十五
　　歲以下，支三貫，十歲以下，支二貫，七歲以下及婢僕，皆不
　　支。

一、鄉里、外姻、親戚，如貧窘中非次急難，或遇年饑不能度日，
　　諸房同共相度諧實，即於義田米內量行濟助。

一、所管逐年米斛，自皇祐二年十月支給。逐月餼糧，幷多衣絹，
　　約自皇祐三年。以後每一年豐熟，椿留二年之糧，若遇凶荒，
　　除給餼糧外，一切不支，或二年糧外有餘，卻先支喪葬，次及
　　嫁娶。如更有餘，方支多衣，或所餘不多，即凶吉等事眾，議
　　分數均勻支給；或又不給，即先凶後吉，或凶事同時，即先尊
　　口，後卑口。如尊卑又同，即以所亡所葬先後支給。如支上件
　　餼糧吉凶事外，更有餘羨數目，不得糶貨，椿充三年以上糧
　　儲。或慮陳損，即至秋成目，方得糶貨；回換新米椿管。（范
　　文正公文集義莊規矩）

　　此外，尚有三項「續定規矩」，對於子弟參加科舉考試，或任教席
均有補助。

　　從以上之義莊規矩看來，雖不算完美，但其濟貧精神，則表露無
遺。其中尤以「鄉里外姻親戚」，如有急難，亦在救助之列。可見義莊
義行，不限於家族，其含有社會救助之意，且為後人所推崇者，絕非

偶然。

三、范仲淹思想評議 范仲淹係宋之名臣，也是保守派的大將。他的社會思想，係以儒家思想爲主的具體實踐與發揚。上述「陳十事」是對政治弊端的批判與對策。雖然其中多與「組織」原理有關，但其基本信念，依然是儒家「選賢與能」的根本主張（見文集帝王好尙論、選任賢能論、推委臣下論等）。至於其對社會救助的觀念與實務，亦不過是「人不獨親其親，不獨子其子，使老有所終，壯有所用，幼有所長，矜寡孤獨廢疾者，皆有所養。男有分，女有歸」的大同理想而已。惟古代中國，雖有救助思想，而無救助策略，致未實行（管子入國篇九惠之教）。范仲淹宅心仁厚，以天下爲己任，以「先天下之憂而憂，後天下之樂而樂」爲理想，所以義莊之舉，也是其理想的具體表現，其在中國社會思想史上的地位，亦因此而肯定。

第五節 葉 適

一、略傳 葉適字正則，號水心，溫州永嘉人。生於宋高宗紹興二十年（西元一一五〇年），卒於宋寧宗嘉定十六年（西元一二二三年），享年七十四。葉適聰穎過人，「爲文藻思英發，擢淳熙五年進士第二，授平江節度推官。丁母憂，改武昌軍節度判官。少保史浩薦於朝，召之不至，改浙西提刑司幹辦公事，士多從之游。參知政事龔茂良復薦之，召爲太學正。」（宋史卷四百三十四，列傳一百九十三）時南宋偏安局定，朝廷上下，因循苟且，不思振作，所謂「論者徒鑒五代之致亂，而不思靖康之得禍。今循守舊模，而欲驅一世之人以報君仇，則形勢乖阻，誠無展足之地。」（同上）致政事愈亂，國運愈危。

宋光宗嗣位，適由秘書郎任職蘄州，後入朝參政，爲尙書左選郎

官。時韓侂冑弄權，遭劾。復起爲湖南轉運判官。後除權兵部侍郎，侂
冑欲藉葉適草詔，以動中外，乃改權吏部侍郎，兼直學士院，以疾力辭
兼職。時金人大入，適乃召募市井悍少夜擊金人。兵退後，進寶文閣待
制，兼江淮制置使。韓侂冑遭誅，葉適以附侂冑用兵遭劾，罷官。卒後
贈光祿大夫，謚文定。

　　葉適天資高放，雅以經濟自負，時常言砭古人。著有「習學記言」，
「水心文集」傳世。

　　二、社會思想　葉適的社會思想，大都是對時局而發。蓋南宋偏
安，權臣當道，皇帝無能，國運如縷。尤其金人虎視，岌岌可危。葉適
生於此時，對於當時社會現象，尤其社會風氣，尤多感慨與批判。

　　(一)歷史與社會變遷　一般所謂社會變遷，要指社會因時間所作
之改變。其中主要指社會制度及生活方式上的不同而言。因爲社會隨時
間而改變，所以在古人思想中，便有「古今」之爭。例如，商鞅說：
「三代不同禮而王，五霸不同法而霸。」（商君書卷一更法第一）要在使
人不必拘泥於古代之制度，因時因地而創新猷，所謂「因事而制禮，禮
法以時而定」（同上）是。當然也有人反對此說，總以順乎聖人之道，
社會即可以控制，國家便可以大治。認爲古今無不同，社會無區別。葉
適對於古今關係，則另一套看法。他認爲，古今「民此民也，事此事
也。」古今應可銜接，但不必泥於古，也不必忘於今。他說：

　　　　欲自爲其國，必先觀古人之所以爲國。論者曰，古今異時，言
　　古者常不通於今，此其爲說亦確而切矣。雖然天下之大，民此民
　　也，事此事也，疆域內外建國立家，下之情僞好惡，上之生殺予
　　奪，古與今皆不異也。而獨曰古今異時，言古則不通於今，是擯古
　　於今，絕今於古，且使爲國者無所斟酌，無所變通，一切出於苟
　　簡而不可裁制矣。故古今異時之論雖不可廢……夫觀古人之所以爲

國，非必遽傚之也。故觀眾器者爲良匠，觀眾病者爲良醫。盡觀而後自爲之，故無尼古之失，而有合道之功。且古之爲國具在方册而已，其觀之弗難也。（水心文集卷三法度總論一）

葉適雖然指出「古今」社會有別，但非截然不同。今之社會由古代蛻變而來，但今非古；古之社會雖然自有制度與生活方式，但亦影響於今。所以，古（歷史）的功能在爲今日之制度提供修正或改變之參考，但非今要遽傚於古，要在有「合道之功」。因此，在葉適的思想中，社會雖可因變遷而不同，可是社會要素及社會結構的形式則一。而歷史是紀錄過去制度及生活方式的方册，所以考察這些紀錄，可以修正當前制度之缺失，也可引導社會的變遷。

（二）制度論　每一社會必須有制度，方可規範人類行爲，有利事務之完成。制度每因需要而產生，而每一時代之需要不同，故需要不同制度以因應之。如果因襲既往，不察現實，則制度非但不能發揮功能，可能發揮反功能。葉適說：

所謂舉一事求利於事，而卒以害是事。立一法求利於法，而卒以害是法者，何也？今朝廷之法度，其經久常行不可改變者，十數條而已，而皆爲法度之害。故用人以資格爲利，而資格爲用人之害；銓選以考任爲利，而考任爲銓選之害；薦舉以關陞改官爲利，而關陞改官爲薦舉之害。（同上，法度總論三）

中國自「秦漢之後，一切制度均無新的作風，只知矯正前代之弊，而宋之立國更是如此。」❽所以一國制度不僅要去弊，而且要創新。葉適說：

昔人之所以得天下也，必有以得之；其失天下也亦必有以失

---

❽　同❸，頁445。

之。得失不相待而行，是故不矯失以爲得，何也？蓋必有眞得天下之理，不俟乎矯其失而後得之也。矯失以爲得，則必喪其得……然大抵天下之政日趨於細，而法日加密矣，惟其猶有自爲國家之意而不專以懲創前人之失，計矯而反之，遂以爲功。（同上，法度總論二）

葉適所謂「矯失以爲得，則必喪其得」，顯然指社會制度的執行不只在去病而已，必須根據當時之時代需要另立制度。換言之，每一時代皆有其特殊之需要與問題，舊制度如不能解決問題，滿足需要，則必須另立新的制度，以敷所需。葉適的話，頗有道理。他既不否認過去（歷史）的功能，但又指出：每一時代之新問題與新需要，須有新的制度加以滿足。因此，他的思想可說是在調和歷史決定論與社會變遷間的矛盾與衝突，在中國古代思想家中，類似的思想，並不多見。

制度雖然爲滿足需要（利）而設，但如行之不當，則必有害於事。換言之，制度有其功能，亦有其反功能。反功能之表現，在執行之不善。換言之，如果有制度之利，而無執行制度之適當人選，則制度仍會發生反功能。所謂「去害而就利，使天下曠然」（同上），就是在去制度執行之弊。

例如，他說：

科舉所以不得才者，謂其以有常之法，而律不常之人，則制科庶乎得之者，必其無法焉。而制舉之法反密於科舉。（同上，制科）

社會制度之制定與執行，常常處於兩難之間，而解決之道，則惟葉適的「社會變遷與歷史」觀了。

（三）權力論　權力是控制或支配他人行爲的能力。社會之有秩序，端賴權力之維繫；國家之興盛，更賴權力之伸張。當然，權須依法

行施，無法律依據之權力，是謂暴力，有法律依據之權力，是謂權威，也是最能發揮社會控制力量的能力。葉適的權力觀，即基於此。他說：

> 欲治天下而不見其勢，天下不可治矣。昔之論治天下者，以爲三代之時，其君各有所尙，夏之忠，商之質，周之文，數百年而不變。其後周之失弱，秦之失強，故忠質文相代若循環，而無窮而或者。又曰弱之失在於惠也，則莫濟之以威。強之失在於威也，則莫若反之以惠。惠止於賞，威止於刑，故賞不至於濫而無所勸，刑不至於玩而無所懼，蓋其意以爲治天下之勢無出於此矣。（同上，卷四治勢）

葉適並不認爲各代君主之所尙，是天下或社會秩序建立的基礎。天下之所以治，在統治者有權力（勢）。而權力之能行施，始能治。他說：

> 且均是人也而何以相使，均是好惡利欲也而何以相治。智者豈不能自謀，勇者豈不能自衛，一人刑而天下何必畏，一人賞而天下何必慕，而刑賞生殺豈以吾能爲之而足以制天下者……誠以勢之所在也。（同上）

所以權力及權力之運用，乃制天下之主要因素。權力之所以能發揮效果，在有武力爲後盾。換言之，智者之所以不敢自謀，勇者之所以不敢自衛，乃在君主之擁有軍隊——武力，以保障其權力行施的基礎。權力不可落於外人之手，否則失勢，便失去控制天下之能力。他說：

> 蓋天下之勢，有在於外戚者矣，呂霍上官非不可以監也，而王氏卒以亡漢。有在於權臣者矣，漢之曹氏，魏之司馬氏，至於江南之齊梁，皆親見其篡奪之禍。習以其天下與人而不怪……故夫勢者，天下之至神也，合則治，離則亂；張則盛，弛則衰；續則存，絕則亡。（同上）

　　由此可見，權力之掌握關係國家治亂至巨。權力不能分割，尤不能侵奪，葉適強調的正是此種統一性。當然有權力之人不能濫權，並要以德輔權，才能發揮效能。所以他說：「古人之君若堯舜禹湯文武，漢之高祖光武，唐之太宗，此其人皆能以一身爲天下之勢。」（同上）明君治國，非但有權可使，尚需兼修德行，所謂「以德服人」，才能發揮以勢治世之大效。

　　三、葉適社會思想評議　葉適的社會思想，多係對當時社會背景的反映。蓋南宋偏安既久，一切難免頹廢不振，苟且偷安，不求進取。所以葉適針對時弊大力貶責，充分表現實際性與進取心。他提出歷史的積極意義，但不主張泥於史；他主張觀察時勢，但不囿於今。他把「古今」合併考察，以觀其功能，從而糾舉時弊，知所進取。

　　他強調制度的功能及重要性，但同時也指出其反功能或其墮性。故如何取其功能，去其反功能，乃運用或執行制度時之中心課題。至於權力之運用，尤其重要。權不外移，尤爲治國之根本。所以綜觀葉適之言，既實際又可行。尤其在國勢衰敗，人心墮落之際，更有振聾發瞶的作用。

第六節　許　衡

　　一、略傳　許衡字仲平，懷州河內人。生於金章宗泰和九年（西元一二〇九年），卒於元世祖至元十八年（西元一二八一年）。許衡幼有異質，聰敏過人，曾三更其師。稍長，嗜學如飢渴，然遭世亂，且貧窮無書，偶得之，則手抄歸。雖身在兵亂中，亦能日夜思讀，身體力踐。許衡曾遊魯、魏等地，見有德者，稍稍從之。及亂平，居蘇門，與姚樞及竇默相講習，凡經、傳、子、史、禮、樂、名物、星歷、兵刑、食貨、

水利之類，無不講。及元世祖出王秦中，以姚樞爲勸農使，因薦衡爲京兆提學。世祖即位，召至京師，授國子祭酒。至元二年，安童爲右丞相，許衡輔之。五年與太常卿徐世隆定朝儀。八年以爲集賢大學士兼國子祭酒。十三年，兼領太史院事，立新曆，十七年曆成上奏。明年病革，已而卒，贈司徒，諡文正。著有「魯齋全書」六卷，今傳於世。

二、社會思想 許衡的社會思想，概言之，與傳統儒家思想相當，唯其在解釋現象或行爲時，每稍有不同，其重要者約有以下數端。

（一）行爲論 許衡認爲，人的行爲原因有二：先天與後天。先天者，生來所稟；後天者，乃教育所成。他說：

> 氣，陰陽也。蓋能變之物，其清者可變爲濁，濁者可變爲清；美者可變爲惡，惡者可變爲美。天生聖人，明德全明，不用分毫功夫，於天下萬事，皆能曉解，皆能了幹。見天之人，皆有自己一般的明德，只爲生來的氣稟拘之，又爲生己後耳目口鼻身體的愛欲蔽之。故其明德暗塞，與禽獸不遠。（魯齋全書卷三論生來所稟）

許衡認爲，人的行爲有其可變性，而人之行爲之所以有清濁、美惡，乃此種可變性造成的。不過，聖人的清美行爲，係先天的，一般人則是後天的。其「明德暗塞」，則要靠聖人之社會化。他說：

> 聖人哀憐，故設爲學校，以變其氣，養見在之明，開未開之明，使人人明德，皆如自己一般，此聖人立教之本意。然爲學之初，先要持敬，敬則身心收斂，氣不麤暴……而惡者不得行。靜而敬，常念天地鬼神臨之，不敢少忽。動而敬，自視、聽、色、貌、言、事、疑、忿，得一日省察，不要逐物去了，雖在千萬人中，常知有己，此敬之大略也。（同上）

由上見之，許衡與古人一樣，常把性（不含文化成分）與行（含文化之行爲）混爲一談。他們似乎認爲，人之行爲中，先天即有明德之能

力。這種孟子式的假定，一直是古代中國學者遵循的典範。因為凡人皆有心，此係「上帝降衷」的結果，「人得之以為心，心形雖小，中間蘊藏天地萬物之理，所謂性也。」（同上，答丞相問論**大學**明明德）由此可知，人的行為先天含有天地萬物之理，不待學習而成。然則何以人之行為有所差別？則是生之稟性決定的。他說：

> 故聖人說天地人為三才，明德的靈明，天下古今，無不一般，只為受生之初，所稟之氣，有清者，有濁者，有美者，有惡者。得其清者則為智，得其濁者則為愚，得其美者則為賢，得其惡者則為不肖。（同上）

由此見之，許衡似乎認為，人之社會行為由先天之生物因素決定之。他所謂之清、濁、惡，應指人類受精時的品質而言。生物的品質好壞，直接決定其日後為智、愚、或不肖。而智、愚、不肖，則能影響其明明德。他根據明明德的程度將人分為三等。他說：

> 清美之氣所得的分數，便是明德存得的分數，濁惡所得的分數，便是明德堵塞了的分數。明德上存得二三分，則為下等人，存得七八分，則為上等人，存得一半，則為中等人。明德在五分以下，則為惡常順，為善常難。明德在五分以上，則為善常順，為惡常難。（同上）

許衡此種分類，雖然沒有科學根據，而且主觀性強。不過他以當時粗略的數學知識劃定得分，然後分類，亦算是可貴了。唯無論如何，他以生物因素決定人的善惡，畢竟缺乏科學依據，也不完整。近代論偏差行為者，亦有生物影響一說，然其真相如何，至今尚不明瞭。

（二）論教育　許衡言教育，注重教育內涵及其意義。尤其在社會秩序的維繫上，捨此無他。許衡說：

> 古者民生八歲，上至王公，下至庶人之子弟，皆令入小學，教

之以灑掃應對進退之節，禮樂射御書數之文。及其十有五歲……皆
入大學，教之以窮理正心，修己治人之道。此小學大學所以分也。
當其幼時，若不先習之於小學，則無以收其放心，養其德性。及其
年長，若不進之於大學，則無以察夫義理，措諸事業。先之以小學
者，所以立大學之基本，進之於大學者，所以收小學之成功也。三
代盛時，賢才輩出，風俗醇厚，蓋由盡此道也。（同上，小學大
義）

上一段話，不僅道出年齡與教育的關係，也說明了教育的內涵及其
何以如此的原由。不過，後來「學者各以己意爲學，其高者入於空虛，
下者流入功利」（同上），所以爲學之次序日趨紊亂。到了宋朝，朱文
公（熹）輯小學之書四卷，其綱目爲立教、明倫與敬身。許衡認爲，此
三者是教育的根本。所謂立教，係指「明三代聖王所以教人之法」（同
上）。因爲人性皆善，由於氣稟所拘、物欲所蔽，而私意妄作，始有不
善。聖人設教的目的，則「使（人）養其良心之本善，去其私意之不
善。」（同上）人人發揮善性，便可順天理，從天道。所以教要基於
「道」。道是基本的人際關係，是社會結構的基礎所在。他說：

父子也，君臣也，夫婦也，長幼也，朋友也，此天之性也，人
之道也。（同上）

所以爲學的第一步，是教人恢復本性——善，發揮本性，如此良好
的社會關係基礎，方可奠定。

其次是明倫，「明者，明之也；倫者，倫理也。」也就是要了解社
會關係的內涵與次第。「如父子有親，君臣有義，夫婦有別，長幼有
序，朋友有信。三代聖王，設爲庠序學校，以教天下者，無他，明此而
已。」（同上）因爲不能明人倫，「則尊卑上下，輕重厚薄，淆亂而不
可統理」（同上），甚至使社會「父不父，子不子，君不君，臣不臣，

夫婦長幼朋友，各不居其夫婦長幼朋友之分。豈止於不可統理，將見禍亂相尋，淪於禽獸而後已。」（同上）換言之，明倫的主要目的，在教人了解社會地位與角色，以調適社會關係。

再次爲敬身。因爲個人身體來自父母，傷身無異於傷親，而傷親則傷本，傷本則「枝從而亡，聖人以此垂戒。」（同上）所以「知凡爲人者，不可一日離乎敬也。」（同上）至於如何敬身，許衡認爲有四：「心術、威儀、衣服、飲食。」（同上）他說：

> 心術正乎內，威儀正乎外，則敬身之大體得矣。其衣服飲食二者，所以奉身也，……分而言之，心術威儀，修德之事也，衣服飲食，克己之事也。統而言之……蓋惟敬身，故於父子君臣夫婦長幼朋友之間，無施不可。（同上）

由此可知，許衡的教育觀，是以「敬身」爲重心，因爲敬身含有自重、自尊之意，更有孝順之意。一個人只有敬身，才能盡孝。所謂「大孝尊親，其次弗辱，其下能養。」（孝經）同時，一個人能敬身，則在表現人倫關係上，自然得心應手，「無施不可」。

（三）政治主張　許衡的政治主張，基本上是儒家思想的賡續，強調愛人與無私。他說：

> 古人立國規模，雖各不同，然其大要，在得天下心，得天下心無他，愛與公而已。愛則民心順，公則民心服……必吾之愛，吾之公，達於天下而後已。至是，則紀綱法度，施行有地，天下雖大，可不勞而理也。（同上，卷二立國規模）

許衡官於異族統治之元代，他提出治者愛民，不外乎提醒元代皇帝，統治中原須用漢法。他說：

> 國朝土宇曠遠，諸民相雜，俗既不同，論難遽定，考之前代，北方奄有中夏，必行漢法，可以長久。故後遼金能用漢法，歷年最

多。其他不能實行漢法，皆亂亡相繼，史册具載，昭昭可見也。（同上）

許衡所謂漢法，不僅指漢之制度，尚指漢之政治哲學，尤其以儒家爲宗。而儒家強調治者愛民、順民，正是許衡意欲宣示的政治主張。

許衡既以漢人事外族，其意圖不難理解，所以不能以「漢奸」相喻。他對元朝皇帝的諫言，處處顯露其愛人之心。例如他在「爲君難六事」中指出者，均是儒家的中心思想❾。其中在「順天道」中說：

三代而下，稱盛治者，無若漢之文景……文帝承諸呂變故之餘，入繼正統，專以養民爲務。其憂也，不以己之憂爲憂，而以天下之憂爲憂。其樂也，不以己之樂爲樂，而以天下之樂爲樂……曷若直法文景之恭儉愛民，爲理明義正而可信耶。（同上，爲君難六事）

許衡雖爲異族官，但其愛民諫言，流露無遺。其心緒之複雜固可了然，而其愛人，尤其愛漢人之心，更無置疑。

三、許衡社會思想評議 許衡的社會思想，統括言之，並無特殊之處。唯其中兩點值得注意。第一，他所謂人之行爲所以有別，乃稟氣之不同，亦即生物因素的差異所致。此種觀念自一九七五年威爾遜(Edward O. Wilson) 的「社會生物學」(Sociobiology: The New Synthesis) 出版以來，卻也受到重視，惟尚未有科學的證據罷了。不過生物因素之差異對於人類行爲之有影響，似已爲學者所肯定。其次，許衡在異族統治下，倡導儒家仁君愛人思想，多少有些救民水火，免遭塗炭之心。例如，他建議爲君者應該踐言、防欺、任賢、去邪、得民心、順天道，凡

---

❾ 有關元初的儒學教育，見丁崑健著，「蒙古征伐時期（西元一二〇八～一二五九年）華北的儒學教育」，載「華學月刊」第一二九期，臺北市：中華學術院，民國七十一年九月二十一日，頁26—48。

此均是儒家思想的一貫主張。總而言之，在異族統治下，欲有所言，則不能不考慮政治上的後果。許衡如此，其他元時之思想家，亦復如此。

第 七 篇

明清時期的社會思想

第一章　明代的社會背景

元朝以遊牧民族入主中原。其初侵入華北，征服金人，屠殺刼掠無所不用其極。及至滅南宋，則迥然不同。伯顏下江南不戮一人，對於平民，乃至巨室之保護，不遺餘力。甚至前朝官吏，除抵抗者外，歸順者，均服原職，且可擁有財產。所以元朝底定快速，此亦其原因。惟至順帝至正晚年，「元政不綱，盜賊四起……寇掠甚眾，天下大亂。」（明史卷一本紀）朱元璋乘機崛起，藉著民族主義瓦解元朝，迫使順帝北走大漠，乃於洪武二年定都金陵，同年陷北京（元都），統一中國。建國號明。明統一天下之後，在社會制度上，有些明顯之改變。此種改變對於明朝日後二百七十餘年的影響，至為深遠。茲就其犖犖大者，概述如下。

一、**政治上**　中國雖說是帝王之治，但眞正獨裁專制，則始於明朝。明太祖洪武十三年，宰相胡惟庸造反，太祖以宰相權重，可以蒙上欺下，因而廢相，且不准子孫立相。於是大權獨攬，是為眞正專制的開始。此種制度固可預防權臣造反，但卻也為日後居間傳遞奏章之宦官弄權舖路。因為有些皇帝，尤其晚明時期的皇帝，懶於上朝聽政，對於政事不問不聞，甚至由內侍代批，以致權臣與宦官勾結，朝綱日日廢弛。

有明一代，政治弊端多由此生。所以獨裁專制固能防止篡位奪權，而皇帝平庸時，權臣依然可以把持、囂張；以致朋比爲奸，黨同伐異，爲大明江山播下覆滅的種子。

二、**考試上** 明朝的考試制度，最受詬病，主要原因是八股取士之考試方式。這與唐朝之考律詩同出一轍。八股是種考試形式，原無非議之處。其本意在取錄標準之確立。可是行之既久，視爲當然，於是不少人才斲喪在此種制度之下。因爲不考經義，故凡涉獵治國平天下之道理者，均少觸及。考試錄取之人，即政府公務人員，其治事能力與知識，根本即有問題。一旦親臨政事，自然難以應付。對於政事之推動與革新，無異是一大阻礙。晚明之朝綱不振，與此不無關係。

三、**經濟上** 明代的經濟政策或制度，並無特別之處。多數經濟措施，均因襲以往各代或只作小幅變革。唯在經濟上值得一提者是其賦稅制，即黃册與魚鱗册。前者是戶口登記册，後者是田地登錄册，稅收便依此爲根據，但行之既久，弊病叢生❶，以致逃避稅收，造成國庫收入減少。

此外，一條鞭法「把民間差役雜項，一併歸入田賦項下，計畝徵銀，以求手續之簡便。」❷但因各地情況不同，尤其北方複雜，推動不易，如果強制實行，自然弊端不窮，效果不彰。因此，有明一代，經濟上並無特殊表現，人民貧窮依舊，國勢因之益弱❸。

四、**社會上** 明代的社會結構，延續宋代，基本上並未因蒙古入主而改變。文化上之發展亦然。唯在人口方面，南方有逐代減少之勢。而

---

❶ 錢穆，「明代政治得失」，載韓復智編，「中國史論集」（下册），臺北市：國立編譯館，民國七十四年，頁1774。另見「明史食貨一」。

❷ 同上，頁1775。

❸ 其他有關明代經濟，見吳緝華，「明代社會經濟史論叢」（下册），自刊，民國五十九年。

北方，則有逐漸增加之象❹。 此種轉變主要是政治措施所造成的。例如官家及農民被迫遷徙，以充實偏遠地區之人煙。此外，社會動亂和天災地變，也是原因。唯中葉以還，變亂不斷，黨爭不已，羣盜並起，民不聊生。加之，苛捐雜稅，擺脫不易，於是社會秩序蕩然，終至爲清所乘，大明江山旦夕易主。

---

❹　同❸，頁 405。如在北方，洪武二十六年爲一五，四八三，七〇九人；萬曆六年爲二四，九四五，〇二五人。在南方則爲四五，〇六一，八〇四人及三八，七四七，〇三一人。

第二章　明代的社會思想

第一節　方孝孺

一、**略傳**　方孝孺浙江寧海人，生於元順帝至正十七年（西元一三五七年），卒於明惠帝建文四年（西元一四〇二年）。天資聰明，自幼警敏，雙目炯炯有光。日日讀書，手不釋卷。二十遊京師，從太史宋濂學。洪武十五年，明太祖召見，未及用，禮遣還。蜀獻王聞其賢，聘爲世子師。及惠帝即位，召爲翰林侍講。第二年改爲侍講學士。凡國家大事，均諮商之。後燕王起兵爲亂，方孝孺被執下獄。成祖爲平息天下，乃欲其草詔，孝孺且哭且罵曰：「死即死耳，詔不可草。」成祖怒賜死。滅十族（包括方之學生），共死八百四十七人。福王時，諡文正。著作「遜志齋集」，今傳於世。

二、**社會思想**　方孝孺的社會思想，大致源於傳統儒家，但其觀點及對現象之解釋，容或與孔孟荀稍見不同。其中犖犖大者，約有以下數端。

（一）**論社會起源**　方孝孺認爲，人類社會之所以產生，在人有欲望，欲望不能滿足，則不能無爭，爭則弱者常敗，所以依附強者或聖

人。復由強者或聖人建立制度，規範行爲，個人安全方得保障。此與荀子的看法，多所類似。他說：

> 人之情，不能無欲也，故不能無爭。爭而不能自直也。故不能不赴愬者。非人之所得已也……民心貧富不同，而後強弱生焉，強弱相凌，強不勝而弱勝者。十一，弱不勝而強勝者，十九，私鬪於下而不勝，則憤而愬於上，則凡愬者，多貧弱之刼於勢力，而不獲自存者也。（遜志齋集卷之四）

在沒有社會制度的規範下，人的行爲受欲望支配，直到聖人制定約束行爲之制度後，關係方才安定，社會於焉出現。所以他說：

> 當昔之未有君臣也，民頑然如豕鹿猿猱，餒則食，飽則奔逸跳擲，而不可制，欲馴之且不能，況欲使之乎，聖人者出，知其散漫放恣，無所統屬，非久安之道也，於是制上下之分，定尊卑之禮，俾賤事貴，不肖聽於賢，由胥吏以至於大夫公卿，由子男以至於諸侯，各敬其所宜敬，而各事其居乎上者，猶以爲未足也，復制治民之法，使五家爲比，二十五家爲閭，百家爲族，五族爲黨，二千五百家爲州，萬二千五百家爲鄉，以屬乎司徒，五家爲鄰，五鄰爲里，里四爲酇，酇五爲鄙，鄙五爲縣，縣五爲遂，以屬乎遂人，聯之以五兩卒伍師軍，以知其數，習之以師田蒐射，祭祀讀法，以一其心，書其善以作其氣，罰其惡以折其驕……上之人又能躬行以成俗，立學校以明教，則民可漸化矣，然必制民之產。（同上，卷之三民政）

方孝孺的社會起源觀，與西方思想家盧梭相近。總之，社會的產生，係順任自然發展的一種結果。由人性中之欲望開始，到建立制度以規範行爲爲止。同時將制度規範由學校社會化，普及於萬民之中。這種觀點，與現代社會學中之看法頗多相近。

（二）社會控制　社會之形成，既然與秩序有關，社會控制遂成爲

其主要課題。在中國古代，言社會控制者，每以政治（包括法律）爲主，而在方孝孺的思想中，他特別強調禮及法，整個言之，與傳統儒家思想並無二致。他說：

> 人情難制，譬之河江，禮以正俗，爰立大防，上而朝廷，下逮閭里，自身及家，莫不有禮，君臣以定，父子以親，夫婦昆弟，舉得其倫，大法既昭，眾志咸一，綱紀相維，名分有秩，禮之爲治，析於未萌，不能謹禮，刑措奚能，賢哲知本，檢身克己，言動之微，履繩蹈矩，以此使臣，必效其忠，以此臨民，必致其恭，爲國以禮，聖有明訓，敬德罔愆，永垂令聞。（同上，卷之一謹禮）

禮的社會控制功能，由此可見。又說：

> 禮本於人情，以制人情，泥則拘，越則肆，折衷焉，斯可已。古之庶人，祭不及祖，漢以下，及三世，非越也，人情所不能已也。古過於薄，今過於厚，則從於厚，今過於薄，不若古之美，則惟古是從。禮近於厚，雖非古，猶古也。（同上，卷之一）

所謂「禮本於人情，以制人情」，說明了禮的來源與功能。禮既起於情，禮的表現即應合理；不合理之行爲，自能造成社會倫理之斲喪。所謂「古禮之亡也，人不知事親之道。」（同上）「君子事親以誠，緣情以禮。」（同上）「事不由禮者，夷也。夷者，夷之死不祔乎祖。」（同上）

如何知禮？方孝孺認爲須靠教育，需要學習。因爲唯學方知爲人，方知一切。他說：

> 學者，君子之先務也，不知爲人之道，不可以爲人，不知爲下之道，不可以事上，不知居上之道，不可以爲政，欲達是三者，舍學而何以哉。（同上，務學）

除禮之外，便是法。法的廣泛意義，指法政制度而言，所以兼具控

制功能。他認為，立法須嚴，執法宜寬，俾使人民了解刑罰之不得已也。他說：

> 聖人之治天下，立法也嚴，而行法也恕。嚴者，所以使民知法之可畏，而不犯；恕者，所以使民知刑罰行於不得已，而不怨。斯二者，其為事不同，其至仁之心一也。（同上，卷之四）

不過，「行法也恕」，何謂恕？恕又如何表現？則需要拿捏了❺，即依據當時之人、地、時，及情，以選擇適當行為。

（三）論家庭關係 重視家庭的倫理關係，乃中國傳統的主要成分。蓋中國的社會結構，以家庭為基礎。方孝孺之重視家庭，自不例外。他說：

> 為家以正倫理，別內外為本，以尊祖睦族為先，以勉學脩身為教，以樹藝蓄牧為常。守以節儉，行以慈讓，足己而濟人，習禮而畏法，亦可以寡過矣。（同上，卷之一）

家庭關係係建立在「倫理」之上。倫理是一種有等級、尊卑和上下關係的表現。而等級、尊卑、上下之關係，即地位與角色之釐定與扮演。因此，「正倫理」不過是按照地位與角色之規定去表現行為罷了，至於如何表現？他說：

父子

子孝寬父心，斯言誠為確，不患父不慈，子賢親自樂，父母天地心，大小無厚薄，大舜日夔夔，瞽叟亦允若。

夫婦

---

❺ 蔡錦昌，「從中國古代思考方式論較荀子思想之本色」，臺北市：唐山出版社，民國七十八年三月，頁5。「拿捏」是因時、因地、因人、因事的一種行為選擇。因無固定方式，故甚難為人接受──除非能在方法論中找到立論之根據。

　　夫以義爲良，婦以順爲令，和樂禎祥來，乖戾災禍應，舉案必齊眉，如賓互相敬，牝鷄一晨鳴，三綱何由正。

　　兄弟

　　兄須愛其弟，弟必恭其兄，勿以纖毫利，傷此骨肉情，周公賦棠棣，田氏感紫荊，連枝復同氣，婦言愼勿聽。（同上，卷之一四箴）

　　孝是中國家庭的基石，一切問題，用孝均可解決。所以對於子孫孝的觀念之灌輸與教導，亦特別殷切，俾便不「棄其家」。他說：

　　……家之本，子孫是也。忠信禮讓，根於性，化於習，欲其子孫之善，而不知教，是自棄其家也。

　　爲子孫者，欲其愨不欲其浮，欲其循循然，不欲其頷頷然。循循者，善之徒，頷頷者，惡之符。（同上）

　　因爲家以孝爲本，故尊祖乃孝之必然要務。他說：

　　人之異於物者，以其知本也，其所以知本者，以其禮義之性，根於天，備於心，粹然出於萬物，故物莫得而類之。今夫形禪而氣續者，人與物之所同也，渴而飲，餒而噉，勞而瘁，逸而嬉者，人與物不相遠也，卒之人貴而物賤者，何哉？人能知尊其身之所自出，而物不能也，故生而敬事之。（同上，卷之一尊祖）

　　尊祖是尊自身之所出，是孝之表現，也是維持關係的心理與宗教基礎。所以整個言之，方孝孺所強調的家庭關係，事實上是以孝爲出發點的倫理行爲。不過他之所以重視家庭關係，乃起於政治因素。他說：

　　論治者，常大天下，而小一家，然政行乎天下者，世未嘗乏，而教洽乎家人者，自昔以爲難，豈小者固難，而大者反易哉。蓋骨肉之間，恩勝而禮不行，勢近而法莫舉，自非有德而躬化，發言制行，有以信服乎人，則其難誠有甚於治民者，是以聖人之道，必察乎物理，誠其念慮，以正其心，然後推之脩身。身既脩矣，然後推

之齊家，家既可齊，而不優於爲國與天下者，無有也。故家人者，
君子之所盡心，而治天下之準也，安可忽哉。（同上，卷之一家人
箴十五首）

他認爲齊家比治國困難，主要是「骨肉之間，恩勝而禮不行。」即
家庭爲一初級團體，其中行爲常涉及情緒。此種觀點，正是「大學」所
謂之「齊家、治國、平天下」之位序。

（四）社會關係之親疏　在早期中國思想中，討論社會關係親疏者
甚多，如孟子；而討論如何維護此種關係者，則以方孝孺的觀點最爲允
當。他認爲，人之親疏關係「有恆理而無恆情」，最爲妥貼。人類關係
之親疏，固然與生物因素有關，但是親與疏常與「所習」有關。他說：

人之親疏，有恆理而無恆情，自同祖推而至於無服，又至於同
姓，愛敬之道，厚薄之施，固出於天，而不可易。然有親而若疏
者，有疏而若親者，常情變於所習也。閱歲時而不相見，則同姓如
路人，比廬舍，同勞逸，酒食之會不絕，則交游之人若昆弟。使同
姓如路人，他人如昆弟，斯豈人之至情哉，物有以移之，君子未必
然，而常情所不能免也。（同上，卷之一廣睦）

由此可見，人之關係親疏，固先由生物因素決定之，但若因環境限
制而不能時而相見，則親可能成疏；而無血統關係之人，則可能因時常
相見（互動），由疏而變爲親。此種例子不勝枚舉，例如，生父母不如
養父母親，兄弟不如朋友親等。可見親情（基本關係）固起於生物因
素，但仍需要培養，方不至於因疏而不相恤。他說：

聖人之治人，以常人之情爲中制，俾厚者加厚，而薄者不至於
離，恐其以不接而疏，疏而不相恤也。故爲之祭酺之法，合之以燕
樂飲食，以洽其歡忻慈愛之情，恐其徇於利而不知道也。肅之以鄉
射讀法，使之祇敬戒愼，而不至於怠肆，祭而酺，所以爲樂也。讀

法，所以爲禮也。約民於禮樂，而親者愈親，疎者相睦，此先王之所以爲盛也哉。舉而行諸天下，今未見其不可也。（同上）

人之關係先由家庭開始，然後推至家族、宗族、社區，乃至大社會；根據禮樂（文化）之約制，該親者親，該疎者疎，自然就不會本末倒置了。

三、方孝孺社會思想評議 從上方孝孺社會思想之要義觀之，基本上，仍以傳統儒家爲重心，即使其所謂之親疎關係（基本關係與次級關係），亦儒家思想中「愛有差等」的表現。不過方孝孺在這方面比較具體化、實體化罷了。尤其在身體力行上可謂是代表人物，故能「威武不能屈」，壯烈成仁。

第二節 王陽明

一、略傳 王陽明名守仁，字伯安，浙江餘姚人，學者稱爲陽明先生。生於明憲宗成化八年（西元一四七二年），卒於明宗嘉靖七年（西元一五二八年）。陽明自少寓居京師，性豪邁不羈。十五歲訪客於居庸山海關，縱觀塞外山川形勝，慨然有志經略四方。二十歲舉鄉氏，好言兵，且善射。二十八歲舉進士，時西北方急，守仁上邊務八事，授刑部主事，後改補兵部主事。武宗初年，劉瑾用事，逮南京給事中卿史載銳等二十餘人，守仁抗疏救銳，瑾怒，廷杖四十，死而復活，謫貴州龍場驛丞。正德二年夏赴謫所，明年至龍場。後劉瑾被誅，調廬陵知縣，入覲，遷南京刑部主事，歷史部考功郎中，陞南京太僕寺少卿，就遷鴻臚寺正卿，兵部尙書。王瓊素奇守仁才，十一年擢右僉都御史，巡撫南贛，蓋是時漳南橫小、岡桶、大幅、浰頭，盜賊蜂起。未幾賊平，進右副都御史，世襲錦衣衛副千戶。後授命戡福建叛軍，行至豐城，寧王宸

濠反，守仁起兵討平，以功封新建伯，陞南京兵部尙書。五十六歲奉命
征思田，思田平，道中得病，行至南安卒，年五十七歲。其著作有「詩
文集」、「五經臆說」、「古本大學旁釋」、「朱子晚年定論」以及門
人所記「傳習錄」等❻。

二、社會思想

（一）人性與良知　在王陽明的全部思想中，唯格物、良知與「無
善無惡心之體」與社會學及社會心理學最有關係。陽明思想是以格物開
其端緒❼。而格物原本是大學教人修養身心的方法，意義重大，故自朱
子（熹）特別予以表彰以來，遂成爲儒家思想之重心。朱子說：「所謂
致知在格物者，言欲致吾之知，在即物而窮其理也。蓋人心之靈，莫不
有知，天下之物，莫不有理，惟於理有未窮，故其知有不盡也，是以大
學始教，必使學者即凡天下之物，莫不因其已知之理而益窮之，以求至
乎其極……」依朱子這種說法，最少犯了兩個毛病，一是泛濫無歸宿，
二是空僞無實著❽。而陽明先生把「格物」之「格」字，作「如孟子大
人格君心之格，即要去其不正，以全其正……。」（傳習錄上）然後把外
面的物搬到內心，以心來衡量物。物生於外如何搬入內心，傳習錄載：

> 先生遊南鎭，一友指岩中花樹問曰：「天下無心外之物，如此
> 花樹，在深山中自開自落，於我心亦何相關？」先生曰：「你未看
> 此花時，此花與汝心同歸於寂，你來看此花時，則此花顏色一時明

❻　關於陽明先生傳，版本多種，如明史，明墨憨齋之「王陽明出身靖亂
　　錄」，時人鄭繼孟錄之「王陽明」等等。本略傳，係根據上列各書擇要而
　　成。
❼　張起鈞，「王陽明的生平與思想」，「新時代月刊」，卷三，第十一期，
　　民國五十二年十一月。
❽　梁啓超，「王陽明知行合一之教」，臺北市：中華書局，民國五十七年，
　　頁4。

白起來，便知此花不在你的心外。」（傳習錄下）

故物雖在心之外，而須透過心（感覺能力），才能認知，離開了心，物便不存在；捨棄了物，心便失去作用，因此心與物相互含攝，**物不外於心，而心就是理❾**。理的判斷，則靠良知。

陽明悟透心物關係之後，接著就提出致知。他認為，「身之主宰，便是心，心之所發，便是意，意之本體，便是知，知之所在，便是物。」（傳習錄上）但必須物格了，知致了，意誠了，心正了，才能作一個「其心純乎天理，而無人欲之雜」的聖人（同上）。可是人之良知往往為欲念所斷隔，不能「詳審精察」，因此，必須致良知，然後方能達於至善，陽明說：

　　……今焉，既知至善之在吾心，而不假於外求，則志有定向，而無支離決裂錯雜紛紜之患矣。無支離決裂錯雜之患，則心不妄動，而能靜矣，心不妄而能靜，則其日用之間，從容閒暇而能安矣。能安，則凡一念之發，一事之感，其為至善乎？其非至善乎？吾心之良知，自有以詳審精察之，而能慮矣。能慮，則擇之無不精，處之無不當，而至善於是乎可得矣。（大學問）

良知的功能既在「詳審精察」，那麼良知是什麼？從何而來？

陽明「良知」之說，遠紹孟子，孟子說：

　　人之所不學而能者，其良能也；所不慮而知者，其良知也。孩提之童，無不知愛其親也；及其長也，無不知敬其兄也。親親，仁也；敬長，義也，無他，達之天下也。（孟子盡心上）

又說：

　　仁義禮智非由外鑠我也，我固有之也。（同上，告子）

---

❾　同❼。

上述之旨，在說明仁義的道理是與生俱來的 ❿。而發揮良知之精義，組成一套既簡易而完整的學說者，則始於陽明⓫，他說：

> 知是心之本體，心自然會知，見父自然知孝，見兄自然知弟，見孺子入井，自然知惻隱。此便是良知，不假外求，若良知之發，更無私意障礙，即所謂充其惻隱之心，而仁不可勝用矣。然在常人，不能無私意障礙，所以須用致知格物之功，勝私復理，即心之良知更無障礙，得以充塞流行，便是致其知，知致則意誠。(傳習錄上)

又說：

> 良知只是個是非之心，是非只是個好惡。只好惡就盡了是非，只是非就盡了萬事萬變。（同上）

又說：

> 是非兩字，是個大規矩，巧處則存乎其人。（同上）

由上足見，陽明先生所謂之「良知」，為人心固有，先天具備。

前面說過，陽明先生反對從事物上求道理，而應從心上求道理。所謂「心外無物」，因為天下事物，除物理、化學上存有一定之理外，其他之事物，（特別是人文現象與社會現象）本身並不含絕對之「眞」。因此必須透過「心」去衡量它，認識它，並賦予價值。換言之，各種現象（物），本身渾渾噩噩，無所謂是非，是非由人決定之，那麼用什麼決定之？判斷之？用「良知」。陽明認為良知人皆有之，而且人人皆同。用同樣的良知（心）去格物，則物的道理該是一樣的。換言之，普天下之人（包括過去的和將來的）對於某種價值之判斷，或某種現象之

---

❿ 陳立夫，「四書道貫」，臺北市：正中書局，民國五十年，頁92。

⓫ 錢穆，「王陽明先生傳習錄及大學問節本」，「學術季刊」，卷五，第二期，頁3，民國四十五年十二月。

說明，不該有不同的觀點。

但事實則不然，從心理學的觀點言之，個人的認知（cognition）是受許多因素的影響，其中之一：「認知的變遷部分是受人格因素所左右⓬。」個人之人格各不相同，故個人的認知世界（cognitive world）不會相同。因此把事物由外搬到內，再由內求道理便發生了問題。梁啓超認爲這個問題需要一個「頭腦」，才能解決。「頭腦」是什麼？我們稱其爲誠意可以，稱其爲致良知亦可以，稱其爲動機純潔亦可以⓭。因此知識愈多（由外搬到內心之事物）愈好，傳習錄載：

> 如事父母，其間溫凊定省之類，有許多節目，不知亦須講求否？

陽明答道：

> 如何不講求，只是有個頭腦……此心若是個誠於孝親的心，多時自然思量父母的寒，便自要去求做溫的道理；夏時自然思量父母的熱，便自要去求個凊的道理，這都是那誠孝的心發出來的條件，卻是須有這誠孝的心，然後有這條件發出來。（同上）

這一段說明誠心與某種行爲之間的關係，但如何去「誠」？卻沒有清楚的指陳。整個看來，陽明先生之格物之說，並不圓滿，與哲學中之知識論頗相近似。

以上就「良知」之來源與功能，加以說明，現在討論「四句教」中的「無善無惡心之體」。「天泉證道記」中說：

> 德洪與汝中論學，德洪舉先生教言曰：無善無惡心之體，有善有惡心之動，知善知惡是良知，爲善去惡是格物。汝中曰：此恐未

⓬　D. Krech, R. S. Crutchfield, and E. L. Ballachey, *Individual in Society*, 1962, p. 46. 及張承漢譯「社會心理學」，臺北市：臺灣開明書店，民國五十九年，增訂二版，頁23。

⓭　同❽，頁66。

是究竟話頭，若說心體是無善無惡，意亦是無善無惡，知亦是無善無惡，物亦是無善無惡矣，若說意有善惡，畢竟心體還有善惡在。

德洪曰：心體是天命之性，原是無善無惡的，但人有習心，意念上見有善惡在。

因為二人意見不一，乃請教陽明，陽明曰：「……汝中之我見，是我這裏接利根人的，德洪之見是我這裏為其次立法的。」（傳習錄下）傳習錄亦載：

問：「古人論性，各有異同，何者乃為定論。」先生曰：「性無定體，論亦無定體。有自本體上說者，有自發用上說者，有自源頭上說者，有自流弊處說者。總而言之，只是個性，但所見有淺深爾。若執定一邊，便不是了。性之本體，原是無善無惡的，發用上原是可以為善，可以為不善。其流弊也原是一定善一定惡的。」

（傳習錄下）

因為心之體是性，謂性無善惡，顯與孟子性善說相左。於是許多人為四句教中之第一句作辯護，也有人視此句是「壞天下教法自斯言始」。也有人為之重作詮釋。總之，希望陽明的這句話不與「性善」相牴牾[14]，其實陽明之言先後矛盾處甚多。但若就「無善無惡心之體」一句言之，在現在心理學與社會學上，實無可議之處。人類性善性惡之說，自孟、荀以來，各有說辭，而其實確如陽明所謂之「無善無惡」。蓋其為善抑為惡乃社會化之作用，尤其當今文化相對論產生之後，有關人性與文化之關係，早有定論。換言之，我們所強調的是社會生活的力量，不是先天生物之特質。人如不過團體生活，其與禽獸無異，何善惡之有？事實至為明顯，如人性惡，何以有惻隱、辭讓、羞惡、是非之

---

[14] 同[7]，頁5。

心？如人性善，何以有殺伐、爭奪之事？或曰殺伐、鬥爭是由私欲所蔽，則私欲即惡，何言人性爲善？從社會學觀點言之，其爲善爲惡，乃團體生活所決定。同是一種行爲，甲社會視之爲善，乙社會則可能視之爲惡。即在同一社會中，也會因社會階層不同，將一種行爲作兩種不同的價值判斷。如商人圖利，認爲當然，而士人圖利，則屬不該；陣前殺敵認爲當然，自相殘殺視其不然，究竟善乎？惡乎？故從本質上講，人性實無善惡之分。不過陽明此言與其「良知」之說相牴觸，故紛紛曲爲之庇。整個看來，陽明的良知之說，有些類似甘博微（Ludwig Gumplowicz, 1838～1919）所謂之「心即社會」（Mind is society）。他們同樣把「心即社會」與「思想來源是團體」混淆不清❶。質言之，人類之能思想屬於生物方面的（天賦之能力），而思想「些什麼」，屬社會文化方面的，故我們從另一個角度觀之，人類之能知（有知的能力），是屬天賦之能力，而知善知惡，則屬文化之規範。總之，謂人類天賦有知之能力，固有生物基礎爲依據，而謂人類天賦有知善知惡之能力，則乏資料佐證。

（二）論教育　教育乃化民成俗之工具，亦即個人社會化之方法與途徑。陽明先生之教育觀點，主要可歸爲二。

1.專、精、正　「人生也有涯，學也無涯」，故人之爲學，須選擇與其能力、興趣相近者，專而精之，始克有成。但其爲學也，必有中心思想，亦即必與社會國家有利者，必爲人生道德之高尚者。否則，專與精，只能謂之「溺」與「僻」，「去道遠矣」。陽明先生嘗說：

> 可哉！學弈則謂之學；學文詞則謂之學；學道則謂之學。然而其歸遠也。道，大路也，外是荊棘之蹊，鮮克達矣，是故專於道，

---

❶　郝繼隆，「當代社會學說講義」，臺北市：臺灣大學，民國五十八年，頁46。

斯謂之專，精於道，斯謂之精。專於弈而不專於道，其專溺也；精於文詞，而不精於道，其精僻也。夫道廣矣，大矣，文詞技能於是乎出，而以文詞技能爲者，去道遠矣……（文集送宗伯喬白巖序）

由此，陽明先生不僅道出專、精、正之道理，亦說明其重要，此種觀點頗爲可取。

　2.重視基層教育　王陽明認爲，教育之主要功能在易風移俗，也是「用夏變夷」（同化）的工具，所以教育爲一切之首務，他說：

　　照得田州新服，用夏變夷，宜有學校。但瘡痍逃竄之餘，當無受廛之民，即欲建學，亦爲徒勞，然化風之原終不可緩云云……
（奏議案行廣西提學道興舉思田學校）

王陽明認爲，教育應從基本做起，即從社學始，又說：「看得贛州社學鄉館教讀，賢否尙多淆雜，是以詩禮之教久已施行，而淳厚之俗，未見興起，爲此牌仰嶺北道督同府縣官吏，即將各館教讀，通行訪擇，務學，述明正行止端方者，乃與茲選。」（奏議興舉社學牌）

按社，相當於現代社會學裏之「社區」，其教育屬基層無疑，故含有基本教育之意。陽明先生以爲教育應從地方做起，推廣於整個社會，於其功能之發揮，必然昭著深遠。此外，在「牌行靈山縣延師設教」，「牌行南寧府延師設教」，「牌行南寧府延師講禮」（以上俱見奏議）等等，對此皆有詳盡闡述。

其施教對象，可以「有教無類」四字概括之。凡誠心於學者，陽明先生無不誨導。不分畛域，不分年齡，皆「與之語，連日夜」。錢德洪說：「嘗見先生送二三耆宿出門，退坐於中軒，若有憂色，德洪趨進請問，先生曰：頃與諸老論及此學，眞眞鑿方枘，此道坦如道路，世儒往往自加荒塞，終身陷荊棘之場而不悟，吾不知其何說也。德洪退謂朋友

曰：先生誨人不擇衰朽，仁人憫物之心也。」（傳習錄下）

至於教材，以詩歌、習禮、讀書三者並重。他說：「誘之詩歌，以發其意志，導之習禮，以肅其威儀，諷之讀書，以開其知覺。」又說：「古之教育，教以人倫，後世記誦詞章之習起，而先王之教亡。」今教童子，惟當以孝弟忠信禮義廉恥爲事務。」（同上）同時因材施教，爲其最高原則。對於秉賦高者，則施以暗示法，故曰：「學問也要默化，但不如自家解化者。」對秉賦低者，則曰：「量其資禀……使其精神力量有餘，則無厭苦之患，而有自得之美。」（教約）由此可見，其思想頗合科學精神。

（三）政治主張　「親民」是王陽明的主要政治主張。「大學」有言：「大學之道，在明明德，在親民，在止於至善。」朱子釋「親當作新」蓋以「康誥」篇之「作新民」爲依據，又有湯盤銘「苟日新，日日新，又日新。」爲支持。唯陽明從舊說作「親民」。「傳習錄」載徐愛問「新民」「親民」之別，陽明說：

> ……作字卻與親字相對，然非親字義。下面治國平天下處，皆於新字無發明……親民，猶孟子親親仁民之謂。親之即仁之也。百姓不親，舜使契爲司徒，敬敷五教，所以親之也。堯典「克明峻德」，便是明明德，以親九族，至平章協和，便是親民，便是明明德於天下。又如孔子言「修己以安百姓」，修己便是明明德，安百姓，便是親民。說親民，便是兼教養意，說新民便覺偏了。（傳習錄上）

可見王陽明之政治理想是「親民」和「安百姓」。從其以後之政治表現看來，無一不以「親民」爲要義，並以「親民」與「明明德」爲一體。文集載：

> 南子之善之治越也，過陽明子而問政焉。陽明子曰：「政在親

民。」曰：「親民何以乎？」曰：「在明明德。」曰：「明明德何以乎？」曰：「在親民。」曰：「明德親民一乎？」曰：「一也。明明德者，天命之性，靈昭不昧，而萬理之所從出也。人之於其父也，而莫不知孝焉；於其兄也，而莫不知弟焉；於凡事務之感，莫不有自然之明焉；是其靈昭之在人心，互萬古而無不同，無或昧者也；是故謂之明德……」曰：「何以在親民乎？」曰：「德不可以徒明也。人之欲明其孝之德也，則必親於其父，而後孝之德明矣；欲明其弟之德也，則必親於其兄，而後弟之德明矣；君臣也，夫婦也，朋友也，皆然也。故明明德，必在於親民；而親民乃所以明其明德也。故曰『一也。』」（文集親民堂記）

由此可見，爲政在親民，親民在明明德，而明明德亦親民也。關於這一點，可以下圖表示之。

王陽明說：

人者，天地之心也；民者，對己之稱也；曰民焉，則三才之道舉矣，是故親吾之父，以及人之父；而天下之父子莫不親矣；親吾之兄，以及人之兄，而天下之兄弟，莫不親矣；君臣也，夫婦也，朋友也，推而至於鳥獸草木也，而皆有以親之，無非求盡吾心焉，以自明其明德也，是之謂明明德於天下；是之謂家齊國治而天下平。（同上）

親民之極致在齊家、治國、平天下，這正是孔孟思想的一貫之道，亦其政治社會哲學的基礎。但親民者並非言之云云，而須具備仁者之胸懷，所以他說：

仁者以天地萬物爲一體，莫非己也，故曰：「己欲立而立人，己欲達而達人。」古之人，所以能見人之善，若己有之，見人之不善，則側然若己推而納諸溝中者，亦仁而已矣。（文集書王嘉秀請益卷）

爲政者唯有仁者之懷抱，始能「澤被四海」。他說：

臣聞之：主聖則臣直，上易知則下易治。今聖主在上，澤壅而未宣，怨積而不聞，臣等曾無一言，是甘爲容悅，而上無以張主之聖，下無以解百姓之惑也……然羣臣百司，願時一覩聖顏而不獲，則憂思徬徨，漸以懈弛，遠近之民，遂疑陛下不復念其困苦，而日興怨懟；四方盜賊，亦謂陛下未嘗有意剪除，而益猖獗；夫昧爽臨朝，不過頃刻，陛下何憚而不爲？（文集）

又說：

內感而外必應，上感而下必應。夫君之於民，猶心之於身也；雖其內外上下之不同；而感應之理，何嘗有異乎？昔聖人之意，謂夫民以君爲心也，君以民爲體也，體而必從夫心，則民亦必從夫君矣。彼其心具於內，而體具於外，內外之異勢，若不相蒙矣；然心惟無好則已，一有所好，而身之從之也。（同上）

王陽明大義磅礴，諫君親民，其忠心體國之情，溢於言表，此皆其仁者之心，明明德胸懷的表現。其在「山東鄉試錄」中亦云：

聖人各有憂其民之念，而同其任責之心，夫聖人之憂民，其心一而已矣。所以憂之者，雖各以其職，而其任之於己也，曷嘗有不同哉？

總之，爲政之道在親民，而親民之人則須有仁者胸懷，上至君主，下及百司，莫不如是。此爲王陽明之政治哲學，亦其政治抱負。但親民並非罔顧是非，倒置黑白，而須公正不阿，賞罰嚴明。惟其賞罰以親民

哲學為基礎，故雖曰罰，必不止於酷，例如他說：

> 寧王平昔，威惡慘毒，上下人心，罔不震慴，據法在所難容，原情亦非得已，宥之則失於輕，處斬似傷於重；合無俯順輿情，乞勅該都查照酌量，或將各犯免其死罪，令其永遠充軍，不惟情法得以兩盡；抑且軍伍不致缺人。（奏意恤重刑以實軍伍疏）

由此可見，王陽明之政治思想，實係儒家平天下之理想，故曰：陽明思想是儒家思想之一貫之道，乃又一證明。

（四）論風俗　在中國思想中，自古即重視風俗（custom）對於社會的影響，陽明先生對風俗之厚薄尤其重視。他說：「風俗不美，亂所由生；今民窮苦已甚，而又競為淫侈，豈不重自困乏？夫民習染既久，亦難一旦盡變……」（奏議告諭）又說：「照得有司之政，風俗為首，習俗侈靡，亂是由生。」（奏議仰南安贛州府印行告諭牌）其在山東鄉試錄中問曰：

> 風俗之美惡，天下之治忽關焉？自漢以來，風俗之變而日下也，猶江河之日趨於海也，不知其猶可挽而復之古乎？將遂往而不返也。孔子謂齊一變至於魯，魯一變至於道，而說者以為二國之俗有美惡，故其變而之道也，有難易。夫風俗之在三代也，不知其凡幾變矣；而始為漢，其在漢也，又不知其凡幾變矣；而始為唐為宋，就使屢變而上焉。不過為漢而上耳，為唐而止耳，而何以能遂復三代乎？今之風俗，則賈誼之所太息者有之矣。皇上之德過於漢文，諸士苟有賈生之談焉，固所喜聞而樂道也。

由是可見，其對風俗側重之觀點了，蓋此不但說明風俗之重要與影響，亦說明了風俗之變遷。

他認為「民俗之善惡」是由於習慣之累積而來，換言之，積善則風俗為善，積惡則風俗為惡，他說：

咨爾民：昔人有言：「蓬生蔴中，不扶而直；白沙在泥，不染而黑。」……往者新民，蓋常棄其家族，畔其鄉里，四出而爲暴，豈獨其性之異，其人之罪哉？亦由我有司治之無道，教之無方；爾父老子弟所以訓誨戒飭於家庭者，不早；薰陶漸染於里閈者，無素；誘掖獎勸之不行；連屬叶和之無具；又惑憤怨相激，狡僞相殘，故遂使之靡然日流於惡，則我有司與爾父老子弟，皆宜分受其責。（奏議南贛鄉約）

所謂「棄其家族，畔其鄉里」，乃民俗不善使然，責任應由社會擔負。蓋社會風俗敗壞，導致個人「四出爲暴」。這種社會責任說，至有見地。他曾爲化民成俗，棄惡揚善，訂立南贛鄉約，其目的即在使民俗爲善，他說：

　　……自今，凡爾同約之民，皆宜孝爾父母，敬爾兄長，教訓子孫，和順爾鄉里，死喪相助，患難相恤，善相勸勉，惡相告誡，息訟罷爭，講信修睦，務爲善良之民，共成仁厚之俗。（同上）

鄉約共分十六條，每條切實中肯，諄諄告戒，是爲成善俗之準則，茲引兩條以見一斑。

　　男女長成，各宜及時嫁娶，往往女家責聘禮不充，男家責嫁妝不豐，遂致愆期，約長等宜各省諭諸人，自今其稱家之有無，隨時婚嫁。（十四）

　　父母喪葬，衣衾棺槨，但盡誠孝，稱家有無而行；此外或大作佛事，或盛設宴樂，傾家費財，俱於死亡者無益。約長等其各省諭約內之人，一遵禮制；有仍蹈前非者，即與糾惡簿內書以不孝。（十五）

兩條指陳剴切，意義深遠，時至今日，此等陋俗仍在倡導改革，而陽明先生在數百年前，就曾主張革除，足見遠見之明。

　　總之，陽明先生敦風俗，扭時弊的觀點，是由社會出發。換言之，是基於社會安全的考慮，所以他說：「風俗為首，習俗侈靡，亂之用生。」（奏議）又說：「風不美，亂所由生，今民窮苦已甚，而又競為淫侈，豈不重自困乏……吾民居喪，不得用鼓樂為佛事……病者宜求醫藥，不得聽信邪術，專事垂禱。嫁娶之家，豐儉稱貲，不得計論聘財裝奩，不得大會賓客……街市村坊，不得迎神賽會，百千成羣，凡此均屬靡費無益……至於孝親敬長，守身奉法，講信修睦，息訟罷爭之類，已屢有告示，懇切開諭，爾民其聽吾誨。」（同上）又說：「今倡亂渠魁，皆就擒滅，脅從無辜，悉已寬貸，地方雖以寧復，然創今圖後，父老所以教約其子弟者，自此不可以不豫。故今特為保甲之法，以相警戒鈐屬，父老其屬子弟慎行之。務和爾鄉里，齊而姻族，德義相勸，過失相規，敦禮讓之風，成淳厚之俗。」（同上）

　　由上見之，所謂化民成俗，宜從社會本身出發，此與現代的許多社會學說頗相吻合。

　　（五）論社會控制　王陽明對於社會控制的看法，兼顧強制控制與誘導控制兩者。不過從其思想之中可看出其較重視後者，蓋傳統中國思想一向重禮，而禮實為社會控制的重要工具⑯，同時也比較合乎中國仁治的儒家思想，所以陽明先生說：

　　　　禮也者，理也；理也者，性也；性也者，命也；維天之命，於穆不已，而其在於人也，謂之性；其粲然而條理也，謂之禮；其純然而粹善也，謂之仁；其截然而裁制也，謂之義；其昭然而明覺也，謂之知；其渾然於其性也，則理一而已矣。故仁也者，禮之體也；義也者，禮之宜也；知也者，禮之通也……後之言禮者，吾

⑯　芮逸夫，「五倫的社會控制觀兼論儒家的禮」，「臺大社會學刊」，第三期，臺北市：臺灣大學，民國五十六年四月。

惑焉! 紛紜器教之爭, 而牽制刑名之末, 窮年矻矻, 弊精於祝史之
糟粕, 而忘其所謂經綸天下之大經, 立天下之大本者……間嘗爲之
說曰:「禮之於節文也, 猶規矩之於方圓也; 非方圓無以見規矩之
用, 非節文則亦無從而睹所謂禮矣。然方圓者, 規矩之所出, 而不
可遂以方圓爲規矩; 故執規矩以爲方圓, 則方圓不可勝用, 舍規矩
以爲方圓者, 而遂以方圓爲之規矩之用息矣。故規矩者, 無一定之
方圓。而方圓者, 有一定之規矩。此學禮之要。盛德者之所以動容
用旋而中也……」（文集禮記纂言序）

由上可見王陽明對於禮之分析是何等詳細, 對於禮的功能描述, 何
等深入。人之行爲不合於禮, 猶爲方圓無一定之規矩。所以禮是人類行
爲的規矩, 亦所謂制度。行不合禮, 則必無一定方向可循, 社會亦必趨
於混亂。故禮之作用, 其根本在於控制人類之行爲。「山東鄉試錄」中載:

……記禮器者, 其旨若曰:「觀禮樂而知夫治亂之由。」故夫
子必愼夫交接之具; 君子之與人交接也, 不有禮乎? 而禮豈必玉帛
之交錯? 凡事得其序者; 皆是也; 禮得失, 人之得失所由見, 是禮
在所當愼矣……故其與人交接也, 一舉動之微, 若可忽矣, 而必兢
兢焉, 常致其檢束。務有以比於禮而比於樂。（文集山東鄉試錄君
子愼其所以與人者）

由上更見陽明先生對於禮之重視了。

其次, 他對於所謂強制控制亦不輕視。此在奏議與文集之中皆曾提
及。如在「十家牌法告諭各府父老子弟」一文中說:

……今爲此牌……便欲防奸革弊, 以保安爾良善, 則又不得不
然。

又在告諭新民中說:

爾等各安生理, 父老教訓子弟, 頭目人等撫緝下人, 俱要勤爾

農業，守爾門戶，愛爾身命，保爾室家，孝順爾父母，撫養爾子孫，無有爲善而不蒙福，無有爲惡而不受殃。毋以眾暴寡，毋以強凌弱，爾等務興禮義之習，永爲良善之民。子弟羣少中或有不遵教誨，出外生事爲非者，父老頭目即以執送官府，明正典刑。一則彰明爾等爲善去惡之誠，一則剪除莨莠，免致延蔓貽累爾等良善。

（奏議告諭新民）

由此足見陽明先生對強制控制之觀點與重視，因強制控制須藉法律而行，故有「此牌」。

（六）論社會救濟　中國古代，因無社會安全制度，個人之一切問題皆繫於家庭，家庭即成了社會安全之主要機構。雖然各朝代均有種種權宜措施，惟薄弱而不够完善。在此等薄弱的社會安全制度之下，唯有值得稱道的是社會救濟。雖然當時的救濟並沒有具體的制度可行，但對於天災地變帶來的災害，皆能適時適地予以救助。王陽明在這方面之觀點與措施，尤足稱道，如在「賑恤水災牌」中云：

　　……看得橫水非常，下民昏墊，實可傷憫！但計府縣所積無多，實難溥賑，其地方被水既廣，而民困朝不謀夕，若候查實報名造册給散，未免曠日遲久，反生冒濫。已行二府各委佐貳官及行所屬被水各縣掌印等官，用船裝載穀米，分投親至被水鄉村，驗果貧難的下戶，就便量行賑給。（奏議賑恤水救災牌）

又在「賑給思田二府」中云：

　　照得近因思田二府攘亂，該前總鎮等官，奏調三省漢土官軍兵俠人等，前來南寧府屯住防守，軍民大小，男不得耕，女不得織，而湘兵安歇之家，騷擾尤甚。今憫地方平靖，湖兵已回，然瘡痍未起，困苦未蘇，況自三月以來，天道亢旱，種未入土，民多缺食，誠可憫念，經行仰同知史立誠，遍查停歇湖兵之家開報，相應量行

賑給。（奏議）

又在「批贛州府賑濟呈」中云：

　　……看得兵革之餘，民困未蘇，加以雨水爲災，農務多廢，雖
　　將來之患，固宜撙節預防，而目前之急，亦須酌量賑濟。（同上）

　　他不僅主張於災害發生之際應及時救助，而且「雖將來之患，固宜
撙節預防。」故雖未建立起系統之救災制度，但遇有災難適時賑濟，亦
可略補社會制度之不足。

　　（七）論社會問題之由來　王陽明對於社會解組（social disorg-
anization) 及社會問題來源的看法，一言以蔽之，在於「拔本塞源」。
用社會學之術語言之，即社會組織（social organization）之破壞，社
會制度（social institutions）之揚棄，以及社會秩序（social order）
之解體。他說：

　　……天下之大亂，由虛文勝而實行衰也。使道明於天下，則六
　　經不必述，刪述六經，孔子不得已也。自伏羲畫卦，至於文王周
　　公，其間言易，如連山歸藏之屬，紛紛藉藉，不知其幾。易返大
　　亂，孔子以天下好文之風日盛，知其說之將無化極，於是取文王周
　　公之說而贊之。以爲惟此爲得其宗，於是紛紛之說盡廢，而天下之
　　言易者始一。書詩禮樂春秋皆然，書自典謨以後，詩自二南以降，
　　如九丘八索，一切淫哇逸蕩之詞，蓋不知其幾千百篇。禮樂之名物
　　度數，至是亦不可勝窮。孔子皆刪削而述正之，然後其說始廢……
　　孔子述六經，懼繁文之亂天下，惟簡之而不得，使天下務去其文，
　　以求其實。春秋以後，繁文益勝，天下益亂，始皇焚書得罪，是出
　　於私意……若當時志在明道，其諸反經叛理之說，恐取而焚之，亦
　　正暗合刪除之意……天下之所以不治，只因文盛實衰，人出己見，
　　新奇相高，以眩俗取譽，以亂天下之聰明，塗天下之耳目，使天下

靡然爭務修飾文詞，以求和於世。而不復知有敦本尚實，反璞還淳
之行。（傳習錄上）

由此觀之，陽明所謂之「天下大亂」，「天下之所不治」，其源始
於眾說紛紜，莫衷一是。他認為一切問題皆起於「拔本塞源」。蓋此等
異端邪說，並非「理之所在」，而是個人欲「新奇相高，眩俗取譽」，
譁眾取寵，標新立異，結果社會組織破壞，社會制度廢弛，最後以至社
會解組。這與墨子的看法相同（見墨子尚同上）。他又說：

> ……今學者之學聖人，於聖人之所能知者，未能學而知之，而
> 顧汲汲焉求知聖人之所不能知者以為學，無乃失其所以希聖之方
> 歟。凡此，皆就吾子（顧東橋）之所惑者而稍為之分釋，未及乎拔
> 本塞源之論也。夫拔本塞源之論不明於天下，則天下之學聖人者，
> 將日繁日難，斯人倫於禽獸夷狄，而猶自以為聖人之學……（答顧
> 東橋書）

由此見之，陽明先生對於標新立異，不合聖教之說者，大力撻伐，
視之為「佞人諛士」，譬之為禽獸夷狄。蓋此離經叛道之說，可以能搖
國本，而亂天下之耳目。換言之，對於社會整合（social integration）
有腐蝕、破壞之作用。所以在社會問題方面，王陽明重視其來源和影
響，當然對於其解決方法，亦不能等閒視之。

三、王陽明社會思想評議 以上所言，不過就陽明先生的社會思想
中之犖犖大者，揭要述之。但總而觀之，王陽明之「格物」與「良知」
之說，在理論上很難找到基礎，姑就哲學方面言之，亦乏有力之基礎，
且不完整。不過，陽明之說，在作聖作賢之功方面，確有獨見；而謂其
為一套完整之學術思想體系，恐有不盡完善之處。就其思想體系言之，
仍不失傳統儒家之「一貫之道」。其在社會思想上之不能發揮，因為儒
家的框框使其很難走出「聖人」之範疇或想思。此不只王陽明如此，自

漢以至於清末，學者類多如此。可見社會思想本身就有控制社會思想發展之能力。

第三節　王　艮

一、略傳　王艮字汝止，號心齋，明江蘇蘇泰州人。生於明憲宗成化十九年（西元一四八三年），卒於世宗嘉靖二十年（西元一五四一年）。七歲受書鄉塾，家貧不能學，遂爲灶丁，後「措理財用，不襲常見……而家道日裕」，同時發奮讀書。書讀止「孝經」、「論語」、「大學」，信口談論道理。有王文剛者，薦其往謁王守仁，拜爲師，終生不改。守仁子弟中，率多服爵位，唯王艮以布衣抗其間，聲名大噪。後講學其家，著有「心齋文集」二十卷，「語錄」二卷，今傳於世。

二、社會思想

（一）論個人與國家的關係　王艮論個人與國家之關係，主要起自對「格物」一詞之解釋。按「大學」所謂「格物」者，朱子解爲「窮至事物之理，欲其極處無不到也。」王陽明則謂：「物者事也。凡意之所發，必有其事，意所有之事謂之物。格者，正也。正其不正以歸於正之謂也。正其不正者，去惡之謂也。歸於正者，爲善之謂也。夫是之謂格。」（傳習錄上）然而王艮則另作詮釋，強調「格物」乃個人與國家關係之了解。他所謂「格物即物有本末之物，身與天下國家一物也。格知身之爲本而家國天下之爲末。」（明儒學案泰州學案）按王艮之意，個人與社會國家乃係一體，而社會國家是以個人爲基礎而形成的，所以個人是本，社會國家是末。王艮的這段話觸及到社會思想中的一個中心問題：社會國家爲個人而存在，抑個人爲社會國家而存在。對此問題，自古以來的思想家多爭執不休。但兩者均著重在人類生存或生活之保障是

否可得而實現❼。換言之，此等爭執之目的，對於人類本身頗有益處，未必涉及獨裁或民主之根本問題。

王艮認為，個人（身）是社會國家之本，所以個人生存之保障及其生活之安全，最為重要。同時唯有個人能循規蹈矩，安分守己，社會國家才能安定。他說：

> 止至善者，安身也；安身者，立天下之大本也。本治而末治，正己而物正也。（王心齋文集卷一）

王艮強調，個人修養（規範內化）乃社會國家安定的基石。所謂「行有不得者，皆反求諸己。反己是格物底工夫，故欲齊治平在於安身。」（明儒學案泰州學案）何以如此？他說：

> 身與天下國家，一物也，惟一物而有本末之謂格。絜，度也。絜度於本末之間，而知本亂而末治者否矣，此格物也。（王心齋文集卷一）

格即認識個人與社會國家之間關係之謂。換言之，認識個人是本，社會國家是末，不僅可以了解社會國家的組成要素，而且也可維護個人的安全，頗具保障人權之意，也就是社會國家為個人而存在之意。不過，王艮同時指出，社會國家之安定與發展，也賴於個人的修持；每個人都能止於至善之境，社會國家才有發展，個人安全才有保障，兩者互為因果。所以他說：

> 吾身是個矩，天下國家是個方，絜矩則知方之不正由矩之不正也。是以只去正矩，卻不在方上求。矩正則方正矣，方正則成格矣，故曰格物。（同上）

王艮的這種觀念，與王陽明所謂「治天下有本，身之謂也。本必

---

❼ 張承漢，「中國社會思想史」（上冊），臺北市：三民書局，民國七十五年，頁1。

端」，及「知修身是天下國家之本，則以天地萬物依於己，不以己依於
天地萬物。」（語錄）意義雷同。

（二）社會調適　王艮的社會調適觀，係建立在自我為中心的功利
觀念上。他從人必愛己出發，找出社會調適的原理。蓋愛己，則必不會
害己，欲不害己，則必調適自己與他人的關係。例如他說：

　　知保身者，則必愛身如寶；能愛身，則不敢不愛人；能愛人，
　則人必愛我；人愛我，則吾身保矣。能愛人，則不敢惡人；不惡
　人，則人不惡我；人不惡我，則吾身保矣。能愛身者，則必敬身如
　寶，能敬身，則不敢不敬人；能敬人，則人必敬我；人敬我，則吾
　身保矣。能敬身，則不敢慢人；不慢人，則人不慢我；人不慢我，
　則吾身保矣。此仁也，萬物一體之道也。以之齊家，則能愛一家
　矣；能愛一家，則一家者必愛我矣；一家者愛我，則吾身保矣。吾
　身保，然後能保一家矣。以之治國，則能愛一國矣；能愛一國，則
　一國者必愛我矣；一國者愛我，則吾身保矣。吾身保，然後能保一
　國矣。以之平天下，則能愛天下矣，能愛天下，則天下「凡有血氣
　者莫不尊親」；莫不尊親，則吾身保矣。吾身保，然後能保天下
　矣。此仁也，所謂「至誠不息」也。（同上）

王艮的此種觀念，頗似英儒亞當斯密（Adam Smith）之公私利益
調合論。也含有交換理論的意味。因為真正愛己，便不欲害己，不欲害
己，則需與他人建立良好之關係。當然，此種觀點係建立在其所謂「止
於至善者，安身也」的基礎上。換言之，如果個人不能止於至善，則可
能有偏差行為，如此便不能以「正當」之行為相待，個人之社會調適，
自然也就無法達到了。

（三）經濟主張　王艮的經濟主張，主要在倡導農田制度之改革。蓋
以往的制度，造成農業生產力過低，產生社會問題，其中尤以田制不定，遊

民眾多，最為顯著。加之消耗無度，風俗奢靡，使財用陷於不足。他說：

　　……古者田有定制，民有定業，均節不忒，而上下有經，故民志一而風俗淳，眾皆歸農，而冗食遊民無所容於世。今天下田制不定，而遊民眾多，制用無節，而風俗奢靡，所謂一人耕之，十人從而食之；一人蠶之，百人從而衣之；欲民之無饑寒，不可得也。饑寒切身，而欲民之不為非，亦不可得也。今欲民得其養，在去天下虛靡無益之費，而制用有經，重本抑末，使巧詐遊民各皆力本，如此則生者眾而食者寡，為之疾而用之舒，而財用無不足矣。（王心齋文集卷一）

為了增加農業生產，他尙主張開闢海邊荒地，制定經界，使田有分，界有定，如此社會便不至於亂。他說：

　　裂土封疆，王者之作也；均分草蕩，裂土之事也；其事體雖有大小之殊，而於經界受業則一也。是故均分草蕩，必先定經界。經界有定，則坐落分明。上有冊，下給票；上有圖，下守業。後雖日久，再無紊亂矣。蓋經界不定，則坐落不明，上下皆無憑據，隨分隨亂，以致爭訟。是致民之訟，由於作事謀始不詳，可不愼歟！（同上）

王艮的主張，對於生產力過低的農業而言，應當有所助益。

三、王艮社會思想評議　王艮師承王守仁，其思想中之王學觀念，極其顯見。惟在許多基本之社會政治現象上，仍有其獨特的一面。例如對於格物的觀點，即言前人之所未言。不過從儒家思想之脈絡觀之，王艮把格物視為個人（身）與社會國家關係之理解，只能算是格物的一部分，並非全部。換言之，王艮不過把格物觀念加以擴大，應用於個人與社會國家之關係上，如果格物僅限於此，恐非先儒之本意。不過，就此而言，王艮的貢獻即已可觀。蓋以往如孟子者，只言及「民為貴，社稷

次之，君爲輕。」（孟子盡心）顯然不若王艮的「吾身是個矩，天下國家是個方，絜矩則知方之正由矩之不正也。」所以，在中國思想界講個人與社會國家之關係者，王艮之獨特觀點，自亦有其價值。

至於其社會調適論，只從心理上強調：「已所欲，施於人」則「人必以其所欲而施之於己」。從社會學的觀點而言，自不能謂之完善。不過，從交換論之觀點而言，其立論亦有可取之處。

第四節　李　贄

一　略傳　李贄，號卓吾，別號溫陵居士，明福建泉州府晉江縣人。生於明世宗嘉靖六年（西元一五二七年），卒於神宗萬曆三十年（西元一六〇二年）。二十六歲中進士，三十歲任河南輝縣教諭，五十一歲任雲南姚安府知府，三年後辭官。晚年著書講學，對於當時之學術思想，多有批判，因而觸怒當道，多次下獄，終於自殺獄中。著有「焚書」、「初潭集」等等。

李贄是明朝最傑出的一位社會思想家。因其觀點與眾不同，時遭污蔑與迫害，但仍不改其批判立場，故也是一位最有見解、最有骨氣的思想家。

二、社會思想　因李贄的思想與當時流行的僞道學觀，背道而馳，故時遭攻擊與批判。正因如此，其社會思想益有價值。茲就其大者，屢舉如下。

㈠人性論　李贄認爲，人是一種自私自利的動物。人的行爲動機，均以自利與生存爲要務。他說：

夫私者，人之心也。人必有私，而後其心乃見；若無私，則無心矣。如服田者私有秋之穫，而後治田必力；居家者私積倉之穫，

而後治家必力；為學者私進取之獲，而後舉業之治也必力。故官人
而不私以祿，則雖召之，必不來矣；苟無高爵，則雖勸之，必不至
矣；雖有孔子之聖，苟無司寇之任，相事之攝，必不能一日安其身
於魯也，決矣。此自然之理，必至之符，非可以架空而臆說也。然
則為無私之說者，皆畫餅之談，觀場之見，但令隔壁好聽，不管腳
跟虛實，無益於事，只亂聰耳，不足采也。（焚書藏書德業儒臣後
論）

李贄的此種觀點，頗為中肯。如果沒有報酬或獎賞之誘因於前，則
任何人皆不願克制自我，努力奮鬥於後。所以說：

農無心，則田必蕪；工無心，則器必窳；學者無心，則業必
廢：無心安可得也？（同上）

所謂「心」，即個人行為所期望之報酬。無報酬，便無誘因，無誘
因，則必不力。所以他極力反對董仲舒所謂之「正其誼，不謀其利；明
其道，不計其功。」他說：

故繼此而董仲舒有正義明道之訓焉，張敬夫有聖學無所為而為
之論焉。夫欲正義，是利之也；若不謀利，不正可矣。吾道苟明，
則吾之功畢矣；若不計功，道又何時而可明也？今曰聖學無所為，
既無所為矣，又何以為聖為乎？（同上）

就此而言，他的思想有著強烈的功利觀念。

人之行為既然以自私自利為取向，而且凡事必求其功，則其目的安
在？李贄認為，不過為了生存而已。他說：

穿衣吃飯即是人倫物理。除卻穿衣吃飯，無倫物矣。世間種
種，皆衣與飯類耳，故舉衣與飯，而世間種種自然在其中，非衣飯
之外，更有所謂種種絕與百姓不相同者也。學者只宜於倫物上識真
空，不當於倫物上辨倫物，故曰「明於庶物，察於人倫」。於倫物

上加明察，則可以達本而識眞源；否則只在倫物上計較忖度，終無自得
之日矣。（同上，答鄧石陽）

他認爲，世間一切，均係穿衣吃飯的表現。換言之，社會中之一切
制度，不過是爲了生存的需要而建立的經濟制度而已。易言之，人之行
爲動機，不過求生存而已。李贄的此種看法，固然屬實，但生存無虞以
後呢？社會學家認爲，則求生活（更好的生存）。所以，李贄在人性上
的觀念，雖然擺脫了傳統上的善惡之說，直指行爲動機，然並不完善。

㈡政治主張　在政治方面，李贄所嚮往的是一種「無爲而治」的境
界。他說：

> 吾聞至道無爲，至治無聲，至教無言，雖賜也，亦自謂不可得
> 聞矣；豈其於此實未有聞，而遂不知求之繩墨之外也？余甚疑焉，
> 而未敢以告人。（同上，送鄭大姚序）

李贄所謂「無爲」，並非道家所謂之無爲。按李贄之意，「無爲」
是指統治者對於人民不做過分的干擾，尤其不應以刑罰或禮教對於人民
作不當的束縛。他主張，統治者應使被統治者各得其所，也就是一種順
乎自然的狀態。他說：

> 夫天下之人得所也久矣，所以不得所者，貪暴者擾之而「仁
> 者」害之也。「仁者」以天下之失所也而憂之，而汲汲焉欲貽之以
> 得所之域，於是有德禮以格其心，有政刑以縶其四體，而人始大失
> 所矣。夫天下之民物眾矣，若必欲其皆如吾之條理，則天地亦且不
> 能。是故寒能折膠，而不能折朝市之人；熱能伏金，而不能伏競奔
> 之子，何也？富貴利達所以厚吾天生之五官，其勢然也。是故聖人
> 順之，順之則安之矣。是故貪財者與之以祿，趨勢者與之以爵，強
> 有力者與之以權，能者稱事而官，憒者夾持而使，有德者隆之虛
> 位，但取具瞻，高才者處以重任，不問出入，各從所好，各騁所

長，無一人之不中用，何其事之易也！（同上，答耿中丞）

李贄認爲，人之聰明才智各不相同，使各得其所，順乎自然，是爲政者的首要之務，故凡違背此一自然安排者，均係多餘。刑罰如此，禮教亦復如此。他提出的「至人之治」，在強調「因其政不易其俗，順其性不拂其能。」（焚書卷三論政篇）在此種政治之下，個人可以發展個性而不受阻礙；可以表現才能，而不被迫害。所以他反對一切禮教與規範之約束。最好的政治制度，是統治者與被統治者彼此相安無事，沒有矛盾，沒有衝突，一切順乎其性。

㈢相對論　李贄的相對論，主要針對當時道學家之尊儒而發。他認爲，是非善惡等等社會價值，如「晝夜更迭，不相一也」。換言之，天下並無絕對之是，亦無絕對之非。他說：

　　李氏曰：人之是非初無定質，人之是非人也亦無定論。無定質，則此是彼非，並育而不相害；無定論，則是此非彼，亦並行而不相悖矣。然則今日之是非，謂予李卓吾一人之是非，可也；謂爲千萬世大賢大人之公是非，亦可也；謂予顛倒千萬世之是非，而復非是予之所非是焉，亦可也；則予之是非信乎其可矣。（李氏藏書卷一藏書世紀列傳總目前論）

然則何以有是非？他認爲這是一般人尊孔的結果，即以孔子之是爲是，以孔子之非爲非。他說：

　　前三代，吾無論矣；後三代，漢、唐、宋是也。中間千百餘年而獨無是非者，豈其人無是非哉？咸以孔子之是非爲是非，故未嘗有是非耳。然則予之是非人也又安能已！夫是非之爭也，如歲時然，晝夜更迭，不相一也。昨日是而今日非矣，今日非而後日又是矣。雖使孔夫子復生於今，又不知作如何非是也，而可遽以定本行罰賞哉！（同上）

人又何以不求深思而以他人之是爲是，非爲非？這是因爲人失其
「童心」。人失其童心，則「人而非眞，全不復有初矣。」（焚書卷三
童心說）一個失去眞心的人，遇事便不加思索，人云己云，自然以他人
之是非爲是非。他說：

> 然童心胡然而遽失也？蓋方其始也，有聞見從耳目而入，而以
> 爲主於其內，而童心失；其長也，有道理從聞見而入，而以爲主於
> 其內，而童心失；其久也，道理聞見，日以益多，則所知所覺日以
> 益廣，於是焉又知美名之可好也，而務欲以揚之，而童心失；知不
> 美之名之可醜也，而務欲以掩之，而童心失。夫道理聞見，皆自多
> 讀書識義理而來也。古之聖人曷嘗不讀書哉？然縱不讀書，童心固
> 自在也；縱多讀書，亦以護此童心而使之勿失焉耳，非若學者反以
> 多讀書識義理而反障之也。

> 夫學者既以多讀書識義理障其童心矣，聖人又何用多著書立言
> 以障學人爲耶？童心既障，於是發而爲言語，則言語不由衷；見而
> 爲政事；則政事無根柢；著而爲文辭，則文辭不能達。非內含以章
> 美也，非篤實生輝光也，欲求一句有德之言，卒不可得。所以者
> 何？以童心既障，而以從外入者聞見道理爲之心也。（同上）

童心既失，便不能以眞心見世，一切作爲皆係虛假，所以他說：

> 夫既以聞見道理爲心矣，則所言者皆聞見道理之言，非童心自
> 出之言也；言雖工，於我何與？豈非以假人言假言而事假事、文假
> 文乎！蓋其人既假，則無所不假矣。由是而以假言與假人言，則假
> 人喜；以假事與假人道，則假人喜；以假文與假人談，則假人喜；
> 無所不假，則無所不喜，滿場是假，矮人何辯也！（同上）

李贄的這些話，雖然在批評以孔孟思想爲是的人，但含有強烈的相
對論觀。在中國思想史上，敢於向聖人思想挑戰的，除李贄之外，恐少

之又少。

因為他提出相對觀，敢向聖人「挑戰」，故對於道德問題亦採取迥然不同的看法。例如他反對傳統上寡婦不得再嫁的道德觀，對於程頤所謂寡婦再嫁是「失節」，並認為「餓死事極小，失節事極大。」（二程遺書卷二十二）頗不為然。男人續弦，甚至三妻四妾則視為當然，何喪夫不能再嫁？所以他對司馬相如與卓文君不待「父母之命，媒妁之言」即相結合，頗表贊許。他說：

> 斗筲小人，何足計事，徒失佳偶，空負良緣，不如早自決擇，忍小恥而就大計。易不云乎：「同聲相應，同氣相求。」同明相照，同類相招，「雲從龍，風從虎」。歸鳳求凰，安可誣也！（李氏藏書卷三十七藏書司馬相如傳論）

雖然從現代觀點而言，兩情相悅，無論再醮或續弦，均不構成「小恥」問題，可是在價值專斷的時代，有此思想已經是難能可貴的了。

㈣夫婦論　李贄認為，夫婦是人類之始，也是社會之源。換言之，人與社會均肇始於夫婦。他說：

> 夫婦，人之始也。有夫婦然後有父子，有父子然後有兄弟，有兄弟然後有上下。夫婦正，然後萬事無不出於正。夫婦之為物始也如此。極而言之，天地一，夫婦也，是故有天地然後有萬物，然則天下萬物皆生於兩，不生於一，明矣。（焚書卷三夫婦論）

李贄以夫婦的陰陽之氣，男女二命，說明萬物之起源。換言之，人之形成，係兩種「現象」結合的結果，有人之後，再有其他社會關係或現象，如父子、兄弟、上下等等。因此，只要「夫婦正，然後萬物無不出於正。」李贄的這句話，雖然不夠翔實，但從「夫婦之為物始也如此」觀之，則似乎認為遺傳的良窳直接影響人之後天行為。惟從另一方面觀之，李贄也在強調萬物由二（夫婦）而生，非由一而起。他說：

　　夫厥初生人，惟是陰陽二氣，男女二命，初無所謂一與理也，而何太極之有？以今觀之，所謂一者果何物？所謂理者果何在？所謂太極者果何所指也？若謂二生於一，一又安從生也？一與二為二，理與氣為二，陰陽與太極為二，太極與無極為二，反覆窮詰，無不是二，又烏覩所謂一者而遽爾妄言之哉？故吾究物始，而見夫婦之為造端也。是故但言夫婦二者而已，更不言一，亦不言理。一尚不言，而況言無！無尚不言，而況言無無！何也？恐天下惑也。（同上）

至於萬物由一而生抑由二而起，至今科學家尚不能肯定，況且兩百多年前了。

㈤男女平等論　男女之不平等，古今皆然。何以如此？學者每有不同之解釋⓭。而李贄認為是社會文化因素造成的。因為女性受制太多，故難與男性分庭抗禮，一爭長短。他說：

　　昨聞大教，謂「婦人見短，不堪學道，」誠然哉！誠然哉！夫婦人不出閫域，而男子則桑弧蓬矢以射四方，見有長短，不待言也。但所謂短見者，謂所見不出閨閣之間；而遠見者，則深察乎昭曠之原也。短見者只見得百年之內，或近而子孫，又近而一身而已；遠見則超於形骸之外，出乎死生之表，極於百千萬億刼不可算數，譬喻之域是已。短見者只聽得街談巷議，市井小兒之語，而遠見則能深畏乎大人，不敢侮於聖言，更不惑於流俗憎愛之口也。（同上，卷二答以女人學道為見短書）

由此可知，女人見短，顯非生來如此，而是社會文化（婦人不出閫域）因素造成的。所以李贄極不贊成以生物差異說明男女知識能力之大

⓭　張承漢，「二十世紀的美國社會思潮」，臺北市：巨流圖書公司，民國七十九年四月，頁163—178。

小與深遠。他說：

> 余竊謂欲論見之長短者當如此，不可止以婦人之見爲見短也。
> 故謂人有男女則可，謂見有男女，豈可乎？謂見有長短則可，謂男
> 子之見盡長，女人之見盡短，又豈可乎？（同上）

如果社會文化對於男人加以束縛，使其與女人易地而處，則男子同
樣不如女子。他說：

> 設使女人其身而男子其見，樂聞正論而知俗語之不足聽，樂學
> 出世而知浮世之不足戀，則恐當世男子視之，皆當羞愧流汗，不敢
> 出聲矣。此蓋孔聖人所以周流天下，欲庶幾一遇而不可得者，今反
> 視之爲短見之人，不亦寃乎！寃不寃與此人何與，但恐傍觀者醜
> 耳！自今觀之，邑姜以一婦人而足九人之數，不妨其與周、召、太
> 公之流並列爲十亂；文母以一聖女而正二南之風，不嫌其與散宜
> 生、太顚之輩並稱爲四友。（同上）

可見自古以來，有遠見，有才智，乃至可以治國之女子，仍有人
在，與性別無關。

三、李贄社會思想評議　本節之始，便說李贄是明代最偉大的社會
思想家。其偉大處，不只在有獨特之見解，而在其敢於向傳統質疑，向
聖人之言挑戰。他的道德相對論，使人了解不唯聖人之言爲眞，況聖人
本身從未自以爲是。尊聖人之言者，多係假此以私己、利己，與聖人之
言本身實無關係。

其他在對男女平等的看法上，也打破了理學家的道統主張，強調社
會文化加諸於女人之束縛與限制，因之才有男尊女卑，或女人見短的謬
論。這些觀點在當今看來，雖不甚突出，但李贄敢跳出傳統，別自衡
量，把「男主外，女主內」的觀念打破，使女子同樣可以主外，男子又
何嘗不能主內？這種獨立思考的精神，正是漢以後之學術界所欠缺的。

第三章　清代的社會背景

明朝末年，政事敗壞，天災人禍，相繼而來。流寇李自成乘勢坐大，率軍進攻北京。明將吳三桂引清軍入關馳援，李自成敗亡，清世祖順勢入京，明亡。大清正式入主中原，啓開統治中國二百六十多年之新頁。

滿清以異族入主中國，其統治心態與元朝並無二致，一切以集權、防範、壓制爲尚❶。在此等措施中，對於社會思想影響最大者，莫過於思想的鉗制。清朝對於思想鉗制之方式有二：一爲「八股取士之制照舊採行，而益加嚴密。一面懸利祿以收買漢人，使悉入彀中，一面百般折磨，必令俯首帖耳，志氣喪盡。」❷取士（考試）分三級，分別爲童試、鄉試、會試。其中如有文體不正，字句可疑，即以除名。會試之後，則爲殿試或廷試，所試者策論，所重者書法。因此，全國青年菁英，悉投入考試，以謀個人之前途。在此種情況下，個人銳氣盡失，意志盡喪，一切習於現實，安於現狀，自然也就沒有「造反」的意念或企圖了。

---

❶　郭廷以，「近代中國史綱」，香港：中文大學，一九八〇年版，頁10。
❷　同上，頁9。

其次是興文字獄。乾隆時，爲收集遺書，編訂成帙，於是始編「四庫全書」。表面上在廣集中國古籍，便於保存與流傳，實則在統一學術思想；凡不利大清統治之異端邪說與諸子百家，盡予摒除、禁止、刪訂或銷毀。文人的思想範疇囿於「四庫全書」之內，稍有不當，便被指爲誹謗，輕則判刑，重則處死，而且牽連殊廣。在此種社會背景之下，有清一代，社會思想自然難以發達。但堅持理想，不爲勢刼之士依然不少，其中又以顧亭林、黃梨洲、王夫之等最爲突出。故本章將以較大篇幅討論之。唯至清末，政事敗壞，內外交迫，社會控制鬆弛，社會思想之發展方因之加速。

除了思想鉗制之外，社會中滿漢對立之象，亦處處可見。在政治上，漢滿官吏皆有定額，而以滿人優先，而且地位懸殊，極易造成統治階層之氣燄高強；遇事顢頇，不通情理。加之一般滿人享有優待，致使漢人敢怒而不敢言。上焉者，熱中名祿，講習八股；下焉者，渾渾噩噩，苟延殘喘。所以，清議無聞，唯鑽營財貨是尙。馴至清末，此種弊端，日益顯著，故當西人船堅炮利驟至，即無禦敵之兵，無謀國之士，清之覆亡，豈無因乎？

以上所言，不過阻礙社會思想發展之大者。至於在財政上之失策，軍費之浩繁，皇室之揮霍，在在加深人民之痛苦。此外，官吏貪瀆，饑饉連年；人民流離，困厄不堪。鋌而走險者，時有所聞。清雖高壓不斷，而漢之民族意識並未中止，相機反清復明者，亦大有人在。所以，在清代之思想家中，受此種背景影響者，亦隱約可見。尤其到了清末，公然反抗者，就處處可見了。

第四章　清代的社會思想

第一節　黃宗羲

一、略傳　黃宗羲，字太冲，浙江餘姚人。生於明萬曆三十八年（西元一六一〇年），卒於清康熙三十四年（西元一六九五年）。學者稱爲梨洲先生。父尊素係東林黨人，爲魏忠賢所害。幼從劉宗周學。十九歲入都申冤，與明室權貴抗爭，幾遭毒手。清兵入關後，募兵成立「世忠營」，與之對抗，魯王任其爲左副都御史。惜寡不敵眾，無功而終。明亡後，隱居著作，並拒清廷徵召。著有「宋元學案」、「明儒學案」、「明夷待訪錄」，及「南雷文定」等，均流傳於世。

二、社會思想　黃宗羲的社會思想，均見「明夷待訪錄」一書。此書二十一章，對於當時之社會制度多有批判。

㈠民本主義　黃宗羲認爲，人天生自私自利，因而造成公害。此時有人不自利自私，爲天下除害者，是謂天子。因其爲民除害，則必辛勞萬分，因之人人不欲久居此位，蓋人之情好逸惡勞也。他說：

> 有生之初，人各自私也，人各自利也。天下有公利而莫或興之，有公害而莫或除之。有人者出，不以一己之利爲利，而使天下

受其利；不以一己之害為害，而使天下釋其害，此其人之勤勞，必
千萬於天下之人。夫以千萬倍之勤勞，而己又不享其利，必非天下
之人情所欲居也。故古之人君，去之而不欲入者，許由務光是也；
入而又去之者，堯舜是也；初不欲入而不得去者，禹是也。豈古之
人有所異哉？好逸惡勞，亦猶夫人之情也。（明夷待訪錄原君）

由此而言，最初之統治者係以服務為目的，不過因無報酬，故多因
辛勞而不欲久居，此人情之常。後世之君主，不了解統治是種義務，以
天下之利盡歸於己，以為其勤勞之代價，於是囊括天下所有利益，此與
古人統治之動機，背道而馳。他說：

後之為人君者不然，以為天下利害之權，皆出於我；我以天下
之利，盡歸於己；以天下之害，盡歸於人，亦無不可。使天下之
人，不敢自私，不敢自利，以我之大私，為天下之大公；始而慚
焉，久而安焉，視天下為莫大之產業，傳之子孫，受享無窮。漢高
帝所謂「某業所就，孰與仲多者」。其逐利之情，不覺溢之於辭
矣。此無他，古者以天下為主，君為客；凡君之所畢世而經營者，
為天下也。今也以君為主，天下為客；凡天下之無地而得安寧者，
為君也，是以其未得之也。屠毒天下之肝腦，離散天下之子女，以
博我一人之產業，曾不慘然。曰我固為子孫創業也，其既得之也，
敲剝天下之骨髓，離散天下之子女，以奉我一人之淫樂，視為當
然。曰此我產業之花息也。（同上）

換言之，君主統治之勤勞，「以天下之利，盡歸於己」為交換，於
是「視天下為莫大之產業，傳之子孫，受享無窮。」他認為，「古者以
天下為主，君為客……今也以君為主，天下為客。」所以今之君主本末
倒置，反客為主，因之造成獨夫之治。

黃宗羲對於君主權力的批評，主要基於其無合法性。可是，前面既然

言及「好逸惡勞，亦猶夫人之情也。」其後則又批評君主以己之私而擁天下，黃宗羲似乎高估了聖人之治的情操。質言之，君主之勤勞既然千萬倍於天下人，那麼君主究竟應該獲得多少報酬？黃宗羲卻沒有言明。

㈡君臣關係　黃宗羲認為，君臣關係應建立在制度化上，而非建立在「效忠」之上。他說：

　　夫天下之大，非一人之所能治，而分治之以羣工。故我之出而仕也，為天下，非為君也；為萬民，非為一姓也。（同上，原臣）

因為天下之大必須分治，而分治則須羣工，也就是職位分工與角色分化。所以臣之出仕，係為萬民之治，而非為一姓之利。既然如此，臣對君無須「殺身成仁」，也無須感激涕零。因為君臣同為萬民服務，只是權力大小不同，工作簡繁不一而已。所以他說：

　　世之為臣者，昧於此義，以為臣為君而設者也。君分吾以天下，而後治之；君授以吾人民，而後牧之；視天下人民，為人君橐中之私物。今以四方之勞擾，民生之憔悴，足以危吾君也，不得不講治之牧之之術；苟無係於社稷之存亡，則四方之勞擾，民生之憔悴，雖有誠臣，亦以為纖芥之疾也。（同上）

因此，了然於君臣服務的對象——萬民（本），則君臣關係，便非「死亡」相依、生死與共的初級關係。那麼，臣無須感謝君，君也不能殺戮臣。一般臣子不解此種關係，才有「君要臣死，臣不得不死」的愚忠行為。他說：

　　吾以天下萬民起見，非其道，即君以形聲強我，未之敢從也，況於無形無聲乎。非其道，即立身於其朝，未之敢許也；況於殺其身乎？不然，而以君之一身一姓起見，君有無形無聲之嗜慾，吾從而視之聽之，此宦官宮妾之心也。君為己死而為己亡，吾從而死之亡之，此其私暱者之事也；是乃臣不臣之辨也。（同上）

　　黃宗羲的此種君臣關係論，純然站在組織的科層立場而發；對於傳統中國之君臣義，可謂是前所未有的批判。而由此種觀念出發，則必然衍生出民主政治之建立。惜乎，有清一代，未予重視。尤其曾國藩出，此種思想更因其提倡「聖教」、「聖言」而被壓制；若非孫中山受西潮之影響，則中國帝制，乃至其君臣之義，可能至今不衰。

　　㈢法制的建立　黃宗羲所謂之法，即現代所謂之制度，尤指政治、經濟及法律制度而言。因爲黃宗羲以天下乃萬民之天下，非君之天下，故認爲中國一切法制之弊，均起於立法基礎之不當。他所謂「三代以上有法，三代以下無法」（同上，原法），即以三代上下法制建立的根據不同。三代以上之帝王，因應萬民之需要而建立各種制度，如經濟、教育、婚姻等等。其法制係以全民利益爲依歸，非爲一己之私爲趨向。例如他說：

　　　　三代以上有法，三代以下無法。何以言之？二帝三王，知天下之不可無養也，爲之授田以耕之；知天下之不可無衣也，爲之授地以桑麻之；知天下之不可無教也，爲之學校以興之；爲之婚姻之禮以防其淫；爲之卒乘之賦以防其亂。此三代以上之法也，固未嘗爲一己而立也。

　　　　三代之法，藏天下於天下者也。山澤之利，不必其盡取；刑賞之權，不疑其旁落，貴不在朝廷也，賤不在草莽也。在後世方議其法之疏，而天下之人，不見上之可欲，不見下之可惡；法愈疏而亂愈不作，所謂無法之法也。（同上，原法）

　　因爲法制非爲一己之私而立，故容易獲得人民支持，而後世之君主不明此理，以天下乃其私產，所立之法，均以自私自利爲出發，自難獲人民的認同與支持。他說：

　　　　後之人主，既得天下，唯恐其祚命之不長也，子孫之不能保有也，思患於未然以爲之法。然則其所謂法者，一家之法，而非天下

之法也；是故秦變封建而爲郡縣，以郡縣得私於我也；漢建庶孽，
以其可以藩屛於我也；宋解方鎭之兵，以方鎭之不利於我也。此其
法，何曾有一毫爲天下之心哉，而亦可謂之法乎？（同上）

由此可見，法制建立的動機不同，後果自然不同。故法愈繁，國愈
亂，所以必先有治法，然後有治人，社會亦因之而有秩序。他說：

　　吾以謂有治法而後有治人，自非法之法，桎梏天下人之手足；
　　即有能治之人，終不勝其牽挽嫌疑之顧盼。有所設施，亦就其分之
　　所得，安於苟簡，而不能有度外之功名。使先王之法而在，莫不有
　　法外之意，存乎其間。其人是也，則可以無不行之意；其人非也，
　　亦不至深刻羅網，反害天下，故曰有治法而後有治人。（同上）

由此而言，黃宗羲強調法治而非人治，但並不否認人治的重要。所
謂「能治之人」即認定人治之重要，只是法爲本而已。

總之，黃宗羲在建立社會制度上所持之理論，與現代民主法治社會
者雷同。惜後人未加發揮，而使中國「法制化」延緩了兩百餘年。

㈣論教育　教育之功能在養士，養士之處所在學校，所以學校是社
會國家一切制度創建之所在。所謂「必使治天下之具，皆出於學校，而
後設學校之意始備。」（同上，學校）由此而言，學校是研議治國大計
之場所。不特如此，也是追求眞理，確定是非的機構。故非僅爲「書
院」而已。他說：

　　天子之所是未必是，天子之所非未必非；天子亦遂不敢自爲非
　　是，而公其非是於學校。（同上，學校）

所以學校是培養正義人才（養士）之地，而不是爲了取士而設的養
成所。他認爲，三代以下之社會，是非與天下公理，皆出自天子一人。
天子以爲是，眾人稱是；天子以爲非，眾人皆非之。天子非聖人，何足
以定是非，斷善惡？他說：

　　三代之下，天下之是非，一出於朝廷。天子榮之，則羣趨以爲是；天子辱之，則羣擿以爲非，簿書期會，錢穀戎獄，一切委之俗吏；時風眾勢之外，稍有人焉，便以爲學校中，無當於緩急之習氣；而其所謂學校者，科舉囂爭，富貴熏心，亦遂以朝廷之勢利，一變其本領。而士之有才能學術者，且往往自拔於草野之間，於學校初無與也。究竟養士一事，亦失之矣，於是學校變而爲書院。有所非也，則朝廷必以爲是而榮之；有所是也，則朝廷必以爲非而辱之。（同上）

　學校既是訓練正義之士辨明是非、善惡之地，主管教育之官吏必須由「名儒主之」。而且必須公正，不得干預清議，否則學生可以要求更換。學官之下，分門別類，設立各科教師，以因應學生之需要。他說：

　　郡縣學官，毋得出自選除。郡縣公議，請名儒主之，自布衣以至宰相之謝事者，皆可當其任，不拘已仕未仕也。其人稍有干於清議，則諸生得共起而易之，曰是不可以爲吾師也。其下有五經師，兵法歷算醫射各有師，皆聽學官自擇。（同上）

　中國因幅員遼闊，自古教育即不普及，此與學校設立之不足不無關係。黃宗羲深知於此，因此提出其普及教育的方案，他說：

　　凡邑之生童，皆裹糧從學。離城煙火聚落之處，士人眾多者，亦置經師。民間童子十人以上，則以諸生之老而不仕者，充爲蒙師。故郡邑無無師之士，而士之學行成者，非主六曹之事，則主分教之務，亦無不用之人。

　　學宮以外，凡在城在野，寺觀庵堂，大者改爲書院，經師領之；小者改爲小學，蒙師領之。以分處諸生受業，其寺產即隸於學，以瞻諸生之貧者。二氏之徒，分別其有學行者，歸之學宮，其餘則各還其業。（同上）

此外，他對於教育的方式也有提示。例如，「天子之子，年至十五，與大臣之子，就學於太學，使知民之情偽，且使之稍習於勞苦，毋得閉置宮中。」（同上）以往之統治者，長於深宮之中，鮮知人間疾苦。因此其決策，若非盡出於權臣，便不符人民之需要。黃宗羲之要天子之子知民之情偽，習於勞苦，即在使統治者不與民間脫節。如此，固可使決策不至於與民欲相左，而且也可了解民情，進而親民、愛民。

三、黃宗羲社會思想評議　黃宗羲是中國近代思想家中，最具反抗性與創建性的思想家。尤其其民本思想，較之孔孟尤為具體。如果由是而發揮，則可建立民主制度。他所謂民為主，君為客，似無疑義，但君統治天下之勤勞有何酬報？酬報多少？均需有個標準。「古之人君，去之而不欲入者，許由務光是也。入而又去之者，堯舜是也。初不欲入而不得去者，禹是也。」其根本原因在於人有好逸惡勞的情性，由此而言，如果統治了無所得，則無人願意勤勞，天下又如何得治？把統治視為一種勞務，當作一種犧牲，恐非人之常情。試觀當今之世，任何政治職位，無人不鑽營求進。甚至為此花費巨資，亦不吝嗇；美其名為民曰服務，實則居心叵測，人盡皆知。

第二節　顧亭林

一、略傳　顧亭林江蘇崑山人，生於明萬曆四十一年（西元一六一三年），卒於清康熙二十一年（西元一六八二年）。初名絳，明亡改名炎武，字寧人，學者稱為亭林先生。先生少年留心經學，最喜鈔書，徧覽二十一史，明代十三朝實錄，天下圖經，前輩文編說部，以至公移邸鈔之類。其中有關民生利害者，分類錄出，旁推互證，著「天下郡國利病書」，未成而明亡。清兵南下，先生與歸莊糾合同志起兵吳江，事

敗，與莊脫走。母王氏避兵常熟，絕食二十七日而卒，遺命後人，勿事二姓。次年閩中唐王（隆武帝）使至，以職方司主事召，辭不赴任，此固因道路阻隔不易成行，而東南悍將惰卒，亦不易成事；且民氣柔脆，地利亦不易進取。於是決計北游，思欲通觀形勢，陰結豪傑，再謀光復。曾五謁孝陵，六謁思陵。復北游魯燕晉陝豫諸省及塞外，而置田舍於章邱長白山下，然以地濕，不欲久留。晚年乃定居陝西華陰。康熙十七年開博士鴻儒，大學士孝感熊公賜履主館事，以書招先生，答曰：「願以一死以謝公！」先生卒後，門人奉喪歸葬，高弟子吳江藩次耕（耒）收其遺書，序而傳之。亭林遺書極多，計有「日知錄」、「天下郡國利病書」等四十三種。

二、社會思想

（一）社與社會　關於「社會」一詞，考諸中國古書，唐之前，未曾見過，只有「社」與「羣」二字的含義，與現代所謂之「社會」庶幾近之。亭林先生對「社」字考證頗為周詳，他說：

> 社之名起於古之國社里社，故古人以鄉為社。大戴禮：「千乘之國，受命於天子，通其四疆，教其書社。」管子：「方六里名之曰社。」是也。左傳昭公二十五年，齊侯唁公曰：「自莒疆以西，請致千社。」（注：二十五家為社，千社兩萬五千家。）哀公十五年，齊與衛地，自濟以西，禚媚杏以南，書社五百。晏子：「景公予魯君地，山陰數百社。」又曰：「景公祿晏子以平陰，與槀邑反市者十一社。」又曰：「昔吾先君桓公，以書社五百封管仲，不辭而受。」荀子：「與之書社三百，而富人莫之敢拒。」戰國策：「秦王使公子他謂趙王曰：『大國不義，以告敝邑，而賜之二社之地。』」商子：「湯武之戰，士卒坐陳者，里有書社。」呂氏春秋：「武王勝殷，諸大夫賞以書社。」又曰：「衛公子啓方，以書社四

十下衛。」又曰：「越王請以故吳之地，陰江之浦，書社三百，以封墨子。」今河南太原靑州鄉鎭，猶以社爲稱。（日知錄卷二十二社）

因此，「社」顯係指一定範圍之行政區域。其小者可謂「社區」，如都市社區，都村社區是；其大者，如國家社區是。總之，上述之社，是指地理區域的範圍，尙不能稱之爲社會，不過顧亭林又說：

後人聚徒結會，亦爲之社。萬曆末，士人相會課文，各立名號，亦曰某社某社。崇禎中，有陸文升奏訐張溥等復社一事，至奉旨察勘，任事之官，多被降罰。宋史薛顏傳：「耀州豪姓李甲，結客數十人，號沒命社。」曾鞏傳：「章丘民聚黨村落間，號霸王社。」石公弼傳：「揚州羣不逞，爲俠於閭里，號亡命社。」而隋末譙都城有黑社白社之名。元史泰定帝紀：「禁饑民結扁擔社，傷人者杖一百。」不知今之士人，何取而名此也。天啓以後，士子書刺往來，社子猶以爲汎，而曰盟曰社盟，此遺史之所謂刺血友也。」（同上）

由此復見，社又是一種結合（association）。故我國古代之社，雖不能與現代社會學中之「社會」完全相符，但在本質上，確有許多類似之處。不過亭林先生所謂之社會，係從風俗道德著眼，其範圍較國家（行政區域）爲大。他說：

有亡國有亡天下，亡國與亡天下奚辨？曰：易姓改號，謂之亡國；仁義充塞而至於率獸食人，人將相食，謂之亡天下。（同上，卷十三正始）

所謂「易姓改號」，顯指國家主權之喪失或取代；而所謂「仁義充塞而至於率獸食人，人將相食。」則指道德淪亡或社會解組。所以這裏所謂「天下」，只宜解作社會。因爲主權喪失，國家自然滅亡，道德絕滅，社會也就崩潰了。

（二）個人與社會　既明社與社會以及國家之區別，那麼個人與社會間之關係如何？　這也是亭林先生社會思想的重點。他所謂「行己有恥」，事實上，就是個人向社會負責的表現。個人既不能離羣索居，不與他人往來，則保持社會善良風俗，維護整個的社會安全，人人都有責任。他說：

魏晉人之清談，何以亡天下，是孟子所謂楊墨之言，至於使天下無父無君，而入於禽獸者也。……自正始以來而大義之不明，徧於天下。如山濤者，既爲邪說之魁，遂使嵇紹之賢，且犯天下之不韙而不顧。夫邪正之說，不容兩立，使謂紹爲忠，則必謂王裒爲不忠而後可也。何怪其相率臣於劉聰石勒，觀其故主青衣行酒，而不以動其心者乎？是故知保天下，然後知保其國，保其國者，其君其臣，肉食謀之；保天下者，匹夫之賤，與有責焉耳矣。（同上）

所謂「保天下者，匹夫之賤，與有責焉耳矣」，即充分說明了個人與社會之關係。他又說：

君子之爲學也，非利己而已；有明道淑人之心，有撥亂反正之事。知天下之勢之何以流極而至於此，則思起而有以救。（與潘次耕書）

這更說明了個人不應獨善其身，而應兼顧社會。他雖「窮約以老，然憂天憫人之志，未嘗少衰。」（日知錄原序）其所以然者，即因個人與社會關係密切，不能棄諸不顧也。

（三）社會變遷　亭林先生深研中國歷史，他因「太息天下乏材，以致敗壞，自崇禎巳卯後，歷覽二十一史，十三朝實錄。」（全祖望結琦亭集）所以他對中國社會變遷的趨向，指陳最爲周詳。亭林先生所謂之社會變遷，意即風俗變遷。蓋他所謂「天下」之亡，乃因「仁義充塞

而至於率獸食人，人將相食。」其所以致此，亭林先生認為係風俗敗壞嬗變的結果。他說：「論世而不考其風俗，無以明人主之功。」又說：「目擊世趨，方知治亂之關，必在人心風俗，而所以轉移人心，整頓風俗，則教民紀綱為不可闕矣。」（與人書九）他對中國風俗之變遷，曾做過一番考究工夫，從周末以至宋明，其在「日知錄」中皆有論列。

春秋戰國是中國歷史上最為混亂的時期，而戰國尤甚於春秋。亭林先生考察中國的社會，認為戰國的風俗不及春秋，不過他認為戰國風俗之敗壞，並不始自戰國，而始於左傳絕筆之後，六國稱王之前❸。他說：

> 如春秋時，尊禮重信，而七國則絕不言禮與信矣。春秋時猶宗周王，而七國則絕不言王矣。春秋時猶嚴祭祀，重聘享，而七國則無其事矣。春秋時猶論宗姓氏族，而七國則無一言及之矣。春秋時猶宴會賦詩，而七國則不聞矣。春秋時猶有赴告策書，而七國則無有矣。邦無定交，士無定主，皆變於一百三十三年之間。史之闕文，而後人可以意進者也。不待始皇之并天下，而文武之道盡矣。馴至西漢，此風未改，故劉向謂其承千歲之衰周。繼暴秦之餘弊，貪饗險詖，不閑義理。……蓋自春秋之後至東京，而其風俗稍復乎古，吾是以知光武章明，果有變齊至魯之功，而惜其未純乎道也。自斯以降，則宋慶歷元祐之間為優矣。嗟乎！論世而不考其風俗，無以明人主之功，余之所以斥周末而進東京，亦春秋之意也。（日知錄卷十三周末風俗）

以上是亭林先生對於春秋以至西漢末期風俗嬗變的考察。他把春秋與戰國時的風俗二相比較，覺得風俗醇美，有每下愈況之勢。及至西漢，

---

❸　何貽焜，「亭林學術述評」，臺北市：正中書局，民國四十三年，頁49—50。

並未稍改。但到東漢，情勢爲之一變，此即亭林先生主張「斥周末而進東京」的原因。他說：

> 漢自孝武表章六經之後，師儒雖盛，而大義未明，故新莽居攝，頌德獻符者，徧於天下。光武有鑒於此，故尊崇節義，敦厲名實；所舉用者，莫非經明行修之人，而風俗爲之一變。至其末造，朝政昏濁，國事日非，而黨錮之流，獨行之輩，依仁蹈義，舍命不渝；風雨如晦，鷄鳴不已；三代以下，風俗之美，尚無於東京者。故范曄之論，以爲桓靈之間，君道粃僻，朝綱日陵，國際屢啓，自中智以下，靡不審其崩離，而強權之臣，息其闚盜之謀，豪俊之夫，屈於鄙生之議。所以傾而未頹，決而未潰，皆仁人君子心力之爲，可謂知言者矣。使後代之主，循而弗革，即流風至今，亦何不可。（同上，兩漢風俗）

根據亭林先生的考察，這種醇美之風，到了東漢末年發生變化；不僅不能尊崇節義，敦厲名實，而自光武以來之餘緒，亦爲之斷送無遺。究其原因，即由於曹操「崇獎跅弛之士」所造成的。所以他說：

> 而孟德既有冀州，崇獎跅弛之士，觀其下令再三，至於求負汙辱之名，見笑之行，不仁不孝，而有治國用兵之術者。於是權詐迭進，姦逆萌生。故董昭太和之疏，已謂當今年少，不復以學問爲本，專更以交游爲業。國士不以孝悌清修爲首，乃以趨勢求利爲先。至正始之際，而一二浮誕之徒，騁其智識，蔑周孔之書，習老莊之教，風俗又爲之一變。夫以經術之治，節義之防，光武明章數世爲之而不足；毀方敗常之俗，孟德一人變之而有餘。後之人君，將樹之風聲，納之軌物，以善俗而作人，不可不察乎此矣。（同上）

由於曹操「毀方敗常」，至魏及三國未從稍緩，且流弊所趨，棄置

經典，崇尙空談。亭林先生說：

> 魏明帝殂，少帝即位……三國鼎立，至此垂三十年，一時名士
> 風流，盛於雒下，乃其棄經典而尙老莊；蔑禮法而崇放達。視其主
> 之顚危，若路人然，即此諸賢爲之倡也。自此以後，競相祖述……
> 此則虛名雖被於時，篤論未忘乎學者。是以講明六藝，鄭王爲集漢
> 之終；演說老莊，王何爲開晉之始；以至國亡於上，教淪於下，羗
> 戎互僭，君臣屢易，非林下諸賢之咎而誰咎哉？（同上，正始）

這種趨勢，至宋有所逆轉，復有東漢之風，故亭林先生對宋之風俗
亦亟贊其美。他說：

> 宋史言：「士大夫忠義之氣，至於五季，變化殆盡。宋之初
> 興，范質、王溥，猶有餘憾。……眞仁之世，田錫、王禹偁、范仲
> 淹、歐陽修、唐玠諸賢，以直言讜論倡於朝；於是中外薦紳，知以
> 名節爲高，廉恥相尙，盡去五季之陋。故靖康之變，志士投袂，起
> 而勤王，臨難不屈，所在有之；及宋之亡，忠節相望。」嗚呼！觀
> 哀平之可以變而爲東京，五代之可以變而爲宋，則知天下無不可變
> 之風俗也。（同上，宋世風俗）

由此而言，亭林先生認爲，中國古代風俗變遷似成循環狀。換言之，
風俗之醇美與敗壞交替並進；無止於至善，亦無一敗塗地。有漢光武之
尊崇節義，就有曹孟德之毀方敗常；有田錫、范仲淹、歐陽修等之直言
讜論，就有王荆公之「聚獎趨媚之徒，深鉬異己之輩。」所以亭林先生
感懷地說：「嗚呼！觀哀平之可以變爲東京，五代之可以變爲宋，則知
天下無不可變之風俗也。」（同上）

至於社會風俗變遷的原因，亭林先生認爲有二：「一由於政府領袖
的提倡，一由於社會人士之嚮導。」例如在言及東漢風俗時，他認爲，
雖「朝政昏濁，國事日非，而黨錮之流，獨行之輩，依仁蹈義，舍命不

渝。」溯厥其源，實由於光武帝「尊崇節義，敦厲名實」的結果。風俗醇美固出於此，而風俗澆薄獨何不然？所以他說：

> 孟德既有冀州，崇獎跅弛之士，觀其下令再三，至於求負汙辱之名，見笑之行，不仁不孝，而有治國用兵之術者，於是權詐迭進，姦逆萌生。（同上，兩漢風俗）

又說：

> 東京之末，節義衰而文章盛，自蔡邕始。其仕董卓，無守；卓死驚歎，無識。觀其集中，濫作碑頌，則平日之為人可知矣。以其文采富而交游多，故後人為立佳傳。嗟呼！士君子處衰季之朝，常以負一世之名，而轉移天下之風俗者，視伯喈之為人，其戒之哉。
>
> （同上）

由此足見，政治領袖之好惡，對風俗澆薄或醇美影響至大。而另一方面，社會賢達之倡導，亦能左右風俗之趨向。如上所謂：

> 魏明帝殂，少帝即位……則大傅司馬懿殺大將軍曹爽，而魏之大權移矣。三國鼎立，至此垂三十年，一時名士風流，盛於雒下；乃其棄經典而尚老莊；蔑禮法而崇放達。視其主之顛危，若路人然，即此諸賢為之倡也。……以至國亡於上，教淪於下，羌戎互僭，君臣屢易，非林下諸賢之咎而誰咎哉。（同上，正始）

又說：

> 天下風俗最壞之地，清議尚存，猶足以維持一二；至於清議亡，而干戈至矣。（同上，清議）

由此可見，社會人士之嚮導，對於風俗變遷影響之大了。

（四）經濟主張　亭林先生的經濟主張，主要在「養人之欲，給人之求。」，例如他說：

> 今日貪取之風所以膠固於人心而不可去者，以俸給之薄而無以

贍其家也。（同上，卷十二俸祿）

亭林先生認爲，物質方面之不能滿足，同樣是問題的來源。因之提出平均分配及增加生產兩種方法。就平均分配而言，他認爲：

> 民之所以不安，以其有貧有富；貧者至不能自存，而富者常恐人之有求而多爲吝嗇之計，於是乎有爭心矣……（同上，卷六庶民安故財用足）

所謂財富分配平均，只是消極的，如果沒有財富或財富不足，只是分配平均，人民生活仍不能安。所以從積極上說，要在生產建設，增加財富。

亭林先生說：

> 治化之隆，則遺秉滯穗之利及於寡婦；恩情之薄，則攘鉏箕帚之色加於父母。故欲民興孝興弟，莫急於生財，以好仁之君，用不畜聚斂之臣，則財足而化行；人人親其親，長其長，而天下平矣。（同上，未有上好仁而下不好義者也）

唯有生財，方能富國，他說：

> 今天下之患，莫大乎貧。用吾之說，則五年而小康，十年而大富……且使爲令者得以省耕斂，教樹畜，而因功之獲，果蔬之收，六畜之挈，材木之茂，五年之中必當倍益；從是而開山澤之利亦可開也……利盡山澤而不取諸民，故曰：此富國之策也。（文集卷一郡縣論六）

由此可見，亭林先生之經濟政策，不外乎積極生產與全面建設，如興水利，闢道路是。他說：

> ……而農功水道，有不暇講求者歟……水日乾而土日積，山澤之氣不通，又焉得而無水旱乎？崇禎時，有輔臣徐光啓作書特詳於水利之學；而給事中魏呈潤亦言。傳曰：「雨者水氣所化，水利

　　修，亦致雨之術也。」夫子之稱禹也，曰盡力溝洫，而禹自言，亦
　　曰濬畎澮距川，古聖人有天下之大事，而不遺乎其小如此。自乾時
　　著於齊人，枯濟徵於王莽，古之通津巨瀆，今日多為細流，而中原
　　之田，夏旱秋潦，年年告病矣。（日知錄卷十二水利）

可見其對建設之重視。蓋唯有提倡建設，充實財源，人民才能安居樂
業，國家才能富強康樂。

　　（五）社會問題　亭林先生生當國變之際，既不能手梟逆賊，還我
河山；又不肯卑躬屈節，寄人籬下，所以只好從社會方面著想，以正人
心，厚風俗為己任。「國亂於上而教明於下」，這可以說是他注意社會
問題的動機，也是他注意社會問題的背景。換言之，亭林先生之所以特
別注意社會問題，一方面，固然是其「經世致用」思想之落實，而另一
方面，也是他「奮欲有所自樹，而迄不得試」的結果。所以亭林先生對
於社會問題的觀察與分析，較一般空談主義者自然深入中肯。尤其他採
取實地觀察法，對各種問題瞭解之透澈與正確，更能令人佩服。

　　1.貧窮　自有生民以來，貧窮即是問題。只是在早期社會，經濟
簡單，以物易物，貧富不甚顯著，故尚不構成所謂社會問題。到了人類
文化有了相當進步之後，社會經濟逐漸複雜，社會百業依次分化，謀生
之道亦為之千差萬別，於是貧富現象，因為經濟發展而加深；而貧窮也
就成為一個嚴重的社會問題了。

　　亭林先生認為，民之質在日用飲食，也就是人應有生存之權利。
他說：

　　　民之質矣，日用飲食。夫使機智日生，而姦偽萌起，上下且不
　　相安，神奚自而降福乎？……是故有道之世，人醇工龐商樸，女童
　　上下，皆有嘉德，而至治馨香，感於神明矣。然則祈天永命之實，
　　必在於觀民，而斲雕為樸，其道何由？則必以厚生為本。（同上，

卷三民之質矣日用飲食)

由此可見，「祈天永命，必在於觀民」，而民則以飲食爲本，故「厚生」乃「永命」的條件。換言之，要想國脈昌隆，綿延不絕，則必須消滅貧窮。所以亭林先生極力反對富貧懸殊，這也就是孟子所謂「不患貧，而患不均」的眞意。蓋貧窮本身不足爲憂，而爲憂者是因分配不均所引起的懸殊現象。亭林先生曾說：

> 單穆公有言，「絕民用以實王府，猶塞川原而爲潢汙也」。自古以來，有民窮財盡而人主獨擁多藏於上者乎？……財聚於上，是謂國之不祥。（同上，卷十二財用）

可見財富不均，貧富懸殊，是何等嚴重。故在亭林先生的著作中，固國本，強民生的建設思想，處處可見。

　　2.奴僕　無論中外古今，奴僕問題，一直是個困擾社會的嚴重問題，尤以古代爲然。唯當時習以爲常，對此問題，少有人注意。可是亭林先生則不然，他不僅認爲奴僕是「六逆之所由來」，而且也認爲，唯有減少奴僕，出貲雇募，始能訟簡風淳，使人爲善。他曾說：

> 顏氏家訓：「鄴下有一領軍，貪積已甚，家僮八百，誓滿一千。唐李義府，多取人奴婢，及敗，各散歸其家，時人爲露布云，混奴婢而亂放，各識家而競入。」（同上，卷十三奴僕）

又說：

> 太祖數涼國公藍玉之罪，亦曰家奴至於數百。今日江南士大夫，多有此風；一登仕籍，此輩競來門下，謂之投靠，多者亦至千人，而其用事之人，則主人之起居食息以至於出處語默，無一不受其節制；有甘於毀名喪節而不顧者。奴者主之，主者奴之。嗟呼！此六逆之所由來矣。（同上）

又說：

今時士大夫之僕，多有以色而升，以妻而寵。夫上有漁色之
主，則下必有烝弒之臣；清斯濯纓，濁斯濯足，自取之也。是以欲
清閨門，必自簡童僕始。（同上）

亭林先生的這番語重心長的話，道破了奴僕問題癥結之所在。一般奴
主，視奴僕為玩物，凡具幾分姿色之女僕，無不受其凌辱與迫害。所以
說，「上有漁色之主，則下必有烝弒之臣。」又說：

人奴之多，吳中為甚。其專恣暴橫，亦惟吳中為甚。有王者
起，當悉免為良，而徙之以實遠方空虛之地。士大夫之家，所用僕
役，並令出貲雇募。如江北之例，則豪橫一清，而四鄉之民，得以
安枕。其為士大夫者，亦不受制於人，可以勉而為善，訟簡風淳，
其必自此始矣。（同上）

所以唯「有王者起，當悉免為良」，才能解決問題。

三、**顧亭林社會思想評議**　前曾指出，有清一代，唯黃宗羲、顧亭
林、王夫之的社會思想，最為突出。而顧亭林的思想與品格，不僅當時
學者難出其右，時至今日，也找不到一位有高潔品德之學者，堪與之相
比。尤其其治學之精微、深入，後世多望塵莫及。蓋一個沒有道德品行
之人，便沒有擇善固執之能力，自然難望其有特殊之貢獻與成就。所以
綜觀顧亭林之社會思想，無論是內涵或方法，其獨特之處至少有以下幾
點。

（一）從歷史尋求社會變遷的軌跡　在亭林先生的著作中，幾乎全
是從歷史中尋求社會現象發生的前因與後果。當然其中雖也談到當時的
弊病，但對於這些弊病之批判，亦以歷史實例多方比較。有時為了證實
其論點之正確，引證浩繁，反覆考究，但絕少前後矛盾之處。所以「四
庫全書日知錄提要」上說：「炎武學有本原，博贍而能貫通，每一事必
詳其始末，參以證佐，而後筆之於書，故引據浩繁，而牴牾者少。」由

此可見，亭林先生對於歷史法之運用，可謂達到極致。蓋人類社會之發展，先後連貫；當前社會現象乃以往社會現象之變遷或延伸，因此瞭解以往之社會現象，則對於當前社會現象之瞭解，自然助益匪淺；況且先後比較，亦可斷定社會制度之優劣，及社會變遷的趨勢。

（二）實地考察社會問題之由來　亭林先生為了實地考察當時的社會情況，曾經遊歷全國各地，應用觀察法之原理，考察社會現象，瞭解社會問題。尤其應用參預觀察，瞭解當時社會上的種種問題。因此，他所提出的問題及其解決辦法，都有實際根據；這種根據的由來，便是親身去體驗，實地去考察的結果。

（三）理論實際、不尚空談　亭林先生是位實行主義者。他深知坐而言，不如起而行，所以他將一切無補於世道人心之空泛思想，一概視為多餘；而他自己的思想，則都以理論為基礎，事實為根據；絕不高談濶論於世道人心無補者。所以他認定，當時陽明哲學是世道彌衰，人心彌下之癥結所在。

（四）心理物質並重　唯心唯物之爭，起於十九世紀的歐洲，如馬克思及黑格爾是。他們各持一偏之見，將人類的社會生活作單一斷定；後來又有所謂心物並重之論。在中國儒家之傳統中，並無唯心唯物分界，所以亦無心物之爭。亭林先生表現在這方面的思想尤其明顯。其中庸平實，不偏不倚之思想，說明了兩者並重，無分軒輊。因此，在他的著作中，一方面強調心理建設之重要，另一方面又強調物質對於民命之不可缺；二者同等重要，互為因果。

（五）儒家思想之發揚　亭林先生的思想，可說是儒家思想之一貫發揚。他的中庸之道，獨特觀點，都出不了儒家思想之本源。但他與其他傳承儒家思想者有別，其思想可說直接承受孔孟的一貫之道。在理論方面受孔子之影響，在實務方面則受孟子的影響。所以在明末清初，眞

正上承孔孟思想者，可能只有亭林先生一人。

以上幾點，只不過是亭林先生思想之概括特點。他的真正貢獻與成就，尚不至於此，梁啓超說：

> 要之，亭林在清學界之特別位置：一在開學風，排斥理氣性命之玄談，專從客觀方面研察事物條理。二曰開治學方法，如勤蒐資料綜合研究，如參驗耳目見聞以求實證；如力戒雷同勦說；如虛心改訂不護前失之類皆是。三曰開學術門類，如參證經訓史蹟；如講求音韵；如說述地理；如研精金石之類皆是。獨有生平最注意的經世致用之學，後來因政治環境之所壓迫，竟沒有傳人。他的精神，一直到晚清才漸漸復活。至於他的感化力所以能歷久常新者，不徒在其學術之淵粹，而尤在其人格之崇峻。❹

從這一段話，更可看出亭林先生之貢獻與偉大。總之，亭林先生既不是食古不化或閉門造車的空想主義者，也不是一意孤行，追求時髦的盲從主義者。他從歷史中尋求社會變遷之軌跡，從觀察中瞭解社會問題的真相，故能匯成精深博大的社會思想。

第三節　王夫之

一、略傳　王夫之字而農，號船山，湖南衡陽人。生於明神宗萬曆四十七年（西元一六一九年），卒於清康熙三十一年（西元一六九二年）。少負異才，讀書一目十行。年踰弱冠，即中舉人。崇禎十六年，張獻忠陷衡州，士多受命，王夫之走匿南嶽雙髻峰下。十七年清陷北京，涕泣不食者數日。順治四年，清師下湖南，夫之走桂林，大學士瞿

---

❹　梁啓超，「中國近三百年學術史」，臺北市：臺灣中華書局，民國四十六年，頁65。

式耜疏薦於桂王（明神宗之孫，名由榔。清入關，在肇慶稱帝，後被吳三桂追殺），以父憂辭。後授行人。然以朝中黨爭不斷，互相慘害；夫之深知不可爲，乃決計退隱。曾遊厤郴、永、漣、邵等地。所至之處，慕從者甚多。後歸隱衡陽之石船山，築土室而居，學者遂稱船山先生。康熙十八年，吳三桂僭號於衡，僞僚有勸表以進者，夫之曰：「亡國遺臣，所欠一死耳，今安用此不祥之人哉？」遂逃入深山。吳三桂卒，清嘉其志，然拒不接受。

王夫之博學多聞，志節皎潔。「論學以漢儒爲門戶，以宋五子爲堂奧」❺。著作極多，計「大學衍」、「中庸衍」等近四十種。

　　二、社會思想　　王夫之的社會思想，大都見其「讀通鑑論」與「宋論」兩書。其中主要在討論社會變遷及社會制度等等。茲就其要旨，屢述如下。

　　（一）社會變遷　　在中國思想史上，論社會變遷者，俯拾可得，比比皆是。其大意若非社會生活之每下愈況，便是美景在前，頃刻即至。所謂社會退化論與社會進化論者是。王夫之的社會變遷論，則兼具兩者，謂社會不斷進化，復又退化，頗似循環論點。他說：

　　　唐虞以前，無得而詳考也，然衣裳未正，五品未清，昏姻未別，喪祭未修，狉狉獉獉，人之異於禽獸無幾也。……若夫三代之季，尤歷歷可徵焉。當紂之時，朝歌之沉酗，南國之淫奔，亦孔醜矣。……至於春秋之世，弒君者三十三，弒父者三，卿大夫之父子相夷、兄弟相殺、姻黨相滅，無國無歲而無之。蒸報無忌，黷貨無厭，日盛於朝野。……五胡之後，元高宇文駔戾相踵，以導民於澆，非民之固然也。……唐初略定，夙習未除，又豈民之固然哉。

────────────

❺　楊蔭深編，「中國學術家列傳」，臺北市：德志出版社，民國五十七年，頁336。

倫已明，禮已定，法已正之餘，民且願得一日之平康，以復其性情
之便。固非唐虞以前茹毛飲血，茫然於人道者比也。……敦謂後世
之天下難與言仁義哉？邵子分古今爲道德功力之四會，帝王何促，
而霸術何長。霸之後，又將奚若耶？泥古過高，而菲薄方今，以蔑
生人之性。……君子奚取焉。（讀通鑑論卷二十唐太宗）

由此可見，王夫之不認爲社會變遷每下愈況，倘若果眞如此，則
「古人淳樸，漸至澆僞，則至於今日，當化爲鬼魅矣。」（同上）人之
所以認爲古代生活安逸，乃因爲「泥古過高，而菲薄方今」使然。換言
之，社會文化是演化的，是進步的，並不如老子所謂「大道廢，有仁
義」，「絕聖棄智，民利百倍。」果如老子所言，則老子便不可能有此
觀點，因爲此種觀點亦係社會文化進步的結果。王夫之謂：「然則治唐
堯三代之民難，而治後之民易，亦較然矣。」（同上）正是他對社會進
化之注腳。

可是王夫之也認爲，社會文化之發展並非永遠直線而行。中國「文
化有興亡起伏之迹是也。」❻換言之，中國社會變遷如環無端，呈循環
狀。此種「循環觀」，古已有之，但未如王夫之陳述之詳盡。他說：

中國之天下，軒轅以前其猶夷狄乎，太昊以前猶禽獸乎。禽獸
不能全其質，夷狄不能備其文。文之不備，漸至於無文，則前無與
識，後無與傳，是非無恆，取舍無據。所謂饑則呴呴，飽則棄餘
者，亦植立之獸而已。魏晉以降，劉石之濫觴，中國之文乍明乍
滅。他日者必且凌蔑之以至於無文，而人之返乎軒轅以前，蔑不夷
矣。文去而質不足以留，且將食非其食，衣非其衣。食異而血氣
殊，衣異而形儀殊，又返乎太昊以前而蔑不獸矣。至是而文字不

❻ 蕭公權，「中國政治思想史」，臺北市：中國文化大學，民國六十九年，頁652。

行，聞見不徵。雖有億萬年之耳目，亦無與徵之矣。此爲混沌而已矣。（船山全集子部問思錄）

王夫之所謂之文化退化，僅指中國社會而已，非指全人類言[7]。唯當社會退化之後，「彼此迭相易也」，復又進化。他說：

> 天地之氣衰旺，彼此迭相易也。太昊以前，中國之人若麛聚鳥集。非必日照月臨之下而皆然也。必有一方焉，如唐虞三代之中國也。既人力所不通，而方彼之盛，此之衰而不能徵之。迨此之盛，彼之衰而弗能述以授人，故亦蔑從知之也。以其近且小者推之，吳楚浙閩，漢以前夷也，而今爲文教之藪。齊晉燕趙，隋唐以前之中夏也，而今之椎鈍駤戾者十九而抱禽心矣。宋之去今，五百年耳。邵子謂南人作相，亂自此始，則南人猶劣於北也。洪永以來，學術節義事功文章皆出荆揚之產，而貪忍無良，弒君賣國，結宮禁，附宦寺，事仇讎者，北人爲尤酷焉。則邵子之言驗於宋而移於今矣。今且兩粵滇黔漸向文明，而徐豫以北風俗人心益不忍問。地氣南徙，在近小間有如此者。推之荒遠，此混沌而彼文明，又何怪乎。
> （同上）

薩孟武謂，王夫之「此言雖近虛玄，實則有慨於滿淸入關的屠殺。那知滿淸之後，尚有洋人，鴉片戰爭，國人醉生夢死，船山之言，雖係臆測，倘吾人視爲暮鼓晨鐘，有所警惕，而亦不可厚非。」[8]事實上，民國以後之日本、軍閥、中共等行爲，無一不應夫之之言。世事盈虛相循，天地之氣衰旺相易，雖說虛玄，可是從心理學與社會學的觀點而言，並不意外。只要將今社會變遷理論稍加瀏覽[9]，即知船山先生之言

---

[7]　同上。

[8]　薩孟武，「中國政治思想史」，臺北市：三民書局，民國六十一年，頁509。

[9]　見Wilbert Moore, *Social Change*. 2nd ed. Englewood Cliffs N.J.: Prentice-Hall, 1974.

不謬。中國文明，乃至世界文明是否會退到混沌，淪爲夷狄，如果從地球，乃至宇宙的創造與發展而言❿，未嘗沒有道理。

（二）社會制度　按蕭公權之意，王夫之論制度有兩個原理：一曰法制隨時代以演變，二曰一代之法制自成一整個之體系⓫。此等原理，正符合社會學的觀點。其一是社會變遷理論中常見的論點，其二是社會體系理論的精義所在。王夫之認爲，社會制度（法制）隨時代而每有不同，此種不同，實則是社會變遷的結果。換言之，社會改變了，因應改變後之社會環境，自然需要新的制度，如果仍行既有之制度，則方枘圓鑿，永遠不能配合。至於社會何以變遷，以上已有所言，所謂「凡言勢者皆順而不逆之謂也。從高趨卑，從小包大，不容違阻之謂也。」（讀四書大全說卷九）「順必然之勢者理也，理之自然者天也。」（宋論卷七）可見變遷乃是一種必然趨勢，非人力所能阻擋。因之改變制度以配合變遷之社會環境，自然是不可避免的，也是必然的。例如他說：

> 天之使人必有君也，莫之爲而爲之。故其始也，各推其德之長人、功之及人者而奉之，因而尤有所推以爲天子。人非不欲自貴，而必有奉以爲尊，人之公也。安於其位者習於其道，因而有世及之禮。雖愚且暴，猶賢於草野之罔據者。如是者數千年而安之矣。強弱相噬而盡失其故，至於戰國，僅存者無幾，豈能役九州而聽命於此數侯王哉？於是分國而爲郡縣，擇人以尹之。郡縣之法，已在秦先。秦之所滅者六國耳，非盡滅三代之所封也。則分之爲郡，分之爲縣，俾才可長民者皆居民上，以盡其才而治民之紀，亦何爲而非天下之公乎？

---

❿　參見 Robert Wright, "Science, God and Man," *Time*, Dec. 28, 1992.

⓫　同❻，頁640。

古者諸侯世國，而後大夫世官，勢所必濫也。士之子恆爲士，農之子恆爲農，而天之生才也無擇，則士有頑而農有秀；秀不能終屈於頑而相乘以興，又勢所必激也。封建毀而選舉行。守令席諸侯之權，刺史牧督司方伯之任，雖有元德顯功而無所庇其不令之子孫。勢相激而理隨以易，意者其天乎！陰陽不能偏用，而仁義相資以爲亨利，雖聖人其能違哉！選舉之不愼而守令殘民，世德之不終而諸侯亂紀，兩俱有害，而民於守令之貪殘，有所藉於黜陟以蘇其困。故秦、漢以降，天子孤立無輔，祚不永於商、周；而若東遷以後，交兵毒民，異政殊俗，橫斂繁刑，艾削其民，迄之數百年而不息者亦革焉，則後世生民之禍亦輕矣。郡縣者，非天子之利也，國祚所以不長也；而爲天下計利害，不如封建之滋也多矣。嗚呼！秦以私天下之心而罷侯置守，而天假其私以行其大公，守乎神者之不測，有如是夫。（同上，卷一秦始皇）

由上見之，秦漢之前行封建制度，實與當時之整個社會文化環境有關；秦漢之後行郡縣制度，乃因社會文化改變而必須與之配合的結果，否則必不能治。王夫之從心理面說明社會變遷後，制度何以必然配合之原因，此乃勢理之所必然，非人力所能違拗。

其次，制度自成體系，其中各個部分交相關連，密切配合，任何一部分欠缺或不產生功能，則整個制度便窒礙難行。他說：

一代之治各因其時，建一代之規模，以相扶而成治。故三王相襲，小有損益，而大略皆同。未有慕古人一事之當，獨舉一事，雜古於今之中，足以成章者也。（同上，卷二十一唐高宗）

可見古代社會與後世社會不同，不能「獨舉一事，雜古於今之中」。蓋如此便不能契合，更難望其發揮功能。他又說：

禮樂刑政，均四海，齊萬民，通百爲者也。以一成純，而互相

制裁。舉其百，廢其一，而百者皆病；廢其百，舉其一，而一可行乎？……浮慕前人之一得，夾糅於時政之中，而自矜復古。（同上）

他所謂「舉其百，廢其一，而百者皆病；廢其百，舉其一，而一可行乎？」正是社會體系觀念之最佳注腳。蓋在一國或一個社會之中，禮、樂、刑、政，乃其運作之各個部分，彼此配合，互相制裁，所謂牽一髮而動全身。所以任何制度之改革或採納，均應從整體著眼，蓋其一不能發揮功能或生反功能，則整個體系為之癱瘓 ⑫。王夫之的此種觀點，如今讀之，使人有遺珠之感，更使人有愧對先哲之感。後輩小子未能據以發揚，致使其觀念煙滅不彰，俟洋人揭櫫於世，吾輩始知如此而已，不亦羞乎？

（三）種族與社會　王夫之認為，社會以種族為單位。換言之，一個種族便形成一個社會。其形成是一種自然定律；下至螻蟻，上至人類，無一例外。他說：

今夫玄駒之有君也，長其穴壤，而赤蚍飛螱之窺其門者，必部其族以噬殺之；終遠其垤，無相干雜，則役眾蠢者，必有以護之也。（黃書原極）

他根據觀察低等動物之自保行為，認定高等動物之人類，亦復如此。他說：

民之初生，自紀其羣。遠其沴害，攘其夷狄，建統惟君。故仁以自愛其類，義以自制其倫。強幹自輔，所以凝黃中之綱縕也。（同上，後序）

---

⑫　見 Jonathan H. Turner, *Patterns of Social Organization*, N.Y.: MeGraw-Hill, 1972。本書為社會學名著，人人所必讀。其中對於政治、親屬、經濟、教育、法律、宗教等制度之間的關係，皆有詳盡之說明。

由此可見，人類最初之結合，乃至社會之形成，係根據種族而來；同一個種族，即形成一個社會，即是一個國家，這個國家之政權應由此一種族之人掌握，其他種族不能越俎代庖，代爲統治。他說：

> 智小一身，力舉天下，保其類者爲之長，衛其羣者爲之君。故聖人先號萬姓而示之以獨貴，保其所貴，匡其終亂，施於孫子，須於後聖，可禪可繼可革，而不可使異類間之。（同上，原極）

一俟同種族之政權建立之後，再「……植其弱，掖其強，揚其潔，傾其滓，冠昏飲射以文之，哭踊虞祔以哀之，堂廉級次以序之，刑殺征伐以整之。」（同上）

由此而言，文化之創造也是以種族爲基礎而自我形成的。由於一個種族必居於一個地區，此地區之自然環境對於文化人格亦有影響。他說：

> 夷狄之與華夏，所生異地。其地異，其氣異矣。氣異而習異，習異而所知所行蔑不異焉。（讀通鑑論卷十四東晉哀帝）

又說：

> 異種者，其質異也，質異而習異，習異而所知所行蔑不異也。
（同上）

又說：

> 人與人相於信義而已矣。信義之施，人與人之相於而已矣，未聞以信義施之虎狼與蟊螣也。……故曰夷狄者殲之不爲不仁，奪之不爲不義，誘之不爲不信，何也？信義者，人與人相於之道，非以施之夷狄者也。（同上，卷四漢昭帝）

由上見之，王夫之的種族論顯然偏頗，這與西方高比諾（Count Arthur de Gobineau, 1816~1882）與張伯倫（Houston S. Chamberlain, 1855~1926）的種族論頗爲近似。不過，王夫之所以有此觀

念，原因不外由二：一因中國自古即受外族侵凌，尤其塞外之夷狄胡虜，幾乎均爲歷代外患之來源；其威脅漢族之生存，不言可喩。其次王夫之乃明之遺民，生存在異族的政權之下，其心情當可了然。所以才提出社會由種族而形成，文化由種族而發展之論點。此種觀念用於當今，固不正確，但從遠古人類聚落與形成觀之，似無置疑之處。唯其以漢族爲中心，蔑視四方，亦係夷狄文化發展不高使然，否則何以其一旦接觸中華文化，即被同化於無形？

三、王夫之社會思想評議　蕭公權謂：「船山學術，似尤在黃顧之上。」⑬ 由此可知，王夫之在淸代之學術地位了。他的思想是對以往學術思想的一種綜合，而且博大精深，無與類比，可惜及身而絕，沒有傳人⑭。王夫之之貢獻何在？從社會學的觀點而言，其獨特之處在制度之創造與運作。前已言之，王夫之認爲，制度隨時代而改變，古之制不合於今，今之制亦不合於古，係因社會環境改變的結果。將此種觀念延伸之，便有文化相對論的意味。同時，也說明了各時代的社會需要不同也。他這種大膽的言論，不僅否定了古代一些放諸四海而皆準的制度觀念，也動搖了許多先哲之言。因爲如果古制不能合於今，則古人之制度論點便空洞無物，了無是處。這種制度隨社會變遷而調適的新論點，在中國思想史上並不多見。

此外，他強調制度自成體系，牽一髮而動全身，所以社會中之制度——無論政治、經濟、教育、法律、宗教、家庭——應彼此配合，互相協調，才能發揮作用。所謂「舉其百，廢其一，而百者皆病。」正是此意。例如，他認爲行郡縣（政治）之後，井田制度（經濟）便不能配

---

⑬　同⑥，前書，頁 642。薩孟武亦同意此說。見薩孟武，「中國政治思想史」，臺北市：三民書局，民國六十一年，再版，頁503。

⑭　李敖編，「中國名著精華全集」，第三十二冊，臺北市：遠流出版公司，民國七十二年，頁 434。

合，如果強制實行，則此制度及其他制度，必然不能發揮功能，甚至發生反功能，進而使整個社會擾攘不安。此種觀點，正是一般體系理論（general system theory）的要義所在。因此，在政治上獨裁專制，而在經濟上自由開放，不過掩耳盜鈴，自欺欺人而已；其終結，不僅政治要走向自由，其他在法律、教育、宗教、家庭等方面，亦必趨於自由。此種現象，在現代之低度社會或國家走向開發階段時，已經得到證實。例如新加坡、南韓、臺灣，其如今之政治民主與自由，均由經濟自由而來，至於法律、宗教、教育、家庭等等，亦復如此。當然，政治上的自由，亦可導致經濟等方面之自由，此在葉爾欽領導下的蘇俄，即有明證。因此，可以肯定的預期，中國大陸之政治自由、民主、開放，必然隨著其經濟自由而推進；其經濟發展愈快，政治自由化愈速。此無他，經濟、政治，以及其他制度交互影響之結果也，非人力所能強制。此外，所謂一國兩制，一望便知其具有政治目的。短期而言，或有助於中國之統一，但此種連體嬰式的社會體制，其不旋踵而敗，殆可預期。何以言之？蓋其與體系理論互相牴觸也。

第四節　唐　甄

一、略傳　唐甄原名大陶，後改名甄，四川達州人。生於明崇禎三年（西元一六三〇年），卒於康熙四年（西元一七〇四年）。甄性至孝，父喪，獨棲殯室三年，以世亂不克還葬，遂喪父虎丘。順治十四年舉人。選長子（山西長子縣）令，下車，即導民樹桑凡八十萬本，民利賴焉。未幾，坐逃人註誤，去官。僦居吳市，炊煙屢絕，至采枸杞葉為食，衣敗絮，著述不輟。始志在權衡天下，作「衡書」。後以連蹇不遇，更名「潛書」。分上下篇。上篇論學……下篇論政，……上觀天

道，下察人事，遠正古跡，近度今宜，根於心而致之行，非虛言也。寧
都魏禧見而嘆之曰：「是周、秦之書也，今猶有此人乎！」（清史稿）

唐甄的社會思想，俱見「潛書」。此書是其嘔心之作，凡三十年始
成，其中有許多言論，如今見之，猶覺見解不凡，獨具慧眼。

二、社會思想

(一)社會實用觀　唐甄認爲，論學之目的在致用，論治在養民 ⓯。
換言之，學以致用才是儒者的任務。他說：「儒之爲貴者，能定亂除暴
安百姓也。」（潛書上篇）漢儒有明其道不計其功，宋儒以明心見性爲
職志，在唐甄看來，皆非所宜。他認爲，人不能離羣索居，人的生活是
社會生活，有社會生活自有社會問題，所以如何應用知識去解決問題
——戰爭或饑饉——才是爲學的目的。他說：

　　釋（佛教）出天地外，老（老子）出人外，眾不能出天地外。
　不能出人外，一治一亂，非老釋所能理，是以乾坤管鑰專歸於儒
　也。（同上）

唐甄的此種觀點，殊有見地。當代美國已故社會學家米爾斯（C.
Wright Mills, 1916～1962）的論點，與此頗多雷同⓰；民國初年胡
適、傅斯年等人之思想，與此亦同。

唐甄認爲，論學既以實用爲目的，則學而優則仕，仕之目的在治。
如何治？在養民，他說：

　　古之賢君，舉賢以圖治，論功以舉賢，養民以論功，食足以養
　民。雖官有百職，職有百務，要歸於養民。（同上，下篇）

換言之，政治在養民，也就是管子所謂之牧民。此義雖不新鮮，但

⓯　同⓰，頁617。
⓰　張承漢著，「二十世紀的美國社會思潮」，臺北市：巨流圖書公司，民國
　　七十九年，頁129。

唐甄認為，社會上的一切亂象，皆由失養而來。所以，非民之好亂，而是因為無以為生，不得不亂。他把所有致亂之源皆歸咎於君臣之奢與貪。他說：

> 虐取者誰乎？天下之大害莫如貪，蓋十百於重賦焉。穴牆而入者，不能發人之密藏；羣刃而進者，不能奪人之田宅；禦旅於塗者，不能破人之家室；寇至誅焚者，不能窮山谷而徧四海。彼為吏者，星列於天下，日夜獵人之財，所獲既多，則有陵己者負篋而去。既亡於上，復取於下，轉亡轉取，如填壑谷，不可滿也。夫盜不盡人，寇不盡世，而民之毒於貪吏者，無所逃於天地之間。是以數十年以來，富室空虛，中產淪亡，窮民無所為賴，妻去其夫，子離其父，常歎其生之不犬馬若也。

> 今之為吏者，一襲之裘值二三百金，其他錦繡視此矣；優人之飾必數千金，其他玩物視此矣；金琖、銀罍、珠玉、珊瑚、奇巧之器，不可勝計。若是者，謂之能吏，市人慕之，鄉黨聳之，教子弟者勸之。有為吏而廉者，出無輿，食無肉，衣無裘，謂之無能；市人賤之，鄉黨笑之，教子弟者戒之。蓋貪之錮人心也甚矣！治布帛者，漂則白，緇則黑。由今之俗，欲變今之貪，是求白於緇也。（同上）

唐甄的這種養廉第一的治道觀，在古代中國，乃至整個人類社會思想史上，處處可見。至於如何解決此等問題？則要靠學者將其論學之知，應用於治道之上。所以，論學不外論治，論治不外養民，養民不外吏廉。人與治之間的關係，於此足見一斑。

（二）重視基本關係　唐甄重視基本關係的重要性，尤其在治者與被治者之間，捨此關係，則問題常由之而生。他說：

> 善治必達情，達情必近人。陳五色於室中，滅燭而觀之則不

見；奏五音於堂下，掩耳而聽之則不聞。人君高居而不近人，既已瞽於官，聾於民矣，雖進之以堯舜之道，其如耳目之不辨何哉！

人君之於父母，異宮而處，朝見有時，則曰天子之孝與庶人異；人君之於子孫，異宮而處，朝見有時，則曰天子之慈與庶人異；人君之於妻，異宮而處，進御有時，則曰天子之匹與庶人異。骨肉之間，驕亢襲成，是以養隆而孝衰，教疏而恩薄，讒人間之，廢嗣廢后，易於反掌。不和於家，亂之本也。（同上，上篇）

基本關係的重要不僅見於家庭成員，君臣之間亦然。所謂「善治必達情，達情必近人」，「近人」並非單指接近臣民而言，近人的目的在使上下建立密切之關係。唯有如此，方知臣之作為，民之要求。否則高高在上，與下脫節，必然「自蔽」。他說：

蜀人之事神也必馮巫，謂巫為端公，禳則為福，詛則為殃。人不知神所視聽，惟端公之畏，而不惜貨財以奉之。若然者，神不接於人，人不接於神，故端公得容其奸。人君之尊，其猶土神乎！權臣嬖侍，其猶端公乎！無聞無見，大權下移，誅及伯夷，賞及盜跖，海內怨叛，寇及寢門，宴然不知。豈人之能蔽其耳目哉？勢尊自蔽也。（同上）

在基本關係中，雖然個人可以得到滿足，但也因關係之自然而造成齟齬，難得融洽。可是，另一方面，關係愈基本，愈能暢所欲言，據實直諫。他說：

直言者，國之良藥也；直言之臣，國之良醫也。除膚瘍，不除藏結者，其人必死；稱君聖，謫百官過者，其國必亡。所貴乎直臣者，其上，攻君之過；其次，攻宮闈之過。其下焉者，攻帝族，攻后族，攻寵貴，是瘍醫也，君何賴乎有此直臣，臣何貴乎有此直名？是故國有直臣，百官有司莫不畏之，畏之自天子始。（同上）

現代國家的政府，其結構固建立在科層制度之上，一切唯法是行，談不上達情、近人，當然妻子、子女不必異宮而處。不過在傳統中國的一人獨裁之下，難免「驕亢襲成」。所以近人達情，接受直言；爲統治者提供資訊，作爲決策之依據，仍不失爲途徑之一。

（三）社會平等　唐甄認爲，「人之生也，無不同也。」凡人皆平等，「聖人定尊卑之分，將使順而率之，非使亢而遠之。」（同上）換言之，社會地位雖有高低，其目的在使社會順暢運作，發揮功能，不在貴賤之別。因爲一旦社會貴賤顯著，社會秩序便難以維持，政治安定便難以推動。他說：

> 聖人定尊卑之分，將使順而率之，非使亢而遠之。爲上易驕，爲下易諂；君日益尊，臣日益卑。是以人君之賤視其臣民，如犬馬蟲螘之不類於我；賢人退，治道遠矣。（同上）

因爲凡人皆同，不平等只限於社會職位本身，而非「人」有不平等之質，或尊貴微賤之分。因此上至統治者，下至粗衣小民，均立於平等之上，並須時時念及於茲，方不至於驕或諂。他說：

> 太山之高，非金玉丹青也，皆土也；江海之大，非甘露醴泉也，皆水也；天子之尊，非天帝大神也，皆人也。是以堯舜之爲君，茅茨不翦，飯以土簋，飲以土杯。雖貴爲天子，制御海內，其甘非食，暖粗衣，就好辟惡，無異於野處也，無不與民同情也。（同上）

平等是先天的，是自然的；不平等是後天的，是人爲的。社會中任何之不平等，均可能導致秩序之崩潰，政治之傾頹。他說：

> 唐子曰：「天地之道故平，平則萬物各得其所。及其不平也，此厚則彼薄，此樂則彼憂。爲高臺者，必有洿池；爲安乘者，必有繭足。王公之家，一宴之味費上農一歲之穫，猶食之而不甘；吳西

之民，非凶歲爲觀粥，雜以**蔽**稈之灰，無食者見之，以爲是天下之美味也。人之生也，無不同也，今若此，不平甚矣。提衡者權重於物則墜，負擔者前重於後則傾，不平故也。是以舜、禹之有天下也，惡衣菲食不敢自恣，豈所嗜之異於人哉？懼其不平以傾天下也。」（同上）

唐甄常舉古代賢人爲例，不憚其煩，詳述社會不平等之利害，而且從歷史上列舉社會不公所造成的影響。可是何以君主或子民，充耳不聞，習而不察？在君奢、臣貪、民慾使之。而奢、貪與慾，則屬人之天性，雖然社會化能作部分糾正，但畢竟不是全部，此所以自古以來，言之者諄諄，而聽之者藐藐，社會依然在不平等上掙扎。

（四）反對專制　從歷史上看，古今中外似均以專制獨裁之君主政治在先，自由之民主政治在後，此係社會發展之程序使然。中國社會發展自不例外。當然並非所有君主專制均無是處，亦非所有君主皆爲暴君。然而，歷史上畢竟明主難求；平庸者弄權者，比比皆是。所以天下常處於亂。此種「天下之亂，非臣能亂之也」，則必是君了。所以他說：

治天下者惟君，亂天下者惟君，治亂非他人所能爲也，君也。小人亂天下，用小人者誰也。女子寺人亂天下，寵女子寺人者誰也。奸雄盜賊亂天下，致奸雄盜賊之亂者誰也。（同上）

由此可知，社會亂否，完全繫於君主一人。因爲君主不察治國之才，所任非人，致使「臯夔稷契生於其時，窮而在下，亦不過爲田市之匹夫。達而在在，亦不過爲將承之庸吏，世無君矣，豈有臣乎？」（同上，下篇）君主何以不察其人？此與人之天性有關。他說：

天之生賢也實難。博徵都邑世族貴家，其子孫鮮有賢者，何況帝室富貴，生習驕恣，豈能成賢。是故一代之中十數世，有二三賢君，不爲不多矣。其餘非暴即闇，非闇即辟，非辟即懦。此亦生人

之常，不足爲異。惟是懦君蓄亂，辟君生亂，闇君召亂，暴君激亂，君罔救矣，其如斯民何哉？（同上）

唐甄這段話，確屬事實。雖然他未從社會學觀點說明君何以不賢，但他卻指出不賢乃致亂之源。語云：富不過三代。賢亦復如此。第一代乘社會之亂，打下天下；自身歷經艱困，嘗盡人間「冷暖」。加之多數君主來自民間，故能以民爲念。所以，在「不賢」之中，多有賢良君主。第二代雖然生活奢華，趨於逸樂，但目睹第一代之艱苦，及第一代之諄諄告誡，故亦能深自檢點，不致爲暴。及至第三代，「人君之尊，如在天上，與帝同體，公卿大臣罕得進見。變色失容，不敢仰視；跪拜應對，不得比於嚴家之僕隸。於斯之時，雖有善鳴者，不得聞於九天；雖有善燭者，不得照於九淵。臣日益疏，智日益蔽，伊尹、傅說不能誨，龍逢、比干不能諫，而國亡矣。」（同上）

不僅如此，而且「爲上易驕，爲下易諛」。在此種情況下，爲君而不暴者，鮮矣哉。因此，社會之亂，國家之亡，其根本原因在君主制度之不當。換言之，廢除專制獨裁之君主政體，便無暴君，便無諛臣。雖然唐甄未直言民主政治，其隱約間亦甚明矣。

三、唐甄社會思想評議 綜括唐甄的社會思想，其獨特處在反對君主之專制獨裁。他以三十年心血完成「潛書」，而且大膽地指出「天子之尊，非天帝大神也，皆人也！」（同上）又說「自秦以來，凡爲帝王者皆賊也。」（同上，下篇）他「這種反君主專制的言論，在中國歷史上是石破天驚的。三百年後看起來，更覺得他持論之勇邁。」❼但他在君主專制之下，卻沒有提出具體的改革之道，此與傳統儒者，並無二致（王安石例外）。

---

❼ 同❹，第二十冊，頁 462。

至於他的實用觀，更是後人遵循的思路；只可惜未加發揚，卻把美國的詹姆士（William James, 1842～1910）與杜威（John Dewey, 1859～1952）推重備至，可見後世中國人之不用「頭腦」了。

第五節 戴 震

一、略傳 戴震字慎修，一字東原，安徽休寧人。生於清世宗雍正元年（西元一七二三年），卒於高宗乾隆四十二年（西元一七七七年）。十歲始能言語，然讀書過目不忘，每字必求其義。得許慎「說文解字」，大好之；盡通「十三經注疏」，並能全舉其辭。二十九歲補縣學生，因訴訟脫身走北京。時編修紀曉嵐、王鳴盛、錢大昕、朱筠，中書王昶，皆甲戌進士，以學問名稱一時，見震皆擊節歎服，遂館於紀氏。乾隆二十七年中舉人，四十年會試不第，上命一體與殿試，賜同進士出身，授庶吉士[18]。

戴震雖然起自孤寒，終身貧困，但讀書治學，從不稍怠。其學長於考辨，「是清代中葉學術思想史上的……高峯。」[19] 其著作甚多，與思想有關者，計有「原善」、「孟子字義疏證」、「緒言」等。其他在考據方面之成就，世人研究者甚多，研究文獻足可汗牛充棟[20]。

二、社會思想

（一）人性與行為 戴震之人性觀，遠紹孟子，要在駁斥宋儒理學之言，故對孟子之性善說，多有發揮。他對性之界定明確，認為是自然

---

[18] 詳見❺，頁384—385。
[19] 余英時，「論戴震與章學誠」，臺北市：華世出版社，民國六十九年，頁1。
[20] 同上。如胡適，「戴東原的哲學」，臺北市：臺灣商務印書館，民國五十六年。

的，是一切的根本。他說：

> 性者，分於陰陽五行以爲血氣、心知、品物，區以別焉，舉凡既生以後所有之事，所具之能，所全之德，咸以是爲其本，故易曰「成之者性也」。（孟子字義疏證卷中）

雖然他仍離不開陰陽五行等抽象概念，但卻認爲性是自然的，人的行爲悉由此衍生而出。例如他說：

> 人生而後有欲，有情，有知，三者，血氣心知之自然也。給於欲者，聲色臭味也，而因有愛畏；發乎情者，喜怒哀樂也，而因有慘舒；辨於知者，美醜是非也，而因有好惡。聲色臭味之欲，資以養其生；喜怒哀樂之情，感而接於物；美醜是非之知，極而通於天地鬼神。聲色臭味之愛畏以分，五行生克爲之也；喜怒哀樂之慘舒以分，時遇順逆爲之也；美醜是非之好惡以分，志慮從違爲之也；是皆成性然也。有是身，故有聲色臭味之欲；有是身，而君臣、父子、夫婦、昆弟、朋友之倫具，故有喜怒哀樂之情。惟有欲有情而又有知，然後欲得遂也，情得達也。天下之事，使欲之得遂，情之得達，斯已矣。惟人之知，小之能盡美醜之極致，大之能盡是非之極致。然後遂己之欲者，廣之能遂人之欲；達己之情者，廣之能達人之情。道德之盛，使人之欲無不遂，人之情無不達，斯已矣。欲之失爲私，私則貪邪隨之矣；情之失爲偏，偏則乖戾隨之矣；知之失爲蔽，蔽則差謬隨之矣。不私，則其欲皆仁也，皆禮義也；不偏，則其情必和易而平恕也；不蔽，則其知乃所謂聰明聖智也。（同上）

由上觀之，戴震顯然把人的行爲視爲生理與心理的結果，而文化的——君臣、父子、夫婦、昆弟、朋友——係心理的表現。但人心之遂，則須靠文化。所謂「道德之盛，使人之欲無不遂，人之情無不達。」故

心理之欲、情、知的達成，尙需德、禮、義才能順遂。由此而言，心理
因素是行爲的推力，而推動方向的正確與否，則靠文化；唯有按照文化
規定之正確方向去表現，個人才能欲遂情達。

在戴震看來，文化中的禮義以及其他「品物」，皆出於性，換言
之，禮義是符合人性需要的表現，例如他說：

> 荀子知禮義爲聖人之教，而不知禮義亦出於性；知禮義爲明於
> 其必然，而不知必然乃自然之極則，適所以完其自然也。就孟子之
> 書觀之，明理義之爲性，舉仁義禮智以言性者，以爲亦出於性之自
> 然，人皆弗學而能，學以擴而充之耳。荀子之重學也，無於內而取
> 於外；孟子之重學也，有於內而資於外。夫資於飲食，能爲身之營
> 衛血氣者，所資以生之氣，與其身本受之氣，原於天地非二也。故
> 所資雖在外，能化爲血氣以益其內，未有內無本受之氣，與外相得
> 而徒資焉者也。（同上）

他又說：

> 耳目百體之所欲，血氣資之以養，所謂性之欲也。……由性之
> 欲而語於無失，是謂性之德。性之欲，自然之符也。性之德，其歸
> 於必然也。歸於必然，適全其自然。此之謂自然之極致。（原善
> 上）

胡適在解釋此一段話時說：

> 血氣心知之性是自然的；但人的心知（巧與智）卻又能指導那
> 自然的性，使他走到「無失」的路上去，那就是必然。必然不是違
> 反自然，只是人的智慧指示出來的「自然之極致」。[21]

由此而言，戴震之觀點可謂心理決定論了，蓋欲（心理）與生俱

---

[21] 同上，頁38。

來，非人力爲之。所以所有文化或人類智慧創造出來的「自然之極致」，均應與欲相配合，此係必然之趨勢。

雖然他的觀點與事實並不相符——因文化等外在因素，能改變或影響心理因素，可是，他認爲合乎心理條件之文化才能滿足需要。此種觀點，正是現代社會文化發展所欠缺者。現代社會，重在文化之創新與發展，雖然此種創新可以滿足好奇心、成就感，但其中有多少能與其他心理，乃至生理因素相契合，著實有深思之必要。另一方面，現代社會人類之痛苦，其中至少部分與文化之發展同心理失調有關。

戴震認爲，性的實體是血氣心知，亦即心理以生理爲基礎，所以生理上之種種特質，可以說明人性是善的。他說：

> 耳能辨天下之聲，目能辨天下之色，鼻能辨天下之臭，口能辨天下之味，心能通天下之理義；人之才質得於天，若是其全也！孟子曰，「非天之降才爾殊」；曰，「乃若其情，則可以爲善矣。乃所謂善也。若夫爲不善，非才之罪也。」唯據才質爲言，始確然可以斷人之性善。（原善中）

申言之，根據耳、目、鼻、口、心（生理）之功能（辨聲、辨色、辨臭、辨味、辨理義），可以斷言人性爲善。此種推斷自不正確，因爲戴震始終受孟子性善說之束縛，只在找出一種與宋儒不同的觀點而已❷。

（二）社會起源與結構　在社會思想史上，凡言及社會起於自然者，多指人類自然地、自動地結合而爲社會。而在戴震的思想中，他卻把自然與社會的產生結合在一起。他認爲社會由自然（天地）生生不息而產生。天地生生不息，人道（廣義言之，即社會）亦復如此，人與人之間的關係尤然。他說：

---

❷　同上，頁46。

人道，人倫日用身之所行皆是也。在天地，則氣化流行，生生不息，是謂道；在人物，則凡生生所有事，亦如氣化之不可已，是謂道。「易」曰：「一陰一陽之謂道。繼之者，善也；成之者，性也。」言由天道以有人物也。「大戴禮記」曰：「分於道謂之命，形於一謂之性。」言人物分於天道，是以不齊也。「中庸」曰：「天命之謂性，率性之謂道。」言日用事爲，皆由性起，無非本於天道然也。「中庸」又曰：「君臣也，父子也，夫婦也，昆弟也，朋友之交也，五者，天下之達道也。」言身之所行，舉凡日用事爲，其大經不出乎五者也。孟子稱「契爲司徒，教以人倫：父子有親，君臣有義，夫婦有別，長幼有序，朋友有信」，此即「中庸」所言「率性之謂道」也……人道本於性，原於天道。（疏證卷下）

他這種萬物（包括人）由自然而生之論點，胡適稱其爲一元論，以別於宋儒之二元論[23]。雖然其中之哲學意味濃厚，但他的觀點卻極有價值。他認爲，自然生生不息，因而產生社會；社會生生不息，因而產生各種地位與角色，以配合社會之需要。他說：

孟子言，「夫道若大路然，豈難知哉」，謂人人由之。如爲君而行君之事，爲臣而行臣之事，爲父爲子而行父之事，行子之事，皆所謂道也。君不止於仁，則君道失；臣不止於敬，則臣道失；父不止於慈，則父道失；子不止於孝，則子道失；然則盡君道、臣道、父道、子道，非智仁勇不能也。質言之，曰「達道」，曰「達德」；精言之，則全乎智仁勇者，其盡君道、臣道、父道、子道，舉其事而亦不過謂之道。（同上）

由此可知，社會上之地位與角色，「人人由之」。倘爲人君（地

---

[23]　同上，頁29—42。

位），不止於仁（角色），爲人臣（地位）不止於敬（角色），爲人父（地位）不止於慈（角色），爲人子（地位）不止於孝（角色），則爲「道失」，而欲表現君、臣、父、子之角色，則需要智仁勇，換言之，需要社會化。因爲智、仁、勇是文化價值，非經學習弗能也。

（三）社會制度——禮　在戴震的思想中，禮近乎理，是一種必然的，一定的條理。凡人情往返，行爲表現，均有禮或理可循。但禮不是隨人所欲，任意創造的，它是自然中的必然道理，所以「非知天（自然）不足以盡之」。他說：

> 禮者，天地之條理也，言乎條理之極，非知天不足以盡之。即儀文度數，亦聖人見於天地之條理，定之以爲天下萬世法。禮之設所以治天下之情，或裁其過，或勉其不及，俾知天地之中而已矣。至於人情之漓，猶飾於貌，非因飾貌而情漓也，其人情漸漓而徒以飾貌爲禮也，非惡其飾貌，惡其情漓耳。禮以治其儉陋，使化於文；喪以治其哀戚，使遠於直情而徑行。情漓者馳騖於奢與易，不若儉戚之於禮，雖不足，猶近乎制禮所起也，故以答林放問禮之本。「忠信之人，可以學禮」，言質美者進之於禮，無飾貌情漓之弊，忠信乃其人之質美，猶曰「苟非其人，道不虛行」也。至若老氏，因俗失而欲併禮去之，意在還淳反樸，究之不能必天下盡歸淳樸，其生而淳樸者，直情徑行；流於惡薄者，肆行無忌，是同人於禽獸，牽天下而亂者也。君子行禮，其爲忠信之人固不待言；而不知禮，則事事爽其條理，不足以爲君子。（疏義卷下）

由此不僅可以看出禮的起源與功能，他更清楚地指出，「禮之設所以治天下之情」。申言之，禮是用來順遂人與人之間的關係的。所以它是一種制度，對於人的行爲有限制作用。唯天下之人均知禮、行禮，則人與人之間的關係始克調和順暢，否則肆無忌憚，爲所欲爲，「是同人

於禽獸」，可見禮的重要了。今人多不知禮，或以己行為禮，殊不知禮乃條理之極，是不變的、必然之理。唯自文化相對論興起後，何謂禮？就眾說紛紜，莫衷一是了。

三、戴震社會思想評議 戴震的著作雖多，唯多屬哲學範疇，偶及於社會，大都係對先哲思想之重新詮釋。唯其中亦有創見之處。他以「一元論」說明社會之起源、結構、功能，尤為先儒所莫及。在他的思想中，社會現象是從自然現象中分化出來的必然條理，經由聖人定為萬世法。人類只要按照此種條理——禮——行事，社會才有秩序，人類才能幸福。雖然在現代社會思想中，以為禮（理）因時、因地、因事而制宜，並無所謂之天道條理，可是在人類社會文化中，確也有些不易之「理」——文化絕對論的依據。戴震可謂文化絕對論及文化普遍性之代表人物。他不僅要解釋古人所謂「天道」之本質與功能，而且很有條理地說明社會由「天道」分化而來之過程，其中雖不免有些哲學意味，但如果我們把社會現象回歸到自然現象，或使之合於自然法則，則社會是否會比今日更好？雖然不敢斷言，可是，如今社會文化之發展並沒有帶給人類更多之幸福，卻是事實；同時在某些方面或某種程度上，較之以往更加痛苦。所以戴震之社會思想確有深思之處。

第六節　洪亮吉

一、略傳 洪亮吉字稚存，一字君直，號北江，晚年號更生，江蘇陽湖人。生於清高宗乾隆十一年（西元一七四六年），卒於仁宗嘉慶十四年（西元一八〇九年）。六歲而孤，貧就外家讀，聰穎倍常兒。二十四歲補諸生。始好詞章，後兼治經史之學。乾隆四十五年中順天鄉試，三十五年，進士第二及第，授編修。次年充石經館收掌官，又次年拜視

學貴州，及至教士以通經學古爲先，影響深遠。後乞病歸里。時川陝賊
亂未已，乃上書成親王言時事，冀其轉奏皇上，對於當時弊端多有指
摘，其中有「乘輿存宵小熒惑，視朝稍晏」之語，成親王聞之，交刑部治
罪，以大不敬伏法。復赦免，並發配新疆伊犁，交將軍保寧嚴加管束。
不及百日，即賜還。自此放浪於山水之間。洪亮吉著作極豐，有「左傳
詁」等經史之作百餘卷，另有「洪北江詩文集」八十三卷，均傳於世。

　　二、社會思想　在洪亮吉的社會思想中，最受重視，最有貢獻者爲
破除迷信及人口論。就前者而言，我國古代思想家已有論述，唯其解釋
每有不同；就後者言，則爲中國古今第一人。茲就兩說之要義分析如
下：

　　（一）破除迷信　迷信是一種不辨眞僞的盲從，起源對事物或現象
之無知，或冀求心理的滿足與安全。所以迷信事物，古今中外皆然。而
洪亮吉則既不信神，又不信鬼。他認爲，迷信神鬼只是一種心理作用。

　　　信如所言，則山川社稷、風雲雷雨皆有神乎？曰：無也。高曾
　　祖考皆有鬼乎？曰：無也。山川社稷、風雲雷雨之神，林林總總，
　　皆敬而畏之，是山川社稷、風雲雷雨之神，即生於林林總總之心而
　　已。高曾祖考之鬼，凡屬子孫亦無不愛而慕之，是高曾祖考之鬼，
　　亦即生於子孫之心而已。曰：伊古以來，有親見山川社稷、風雲雷
　　雨之神者，又有親見高曾祖考之鬼者，則奈何？曰：此或托其名以
　　示神，假其號以求食，非眞山川社稷之神，高曾祖考之鬼也。（文
　　集意言天地篇）

　　由此可見，人之有神有鬼，似另有目的——把神鬼當做一種自我滿
足之工具，故曲解了神，也塑造了鬼。他說：

　　　何以言之？山川之神本無主名，若社稷之神，則所謂句龍及后
　　稷也。句龍爲烈山氏之子，句龍倘有神，則應服烈山氏之衣冠。后

稷者，帝嚳之子也，稷倘有神，亦應服帝嚳時之衣冠。今童巫之見
社稷之神者，言服飾一如祠廟中所塑唐宋衣冠之象，則必非句龍、
后稷明矣。且山川社稷、風雲雷雨有神，則天地益宜有神。吾聞輕
清者爲天，重濁者爲地，未聞輕清之中更結爲臺殿宮觀及天神之形
質也，重濁中更別具房廊舍宇及地祇之形質也。且天苟有神，則應
肖天之圓以爲形；地苟有神，則亦應規地之方以爲狀；今世所傳天
神地祇之形，則皆與人等，是則天地能造物之形而轉不能自造其
形，不能自造其形乃至降而學人之形，有是理乎？推而言之，華山
之形，削而成四方；泰山之形，岑崿而軒舉；使皆有神，則華山之
神亦應肖削成四方之形，泰山之神應亦模岑崿軒舉之狀，皆不得學
人之形以爲形也。

　　至於鬼之無，則又一言以蔽之曰：人而爲鬼，則已歸精氣於
天，歸形質於地矣。歸於天者，復能使之麗於我乎？歸於地者，復
能使之塊然獨立一肖其生時乎？記有之：「僾乎如有見，慨乎如有
聞。」又曰：「臨之在上，質之在旁。」爲人子孫者，不忍自死其
高曾祖考，則一念以爲有，即有矣，實則不然也。黎邱之鬼，慣傚
人子姪之狀；潁川之鬼，又慣傚人父祖之形，其實豈眞子姪、豈眞
父祖乎；則世之所言見高曾祖考之鬼，亦猶此矣。（同上）

這一段話雖無深奧理論，但他卻把神鬼由人塑造的而非眞有神鬼，
說得淋漓盡致。古希臘思想家中，也有類似觀點。可見神鬼之說完全存
在於心，與眞正有無神鬼無關。

他認爲，所謂神鬼之說，應爲「怪」論。世人常把神鬼與怪混淆不
清，以致懼之、畏之，實則神鬼另有所指，他說：

　　鬼神之說，上古無有。上古之所謂神者，山川社稷之各有司存
是也；上古之所謂鬼者，高曾祖考是也。三代之衰，始有非鬼神而

謂之鬼神者，杜伯之射周宣王，趙先之殺晉厲公，以及天神降莘，
河神祟楚是矣。然此直名之爲怪，不可言神，不可言鬼。何也？鬼
不能以弓矢殺人，及壞大門、抉寢門，皆非鬼所能。又聰明正直之
謂神，豈有天神而與人接談，河神而祟人以求食者乎？（同上，鬼
神篇）

由此而言，神鬼只是一種崇拜尊敬的對象。人尊敬山川社稷，故謂
其爲神，這與現代的環境保護，似無不同；我們愼終追遠，懷念祖先，
稱其爲鬼，用爲敬重。他說：

鬼神者吾當畏之，怪者不必畏也。不必畏則視吾氣之強弱，氣
強則搏之，氣弱則爲所攝而已。人未有見高曾祖考祟其子孫者也，
人未有見山川社稷之神祟其管內之民者也。則知鬼神者不害人，其
爲人害者，皆反常之怪耳。若怪而名之爲鬼，是直以高曾祖考待之
也；怪而名之爲神，是直以山川社稷凡著在祀典者待之也，可乎不
可乎？（同上）

事實上，在中國社會文化中，常把受敬重之人、物、事等等，予以
「神化」，視其無所不在、無所不能的一種力量。吾人拜崇之，不過爲
了達到某種目的（爲平安、發財……）而已。洪亮吉則持相反看法，他
認爲對人、事、物敬重則可，欲謂其無所不能無所不在，進而加以利
用，以期另有圖，則爲不可。他的論點，在中國思想史上，委實少見。

（二）人口論　今世言人口者，每由馬爾薩斯（Thomas Robert
Malthus, 1766～1834）始。其思想謂人口數量呈幾何級數增加，糧食
呈算術級數增加，故人口增長乃一切問題之來源。無獨有偶，洪亮吉亦
有同樣看法，唯其思想比馬氏早成五年（成於乾隆五十八年，西元一七
九三年）。他說：

不樂爲治平之民者也；人未有不樂爲治平既久之民者也。治平

至百餘年，可謂久矣，然言其戶口，則視三十年以前增五倍焉，視六十年以前增十倍焉，視百年百數十年以前，不啻增二十倍焉。試以一家計之，高曾之時有屋十間，有田一頃，身一人，娶婦後不過二人；以二人居屋十間，田十頃，寬然有餘矣。以一人生三計之，至子之世而父子四人；各娶婦即有八人；即不能無傭作之助，是不下十人矣。以十人而居屋十間，食田一頃，吾知其居僅僅足，食亦僅僅足也。子又生孫，孫又娶婦，其間衰老者或有代謝，然已不下二十餘人；而居屋十間，食田一頃，即量腹而食，度足而居，吾知其必不敷矣。又自此而曾焉，而元焉，視高曾祖時，口已不下五六十倍。是高曾時為一戶者，至曾元時不分至十戶不止。其間有戶口消落之家，即有丁男繁衍之族，勢亦足以相敵。或者曰，高曾之時，隙地未盡闢，閒屋未盡居也，然亦不過增一倍而止矣，或增三倍五倍而止矣；而戶口則增至十倍二十倍是田與屋之數常處其不足，而戶與口之數常處其有餘也。又況兼並之家，一人據百人之屋，一戶占百戶之田，何怪乎遭風雨霜露顛踣而死者之比比乎？

（同上，治平篇）

由上見之，人口呈幾何級數增加，糧食（糧食由田生之，故可以田代表糧食）呈算術級數增加，已甚明顯。換言之，人口增加之速度，必然超過糧食之生產，以致人口過剩。而一旦人口過剩，民不聊生，則有自然的與人為的兩種方法加以調劑。他說：

曰，天地有法乎？曰，水旱疾疫即天地調劑之法也；然民之遭水旱而不幸者，不過十之一二耳。曰，君相有法乎，曰使野無閒田，民無剩力；疆土之新闢者，移種民以居之；賦稅之繁重者，酌今昔而減之；禁其浮靡，折其兼併；遇有水旱疾疫，則開倉廩以賑之，如是而已矣。是亦君相調劑之法也。要之，治平之久，天地不

能不生人；而天地之所以養人者，原不過此數也。治平之久，君相
不能使人不生；而君相之所以爲民計者，亦不過前此數法也。且一
家之中有子弟十人，其不率教者常有一二。又況天下之廣，其遊惰
不事者何能一一遵上之約束乎？一人之居，以供十人已不足；何況
供百人乎？一人之食，以供十人已不足；何況供百人乎？此吾所以
爲治平之民慮也。（同上）

他所謂水旱、疾病之自然方法，即馬爾薩斯所謂饑饉、瘟疫、戰爭
等積極阻礙（positive check）。當自然調劑仍然無濟於事時，則需要
假手於行政，即所謂「君相之法」。可是此法依然不能解決問題，因爲
「治平之久，天地不能不生人」，此亦說明了「飽暖思淫慾」的必然
性，慾遂生人，人多糧缺，所以洪亮吉爲「治平之民慮」。他雖然沒有
像馬爾薩斯一樣以「道德抑制」（moral　restraint）性慾之預防阻礙
（preventive check），阻止人口之增加，但他卻似乎認爲人口造成的
治亂相循，永無終止。

洪亮吉特別從經濟角度衡量人口增加與社會安定之間的關係。
他說：

今日之畝，約凶荒計之。歲不過出一石；今時之民，約老弱計
之，日不過食一升。率計一歲一人之食，約得四畝。十口之家，即
須四十畝矣。今之四十畝，其寬廣即古之百畝也。四民之中，各有
生計：農工自食其力者也，商賈各以其贏以易食者也，士亦挾其長
傭書授徒以易食者也。除農本計不議外，工商賈所入之至少者，日
可餘百錢。士傭書授徒所入，日亦可得百錢。是士工商一歲之所
入，不下四十千。聞五十年以前，吾祖若父之時，米之以升計者，
錢不過六七；布之以丈計者，錢不過三四十。一人之身，歲得布五
丈，即可無寒；歲得米四石，即可無饑……

是一人食力，即可以養十人。即不耕不織之家，有一人營力於外，而衣食固已寬然矣。今則不然，為農者十倍於前，而田不加增；為商賈者十倍於前，而貨不加增；為士者十倍於前，而傭書授徒之館不加增。且昔之以升計者，錢又須三四十矣；昔之以丈計者，錢又須一二百矣。所入者愈微，所出者益廣。於是士農工賈，各減其值以求售；布帛粟米，又各昂其價以出市。此即終歲勤動，畢生皇皇，而自好者居然有溝壑之憂；不肖者遂至生攘奪之患矣。然吾尚計其勤力有業者耳。何況戶口既十倍於前，則游手好閒者，更數十倍於前。此數十倍之游手好閒者，遇有水旱疾疫，其不能束手以待斃也明矣。是又甚可慮者也。

他所謂「游手好閒者，遇有水旱疾疫，其不能束手以待斃」，則必然有搶奪、凶殺，乃至戰亂之事，所以「是又甚可慮者也」。

三、洪亮吉社會思想評議　洪亮吉對社會思想之最大貢獻，在其對人口問題來源的看法，　此種看法與西方人口研究先驅馬爾薩斯不謀而合，雖然沒馬氏之精密，但其要義，並無二致。洪亮吉強調人口過剩，乃長治久安之結果。蓋治既久，則人人飽暖，飽暖則思人慾，生育因之增加，惟土地不增，反而遞減，遂有供不應求之慮。其觀念以公式表示之如下：

$$\frac{人\ \ \ \ 口}{空間（即土地）}$$

空間（即土地面積）除人口數，其比即為人口密度。申言之，因為生活所需來自土地，故土地面積愈小，人口數量愈多，則人口密度愈高，生活即愈形艱困。但人類生活所需並非完全由耕地決定，尚有其他因素，如以公式表示之，如下：

人　口
────
生活方法

其中「生活方法」包括自然資源，如水、新鮮空氣、乾淨之環境、能源等等。也包括生產力，如投資額、教育、衛生等等❷。由此而言，洪亮吉似乎把人口問題的來源及其解決之道看得過於簡單。但洪氏思想成於二百年前（西元一七九三年），其時中國仍爲農業社會，以食爲天，而食來自土地。所以就當時情況論，洪亮吉能找出人口數量與經濟之間的關係，爲中國人口學早樹典範，且早馬爾薩斯五年出現，不能不謂貢獻匪淺。「可惜他的先知言論不爲人所重視，最後徒託空以『見外』而已，悲夫！」❷

第七節　焦　　循

一、略傳　焦循字里堂，江蘇甘泉人，生於乾隆二十八年（西元一七六三年），卒於嘉慶二十五年（西元一八二〇年），享年五十有七。焦循幼聰異，且至孝順。嘉慶六年舉於鄉，以母病辭禮部試。母卒，閉戶著書，建樓雕菰，有湖光山色之美，足不入城市者十餘年。焦循博聞強記、見識卓著，於學無不通，於經無不治。著作極豐，其中有「雕菰樓集」傳世，焦循的思想多在其中。

二、社會思想

（一）人性論　在焦循的思想中，其見解獨特，且與社會學最有關係者，厥爲人性之論。中國自古論人性者，不外孟子之性善說，與荀子

─────────────

❷　David Yaukey, *Demography*, N.Y.: St. Martin's Press, 1985, p. 54.

❷　同❶，第二十四册，頁 258。

的性惡說（性無善惡說，常在排擠之列）。二千多年來，各述己見，但新義不多。而焦循對人性之解釋，與眾不同。他把性與善惡分開詮釋。他認為，性是生理面，善惡屬於理性、知覺，與學習等心理及社會面。他說：

> 性善之說，儒者每以精深言之，非也。性無他，食色而已。飲食男女，人與物同之。當其先，民知有母不知有父，則男女無別也；茹毛飲血，不知火化，則飲食無節也。有聖人出，示之以嫁娶之禮，而民知有人倫矣；示之以耕耨之法，而民知自食其力矣。以此示禽獸，禽獸不知也。禽獸不知，則禽獸之性不能善；人知之，則人之性善矣。以飲食男女言性而人性善，不待煩言自解也。

> 禽獸之性不能善，亦不能惡。人之性可引而善，亦可引而惡，惟其可引，故性善也。牛之性可以敵虎，而不可使之啑人，所知所能不可移也。惟人能移，則可以為善矣。是故惟習相遠，乃知其性相近，若禽獸則習不能相遠也。（雕菰樓集卷九）

人之所以能善，在人有知，即有判斷是非、善惡之理性，故由此而言，善並非先天存在，人所存在者，是知的能力，此種能力可引之於善，也可引之於惡，如何引？則靠聖人教導，因人有知之能力，故可知聖人教導之內容，因而為善，此又涉及到社會化問題。由此可知，善惡是外在的，是文化的。

他又說：

> 性何以善？能知故善。同此飲食男女，嫁娶以為夫婦，人知之，鳥獸不知之；耕鑿以濟饑渴，人知之，鳥獸不知之。鳥獸既不能自知，人又不能使之知，此鳥獸之性所以不善。

> 人縱淫昏無恥，而己之妻不可為人之妻，固心知之也；人縱食饕殘暴，而人之食不可為己之食，固心知之也；是性善也。故孔子

論性，以不移者屬之上知下愚。愚則仍有知，鳥獸直無知，非徒愚
而已矣。世有伏羲，不能使鳥獸知有夫婦之別；雖有神農、燧人，
不能使鳥獸知有耕稼火化之利。

人之不善者，不能孝其父，亦必知子之當孝乎己；不能敬其
長，亦必知卑賤之當敬乎己。知子之當孝乎己，知卑賤之當敬乎
己，則知孝弟矣，鳥獸不知孝其父，亦不知子之當孝乎己；不知敬
其長，亦不知卑賤之當敬乎己。

文學、技藝、才巧、勇力，有一人能之，不能人人能之。惟男
女飲食，則人人同此心。故論性善，徒持高妙之說則不可定，第於
男女飲食驗之，性善乃無疑耳。（同上）

以上之言，不僅說明善之來源在「知」，而且也對社會作了社會心
理學的最佳詮釋。所謂夫妻關係有其特定性，故不能人皆可妻可夫；父
子關係有其義務性，故自己雖不孝順父母，但望子女孝順自己。其他之
尊卑關係亦然。這些均起於心理因素，都是「知」的結果。所以人合
之，則爲善，人背離，則爲惡。禽獸則否，故無善惡。

然則何爲善？何爲惡？由聖人確定之。聖人創造合於善之行爲、方
法、觀念、制度等等以教人。人覺聖人之方，對己、對社會均有利，追
隨行之，即所謂善，否則爲惡。又，聖人何以知道人性爲善（即人人願
意順從其意念）？乃在根據自己的感覺（經驗）推演而出。他說：

性善之可驗者有三：乍見孺子入井，必有怵惕惻隱之心，一
也；臨之以鬼神，振之以雷霆，未有不悔而禱者，二也；利害之
際，爭訟喧囂，無不自引於禮義，無不自飾以忠孝友悌，三也。善
之言靈也。性善猶言性靈，惟靈則能通，通則變，能變故習相遠。
（同上）

個人（聖人）根據自己對善的經驗與感覺，進而推測他人必與自己

的感覺相同，即他人的性亦善。他說：

> 聖人何以知人性之皆善？ 以己之性推之也。己之性既能覺於善，則人之性亦能覺於善，第無有開之者耳。使己之性不善則不能覺，己能覺則己之性善。己與人同此性，則人之性亦善，故知人性之善也。人之性不能自覺，必待先覺者覺之，是故非性無以施其教，非教無以復其性。（同上）

他所謂「非性無以施其教，非教無以復其性」，正說明了要善，還須受教（社會化），如果不受教，即使有善，亦會見異思遷，從而逐惡。

焦循尚認爲，文化制度是因應人性需要而創造的。他說：

> 淮南泰族訓云：「民有好色之性，故有大婚之禮；民有飲食之性，故有大饗之誼；有喜樂之性，故有鐘鼓笙弦之音；有悲哀之性，故有衰絰哭踊之節。先王之制法，因民之所好而爲之節文者也。皆人之所有於性，而聖人之所匠成也。故無其性，不可教訓；有其性，無其養，不能遵道。」修務訓云：「陰陽之所生，血氣之精，喜而合，怒而鬪，見利而就，辟害而去，其情一也。然爪牙雖利，筋骨雖強，不免制於人者，知不能相通，才力不能相一也。」此蓋孔門七十子之遺言。（同上）

因爲人有色之性，故需婚姻制度；有飲食之性，故有交際會賓制度；有喜樂之性，故有音樂制度；有悲哀之性，故有喪葬制度，餘此類推。換言之，人類有某種需要（廣義言之，可謂性），就有某種制度，以期滿足，這與社會學中制度起源之觀點，頗相雷同。

(二)社會心理學　中國古代並無「社會心理學」一詞，雖然許多思想家在解釋社會時，常常涉及心理因素，但在焦循的思想中，有一段人己「關係」論，與顧理 (Charles H. Cooley, 1864~1929) 的社會

觀頗有異曲同工之妙。他說：

> 人異於己，亦必己異於人，互有是非，則相觀而歸於善，是以
> 我之善觀彼以摩彼之不善，亦以彼之善觀我以摩我之不善也。（同
> 上）

人與人之間的互動，常以自己之是非觀念衡量他人，並設法影響他
人的觀念與行為；反之，亦常自省，以改變自己之觀念與行為。當然，
並非人人皆如此，但大多數人於彼此互動時，均能學習適當的行為與觀
念。所以焦循反對異端，他曾說：

> ……故任昉撰王儉集序云：「攻乎異端，歸之正義。」義者，
> 宜也。歸之於宜，何異之有。（同上）

人與人之間互動，在有共識之達成，去其異端，「以用其中」。他
又說：

> ……各持一理，此以為異己也而擊之，彼亦以為異己也而擊
> 之，未有不成其害者，豈孔子之教也？異端，猶云兩端，攻而摩之
> 以用其中而已。（同上）

由此而言，如人各持己見，便不能達成共識，無共識，則彼此各是
其是，各非其非，相互攻擊，由而危害社會，更遑論自己了。從焦循攻
乎異端之論可知，社會似乎建立在共識之上，唯有如此，社會才能穩
定，彼此才能互賴，社會才有秩序。在現代社會學中，帕深思（Talcott
Parsons, 1902～1979）的觀點與此雷同，可見我國歷代思想家中，有
社會學及社會心理學知識者，為數亦不少。

　　三、焦循社會思想評議　焦循的思想，含有「唯社會學觀」。他對
人性的解釋，拋開以往善惡與生俱來之信念，以性不過生物特質，如食
與色；而善與惡則基於人之「知」，是學習而來的，所以善惡是社會
的，而非生物的；是文化的，而非與生俱來的。此種觀念與現代社會學

之解釋殊無二致。

　　其次，他強調共識，重視心理因素在社會關係中的影響，並以人人彼此學習達成之。這些豐富的社會學思想，後人不察，外人不知（歐美學者，一則基於自感優越感，一則多不通中文，自然難窺中國思想之奧妙），任其埋沒，委實可惜。

第 八 篇
民國時期的社會思想

第一章　民國時期的社會背景

第一節　清末的政治劇變與影響

在言及民國時代的社會背景時，必須溯至清末的政治情況。因爲由滿清進入民國，與中國傳統之改朝換代不同。乍見之下，均屬政權之轉移，實則涉及「外侮」，與以往的「揭竿而起」打天下，自然不同。

滿清自咸豐末年，那拉氏慈禧逐漸掌權以來，歷經穆宗、德宗，凡四十七年。由於其久居深宮，難知天下大事；才識不高（有人爲文認爲，那拉氏果斷有爲。此乃不了解史學評斷所致，有爲與否，要在個人政治表現之後果），難理政務。尤其晚年荒淫無度，寵佞倖、親小人，以致國內民不聊生，國外侵凌交逼，大淸帝國危若繫卵。尤爲「一切問題的開始」之中英鴉片戰爭❶，不僅因爲戰敗而簽訂「南京條約」（一般人輒言「南京條約」爲不平等條約，實則戰敗國割地賠款，理所當然，故不應視爲不平等條約），使中國之主權備受侵害，而後歐洲諸國相繼效

---

❶　李定一，「鴉片戰爭與自強運動」，載韓復智編「中國史論集」（下冊），臺北市：國立編譯館，民國七十四年，頁1893。

尤，強權壓迫日甚一日。

由於外侮不斷，國勢垂危，國內亦有強烈反應。歸納言之，約分爲三。一爲太平天國起義，二爲義和團之亂，三爲改革運動。

一、太平天國及其社會思想 在十九世紀之初中國頻遭列強侵凌之際，廣東洪秀全因「一連三次科場失意」，憤恚之餘，遂有異志。他根據梁發節引基督教「聖經」而成的「勸世良言」，編造出昇天的故事，並創造「拜上帝會」，得同里、同窗馮雲山之助，發展極速。並把宗教與政治兩相結合，成爲日後政治號召的依據。

洪秀全於道光三十年起義之後，從者甚眾，其中有失意的知識分子，有境遇逆蹇的工農，有家本素封、通曉詩書的紳士地主，其他如挑夫、船夫、商販、散兵、游卒、海盜等等下層階級❷，爲數尤多。其初所倡導者，不外民族大義，以中國五千餘萬之眾受滿洲十萬人之制，實乃奇恥大辱。如今皇天震怒，命「天王」（洪秀全）掃除妖孽、廓清華夏，興復久淪之境土、頂起上帝之綱常，期我同胞同力戮力，掃蕩胡塵，同享太平之樂。其中「太平詔書」，多以傳統儒家思想爲重心。嗣後之「原道救世歌」、「原道醒世訓」及「原道覺世訓」等，均將有關孔孟思想及古經引文刪去，增以基督教之信仰與觀念❸，這可能是太平天國日後失敗的主因之一。

洪秀全起義之始，勢如破竹，發展極速，東征北伐，所向無敵，並攻下南京，建爲天京，聲勢之大，幾乎使滿清覆沒。清政府見大勢危急，乃命曾國藩練湘軍，以平內亂。曾國藩以維護名教、維護文化道統爲號召，發表「討粵匪檄」，略謂：中國歷代聖人，扶名教、敦人倫，

---

❷ 郭廷以，「近代中國史綱」，香港：中文大學出版社，一九八○年二版，頁92。

❸ 同上，另見馬岡，「中國思想史資料導引」，臺北市：牧童出版社，民國六十六年，頁167-169。

而太平軍崇夷教。無上下之別、名分之稱。士不能誦孔子之經，使中國數千年來之禮義人倫、詩書典則，蕩然無存，此非爲大清之變，乃開闢以來名教之奇變，凡士子豈能袖手旁觀云。並對太平天國毀廟宇、惑鄉民之行徑，大加撻伐。他高唱衛道之論，以慰孔孟人倫之痛，報生靈塗炭之仇，雪污衊神祇之恨，期忠義之士，起而響應，爲存續中華道統而戰❹。

　　由於曾國藩的聲討、洋人之協助，加之太平天國內部的權力鬥爭，聲勢逐而大弱，終於瓦解；洪秀全自殺，「天朝」結束。但從洪秀全起義，短短十數年間，聲勢浩大，所向披靡，其中原因固與外有強權侵凌，內則政治腐敗有關，而太平天國之社會思想，也是其收攬人心，成就一時的原因。其重者約有以下數端。

　　（一）宗教觀與社會政治　洪秀全早年修習中國傳統之經史子集，對於儒、道、墨、法，乃至佛、巫之說，知之甚詳。侯其讀「勸世良言」之後，思以自建「洪教」或「上帝教」，以自己爲教主，與耶穌爲昆仲，認爲自滿洲竊據中國之後，「誘人信鬼愈深，妖魔作怪愈極」，於是天父命次子（長子耶穌）洪秀全降世，拯救陷溺。嗣後續差馮雲山、楊秀清、韋正（昌輝）、石達開等三、四、五、六子入世，解民於倒懸之中。總之，其統治之權來自於神，而非人所立之制度或權威。

　　洪秀全的政治革命與宗教革命合而爲一，即透過宗教以達到政治目的。在宗教方面，他以上帝爲唯一眞神，而耶穌爲捐命贖罪之救主。世上其他之神，皆爲「妖」，必當去之。此一觀念與基督教雷同。但對中國人而言，卻與傳統之文化思想大相逕庭。

　　上帝既爲天父，則人人皆爲兄弟姐妹，天下形同一家，不應有彼此

---

❹　見「曾國藩全集」，臺北市：大俊圖書公司，民國七十一年，頁143-144。

之別、他我之分；個人當秉其天賦，盡其天職，自理己業，不應侵略他國、他族。而滿人佔我山河，奴隸漢族，顯見有違天道，故我漢人皆當奮起反抗，恢復舊觀，以平天道。由於此種宗教觀念，引發了民族革命之理想。所以，起義之初，從之者眾，其中原因固多，而民族大義在宗教的理想舖陳之下，也發揮極大之作用。

其次，由於滿清政府之腐敗、殘暴，導致貪臟枉法，民不聊生，故須推翻，另建「在地若天」的「太平天國」，以上帝之真道與正義觀念統治一切。由此種宗教觀念引伸出來的政治革命，爲其推翻滿清，建立神國，提供了哲學基礎。

「太平天國」既奉上帝爲萬國萬民之父與主，自然不容許有國際侵略之行爲。國際之間應本友善、互助、平等、互惠之大原則，加強彼此之文化溝通與了解，使整人類進入四海一家的大同世界。此種觀念顯然在反對國際侵略；對於滿清末年西洋之侵凌，不啻從根本上否定其正當性。

由上言之，洪秀全藉宗教基礎，說明其民族革命、政治革命，乃至世界革命之理由，邏輯一貫，推延適中，頗能引人入勝，追隨服膺。

爲了達到宗教的政治目的，洪秀全亦儘量將基督教之理念與中國傳統相結合，以期獲得人民之支持。其中以上帝、天、道、倫理等等，最爲明顯。例如，他認爲基督教承襲猶太教的上帝觀，與中國遠古所崇拜的上帝或皇上帝相同。其目的在使耶、儒兩教之宗教觀彼此貫通，不相衝突。如「盤古以下至三代，君臣一體敬皇天。其時王者稱上帝，諸侯士庶亦皆然。」「天父上帝人人共，天下一家自古傳。」（救世歌）及「皇上帝乃是真神也。」（覺世訓）

至於中國人所謂之天，即基督教中之上帝，祂有人格、有意志、有義理、與人有著正常之關係。這種「天人合一」的觀念，正符合儒家之

理想（關於中國人對「天」的觀念、見本書上冊頁22）。在「道」的方面，中國人的看法正是基督教的「眞理」。此道淵源於天，所以說：「道之大原出於天」（救世歌）。天道是倫理之正道，故「天道禍淫惟福音」。易言之，社會關係由天道支配之，一切關係均根據天道的指示而表現。所謂「道統根原惟一正……只將正身淑其身……只將正道覺斯民。」（同上）由此而言，「天道」即正道，亦即禮記禮運篇所謂「大道之行也，天下爲公」之道。如此基督教之「天道」，與中國儒家之天道，不謀而合。

由「天道」延伸而來的社會倫理，則以克己復禮（道）爲終極。人人應相親相愛，和睦共處，切戒姦淫、教戮、忤逆、巫蠱、賭博、煙酒，並以儒家倫常──君臣、父子、夫婦、兄弟、朋友──爲行爲準則，在天父的博愛宗旨之下，互信互愛。

洪秀全將基督教聖經中之某些觀念與中國儒家思想相契合，固然與其本人早年之教育有關，而同時又可藉此喚起人民的意識，追隨其從事革命。事實上，基督教「聖經」中之訓示，有許多與中國儒家思想頗相一致，尤以在倫常方面爲然。如在家庭關係、道德等等方面均是。不過，洪秀全將中國傳統思想滲入基督教成分，固有助於愚夫愚婦之盲從，但難獲知識分子之認同。所以，曾國藩說：「士不能誦孔子之經，而別有所謂耶穌之說，新約之書，舉中國數千年禮義人倫、詩書典則，一旦掃地蕩盡。……凡讀書識字者，又烏可袖手安坐，不思一爲之所也。……李自成至曲阜，不犯聖廟，張獻忠至梓潼，亦祭文昌。粵匪焚郴州之學宮、毀宣聖之木主，十哲兩廡，狼藉滿地。」（討粵匪檄）由此而言，洪秀全的耶儒融合，非但未能成功，而且爲其失敗種下遠因。（洪秀全高舉民族大義，曾國藩則避重就輕，不敢聲張，其諱避滿清政府之迫害，甚明。曾氏深受儒家思想之影響，只能爲忠臣良將，不能爲開國之君。）

　　（二）共產制度　財物共享，乃太平天國經濟政策之基本原則。他們認爲，天下皆爲天父所有，天下人不受私物；物歸上主，由主運用，則天下人共享天父福澤，無處不飽煖。軍民日用所需，由政府供應，一切財物由政府設庫掌管，使其無私，且可藉以控制羣衆。

　　太平天國之經濟制度，主要爲共產，其詳情均載「天朝田畝制度」一書，其中之要者爲土地公有。田分九等：尙尙、尙中、尙下、中尙、中中、中下、下尙、下中、下下。「分田照人口，不論男婦，算其家人口多寡，人多則分多，人寡則分寡，雜以九等。」因土地歸公，故「凡天下田，天下人同耕，此處不足，則遷彼處，彼處不足，則遷此處。」豐荒相通，此處荒則移彼豐處，以賑此荒處，彼處荒則移此豐處，以賑彼荒處。其目的在「有飯共食，有衣同穿，有錢同使，無處不均勻，無人不飽煖。」（天朝田畝制度）此種制度建立在「公」、「平」之上。蓋「公」，則無私產，人人奉公無私，此固爲基督教之信仰目標，亦禮運大同世界之理想。「平」則平等享受，人人不缺所需，互通有無，福禍同受，終至於「各盡所能，各取所需」理想之實現。

　　至於在貿易方面，雖然物屬天父所有，不需錢買，但爲貨暢其流，乃需要商業。商業分公營與私營。此種主張與早期中國大陸共產政權的理想相當，惜理論與事實仍有段差距，太平天國未能實現共產理想，中共亦一敗塗地，原因何在？在不了解人及由人所形成之社會使然。

　　（三）婦女解放　太平天國以基督教義爲理想之基礎，所以男爲兄弟，女爲姐妹，彼此平等。婦女亦可任官職；授田男女平等，不分軒輊。至於婚姻，則由「婚姻官」司其事，無須雙方家長操心；禁止多妻。婦女不纏足、不可爲娼。男女行動有別，不可雜居，婦女盡居女館。

　　其採行此種政策之目的，在使從者先公而後私，即先抵定天下，然

後才有家庭生活。否則只貪一時享樂，不能枵腹從公，自然難成大事。事實上，太平天國的男女平等，並未如其宣揚之甚。婦女非但未能解放，有時尚遭到凌辱與壓迫。各王不僅夫婦同居，且盛蓄姬妾，荒淫無道，使婦女更受壓制。不過，其起事之初，無論在主張上或事實上，均予婦女極大之尊重；至少太平天國有打破傳統羈絆婦女自由之主張。此對太平軍本身，及整個思想傳統，都有影響。

此外，對婦女尊嚴最有貢獻者是廢奴婢、禁娼妓，此在中國歷史上所僅見。「可惡可恨的奴隸制度，天朝完全廢止之。偶犯者，不論男女皆斬無赦。」「凡婦女必須結婚而成為家屬之一人，否則須入女館——即專為毫無保護的婦女而設的大機構……不容獨身婦女居留，這一條法律是為防止娼妓而立的。凡犯娼禁者，處死刑。」（太平天國外紀）

總之，洪秀全及其「太平天國」的思想，以宗教為經，將各種社會制度加以貫穿，並配合中國傳統文化，思以建立人間「天國」。無奈此種配合未見成功，反而造成知識分子之反彈。再則由於其教規嚴苛，個人之日常生活均受控制。從朝晚祈禱，到生日、嫁娶，均有教規管理。換言之，以愚民之神話作為政權之來源。唯追隨者多為下層階級，故也能發揮控制功能。時至今日，假神自居的政權，以宗教為基礎之國家依然可見，如柯梅尼時期的伊朗。至於為宗教而犧牲者，更不乏其例，如一九七八年仲斯(Jim Jones)及其跟隨者在蓋亞拿(Guyana)人民廟堂之集體自殺；一九九三年柯瑞希(David Koresh)在美國德州瓦考(Waco)之集體自焚（兩案均有脅迫在內，至於仲斯與柯瑞希之行徑如何，孺婦盡知，非出於上帝之意明甚。馬克思說，宗教係人民之鴉片❺

---

❺ Jaroslav Pelikan (ed.) *The World Treasury of Modern Religious Thought*, Boston: Little, Brown & Co., 1990, pp. 79—91. 又仲斯及柯瑞希事件可見 Nancy Gibbs, "Fire Storm in Waco," *Time*, vol. 141, No. 18, May 3, 1993.

對某些人而言，誠哉斯言）。洪秀全藉宗教之名，以爲控制之實，誠非意外。

二、義和團之亂　義和團雖以扶清滅洋爲號召，但十足是迷信、無知下的產物。此一秘密會黨，創於嘉慶年間，蔓延十分迅速，尤以山東一帶爲甚。滿清之保守權貴，認爲義和團高舉扶清滅洋大旗，正是人民仇洋的心理表現，於是召之宮中，利用其拳術、棍棒、託附神鬼之說，編爲團練，號爲義民，在京師一帶焚教堂、殺教士，刧擄非爲，終至導致英、俄、法、德、義、日、美、奧等八國聯軍，揮兵北上，攻陷北京，焚殺刧掠，無所不用其極。慈禧與德宗逃往西安，最後由慶親王奕劻與李鴻章交涉下，簽訂辛丑條約終結。

義和團之亂，在歷史中常以暴民處理，但從社會學的觀點而言，應是人民力量的一種表現，也是對洋人欺凌的一種反應。雖然以簽約賠償終了，但自此外人對於中國人民的力量，不敢掉以輕心。同時爲日後孫中山國民革命時，號召會黨相助，奠定了基礎。

三、改革運動　由於西人侵凌日甚，造成太平天國和義和團之亂，而滿清政府依然昧於情勢，不知更張，於是國脈如縷、危若累卵，亡國之兆，已迫眉頭。此時，有識之西方人士，如外交官、供職之洋員、傳教士等等，紛紛指陳中國積弊原因及其改革之道。如發展教育、調整對外政策、消除腐敗現象等等，並認爲中國唯一希望在變法維新，重振國力。同時中國之內，知識分子亦感於國運垂危，不斷提出救亡圖存之建言。如馮桂芬認爲，中國之弱在政教多有不如西方之處，故主張「君民不隔，下情上達，依公論以定黜陟，採會推保舉之法，裁汰冗員，省減則例，仿行地方自治，變革科舉學校之制，而以中國之倫常名教爲本，輔以西方之術，開所謂「中學爲體，西學爲用」之先河❻。郭嵩燾則主

---

❻　同❷，頁305。

張「正朝廷以正百官，因民之利而爲之制，究知西洋各方得失利弊，而以政教爲本。」❼ 而孫中山在一八九四年北遊天津時，擬「上李鴻章書」，提出「人盡其才，地盡其利，物盡其用，貨暢其流」之富國大計。未果，乃知國事之不可爲，憤而革命。

除孫中山擬「上李鴻章書」之外，其他知識分子如康有爲、梁啓超、譚嗣同等等，亦不斷呼籲改制維新。他們講學立說（其社會思想見下章），非但陳述國事弊端，並根據中外思想，陳述變法之必要與重要，影響至爲深遠。

此時在政府官吏之中，主張改進政治制度以提昇國力者，爲數亦不少。例如李鴻章，雖無大作爲，但其洞悉中國政治之弊病已非一日。其他如翁同龢，不時以西方新觀念督導德宗，即使採中正立場的張之洞，亦認爲「圖救時者言新學，慮害道者守舊學；舊者不知通，新者不知本。」唯有本通並重，不偏不廢，方爲上策。

德宗有感於國事杌棿，外患益甚，乃於光緒二十四年（西元一八九八年）下詔變法自強。其中對於教育、經濟、軍事、政治等等方面，均有重大改革。全國聞言，皆大歡喜，是爲維新。唯以反對之舊派或保守勢力依然強大，並藉慈禧之力，從中作梗。慈禧既無政治主張，又無遠大抱負，唯知攬權、濫權，於是舊勢力在其支使下開始反撲，維新百日而終，整個大勢又回到以前之顢頇狀態，國事更不可爲。所以孫中山的及時革命，可謂是「順乎天，應乎人」了。

孫中山革命成功，不唯改變了中國五千年來之政治制度，也啟開了對外接觸，更新自強之大門。所以，民國時期之社會，可謂中國進入世界舞臺之開始，雖然路程艱辛，但卻跨出了第一步。

---

❼　同❷。

第二節　軍閥割據與五四運動

孫中山革命成功之後，由於袁世凱野心未戢，意欲稱帝，製造洪憲
鬧劇，致使全國譁然，討伐之聲四起，八十三天皇帝美夢，因其病歿而
告終，但中國亂源並未停止。

袁世凱任總統時，各省分治，權力集中各省之都督或將軍之手。雖
有省長，而無實權，權力盡由將軍或督軍掌握。督軍即軍閥，因多出北
洋派系，故稱北洋軍閥。中國在彼等之控制下，四分五裂，直到蔣中正
北伐成功、統一全國而後已。繼之日本侵略、共黨崛起，以致中國一分
為二。

在中國政治連串動亂之際，中國之社會文化，亦發生重大改變。此
種改變，一方面鑑於政治不安，國事杌陧；另一方面在於對外開放，接
觸頻繁。其中影響最為深遠者，為民國八年之五四運動。此一運動，原
為反對日本提出之二十一條要求，及巴黎和會對山東之決議所激發的抗
議和愛國運動，但由此延伸與擴大，卻造成了中國現代史上的文化、思
想、社會等等之改革運動；範圍之廣，聲勢之大，為中國歷史所僅見。
其經過與影響，學者多有闡述，如周策縱的「五四運動史」及時報出版
公司的「五四與中國」❸。至於歷年討論之文章，更可謂汗牛充棟，不
知凡幾。其中有關社會思想部分，將於下章述之。

民國成立後，政局依然動盪。至民國三十八年國民政府退守臺灣，
海峽兩岸之政治、社會、文化、經濟等等，始有重大不同。中國大陸共

---

❸ Chow Tse-tsung, *The May Fouth Movement: Intellectual Revo-
lution in Modern China*, Havard University Press, 1960. 及周策縱
等，「五四與中國」，臺北市：時報出版公司，民國六十八年。

黨政權服膺馬克思哲學，閉關自守，不斷鬥爭。直到一九七八年對外開放，中國社會思想界方知外界別有天地。唯政治限制頗多，目前尚無特殊思想可言。至於臺灣，則終始追隨美國，仰人鼻息，拾人牙慧；思想雖廣，但不深入，尤其對於中國傳統之思想文化，知之者固少，即或稍有涉獵，亦不過皮毛而已。主要原因，在部分知識分子仍然繼承五四以來的批評傳統，稍知一二，即大事叫囔，在此種情況下，自然難有成績可言（詳見第九篇第二章）。

　　總之，民國以後，一由於外侮不已，軍閥割據，政治擾攘，國運危殆；再由於自信心喪失，一切唯洋是賴，不獨科技如此，其他在社會思想等文化方面亦復如此。所以，此一時期之社會思想同樣無甚多突出建樹。不過，中國從此面對一種「開放」的新局面，閉關自守，固無可能，即使附麗人後，亦步亦趨，亦難有發展，故益形顯示社會思想研究之重要。

第二章　民國時期的社會思想

第一節　孫中山

一、**略傳**　孫中山名文，字帝象，號日新，又號逸仙。廣東香山人，生於清穆宗同治五年（西元一八六六年），卒於民國十四年（西元一九二五年）。七歲入學，習中國傳統經典。十三歲隨母至檀香山依兄長德彰。先入意奧蘭尼書院，再入阿湖書院，十八歲返國。居數月，往香港，先入拔萃書院，再入皇后書院。又數月，應兄德彰之召，再赴檀島，居數月而返。矢志習醫，先入博濟醫院附校肄業，再轉入香港西醫書院。西元一八九二年卒業，懸壺濟世。此時滿清腐敗，外侮不斷，民生益苦，國脈如縷，乃於一八九四年在檀香山成立興中會，從事革命，此後屢舉屢敗，卒於一九一一年成功，改元中華民國，並當選臨時大總統，不久讓位於袁世凱，而全心從事於國家建設工作。後袁氏稱帝，乃通電全國聲討，並改組國民黨，制定革命方略。民國七年，自廣東赴上海，專事著述，發表「孫文學說」、「實業計畫」。十二年發表中國國民黨宣言，宣示國事主張，及民族、民權、民生政策。十三年召開中國國民黨第一次全國代表大會，並在廣東高等師範學校演講「三民主

義」，同年公佈「建國大綱」。旋與同志北上，主張召開國民會議及廢除不平等條約。此時積勞過度，病勢加重，於民國十四年三月十二日病逝北京。

孫中山因創建中華民國，而被尊爲國父；因創建國民黨而被尊爲總理；因思想博大而爲國家指出建設方針。其貢獻與影響，爲中國近代所僅見，故譽其爲二十世紀世界偉人之一，誠不爲過。

二、社會思想　孫中山的社會思想，主要與當時中國的政治、經濟、外患，以及世界潮流有關。其中之著者，約有以下幾端。

（一）進化與人性　孫中山於倫敦蒙難之後，即留英潛心於西洋思想之研究。其時達爾文（Charles Darwin, 1809～1882）的進化論（evolutionism, 現譯爲演化論）盛行，孫中山受其影響，在解釋人性，乃至社會過程時，亦採達氏立場。他認爲，人由獸進化而來，而人性亦由獸性進化而來。他說：

> 人類本來是獸，所以帶有多少獸性，人性很少。我們要人類進步，是在造就高尙人格；要人類有高尙人格，就在減少獸性，增多人性。沒有獸性，自然不至於作惡。完全是人性，自然道德高尙，所做的事情，當然是向軌道而行，日日求進步，所謂人爲萬物之靈。依進化的道理推測起來，人是由動物進化而成，既成人性，當從人性更進化而入神聖。是故欲造成人格，必然消滅獸性，發生神性，那麼，才算是人類進步到了極點。（國父全集，國民要以人格救國）

由此可見，他認爲人性是進化而來的，不是天生的。在進化的過程中，互助合作乃是人類之特殊方式與手段。換言之，社會文化之發展，需要靠互助而非競爭。他說：

> ……進化之時期有三：其一爲物質進化之時期，其二爲物種進

化之時期，其三爲人類進化之時期。……人類初生之時，亦與禽獸無異，再經過幾許萬年之進化而始長成人性，而人類進化於是乎起源。此期（第三期）之進化原則，則與物種之進化原則不同。物種以競爭爲原則，人類則以互助爲原則，社會國家者，互助之體也；道德仁義者，互助之用也。人類順此原則則昌，不順此原則則亡。此原則行之於人類當已數十萬年矣，然而人類今日猶未能盡守此原則者，則以人類本從物種而來，其入於第三期之進化爲時尚淺，而一切物種遺傳之性，尚未悉行化除也。（孫文學說第四章）

　　人類互助的目的，在求生存，因爲無互助，則人於太古時期即被消滅，因爲「人食獸，獸亦食人，彼此相競爭。」（民權主義第一講）互助不僅可以圖謀生存，且由此以創造文明，使人類達到理想境界。他說：

　　　　然而人類自入文化文明之後，則天性所趨，已莫之爲而爲，莫之致而至，而於互助之原則，以求達人類進化之目的矣。人類進化之目的爲何？即孔子所謂「大道之行也，天下爲公。」（同上）

　　由此可見，他係根據進化論之觀點，說明人由獸性到人性之過程。在此過程中，人由互助而創造道德仁義，再以道德仁義爲工具，改變其獸性爲人性；有了人性，便可達到理想的生活境界——天下爲公。

　　（二）人類的進化過程　前面指出，孫中山受達爾文進化學說之影響，把宇宙的變遷分爲三個時期：即物質進化時期、物種進化時期，及人類進化時期。在人類進化時期是以互助爲原則，所以構成社會國家。人類有了社會之後，依然面臨內（社會本身）外（自然環境）之種種問題，不但影響社會之發展，更能妨害人類之生存，所以開始向這些問題挑戰，而人與社會就在此種挑戰之中不斷進化。

　　「人類之進化，因爲面對問題之不同，可分爲四個時期。第一個時

期，是人同獸爭，不是用權，是用氣力。第二個時期，是人同天爭，是用神權。第三個時期，是人同人爭，國同國爭，這個民族同那個民族爭，是用君權。到了現在的第四個時期，國內相爭，人民同君主相爭。」（同上）這四個時期形成的原因各有不同。

1.人同獸爭期　因爲人類以「民生」爲目的，故保全生命的方法，一是覓食，一是自衛。「在太古時代，人食獸，獸亦食人，彼此相競爭，遍地都是毒蛇猛獸，人類的四周都是禍害，所以人類要圖生存，便要去奮鬥。但是那時的奮鬥，總是人獸到處混亂的奮鬥，不能結合得大團體，所謂各自爲戰。」（同上）這種各自爲戰的結果，對於自保的效果有限，於是人用「觀察、即科學；用判斷、即哲學」去尋找其他之自救方法。他說：

> 古時人同獸鬥，只有用個人的體力。在那個時候，只有同類相助。比方在這個地方有幾十個人同幾十個猛獸奮鬥，在別的地方也有幾十個人同幾十個猛獸奮鬥，這兩個地方的人類，見得彼此都是同類的，和猛獸是不同的，於是同類的互相集合起來，和不同類的去奮鬥，決沒有和不同類的動物集合，共同來食人的，來殘害同類的。當時同類的集合，不約而同去打那些毒蛇猛獸，那種集合是天然的，不是人爲的，把毒蛇猛獸打完了，各人還是散去。（同上）

由此可知，這個時期並無社會組織，但社會組織的雛型已經顯現。換言之，只有當人面臨共同的「敵人」時，才「互相集合起來」，以求得勝。而得勝的憑藉是力氣，所以「人同獸爭，是用力氣的時代。」（同上）人類以同類意識（cousciousness of kind）爲基礎，以力氣爲工具，把毒蛇猛獸殺完之後，「人類所處的環境較好，所住的地方極適於人類的生存，人羣就住在一處，把馴伏的禽獸養起來，供人類的使用。

故人類把毒蛇猛獸殺完之後，便成畜牧時代，也就是人類文化初生的時代。」（同上）

2. 人同天爭期　在第一時期人類與毒蛇猛獸鬥爭獲勝之後，便選擇一地安居下來。此一地方通常是一個可避風雨，土地肥美，物產豐富之處。當這些地方住滿之後，人類便向其他地方遷徙，在這些地方「驅完毒蛇猛獸之後，便有天災。」人要克服此種災難，便須與天爭。他說：

> 遇到天災，人類要免去那種災害，便要與天爭。因為要避風雨，就要做房屋。因為要禦寒冷，就要做衣服。人類到了能够做房屋做衣服，便進化到很文明。但是天災是不一定的，也不容易防備，有時一場大風便可把房屋推倒，一場大水便可把房屋淹沒，一場大火便可把房屋燒完，一場大雷便可把房屋打壞。這四種水火風雷的災害，古人實在莫名其妙，而且古人的房屋都是草木做成的，都不能抵抗水火風雷四種天災，所以古人對於這四種天災，便沒有方法可以防備。……後來便有聰明的人出來，替人民謀幸福，像大禹治水，替人民除去水患。有巢氏教民在樹上做居室，替人民謀避風雨的災害。自此以後，文化便逐漸發達，人民也逐漸團結起來……。

> 只有天災，所以要和天爭，但是和天爭不比是和獸爭，可以用氣力的，於是發生神權。極聰明的人，便提倡神道設教，用祈禱的方法去避禍求福。他們所做祈禱的工夫，在當時是或有效或無效，是不可知，但是既同天爭，無法之中，是不得不用神權，擁戴一個很聰明的人做首領，好比現在非洲野蠻的酋長，他的職務，便專是祈禱，又像中國的蒙古西藏，都奉活佛做皇帝，都是以神為治。所以古人說：「國之大事，在祀與戎。」說國家的大事，第一是祈

禱，第二是打仗。（同上）

由於人同天爭，所以產生以神權爲基礎之統治關係。這種關係是第三時期鬥爭的對象，換言之，第二與第三期之爭密切關聯。

3. 人同人爭、國同國爭　在人同天爭的時代，發生了神權，到了人同人爭的時期，產生了君權。他說：

> 有力的武人和大政治家把教皇的權力奪了，或者自立爲教主，或者自稱爲皇帝。於是由人同天爭的時代，變成人同人爭。到了人同人相爭，便覺得單靠宗教的信仰力，不能維持人類社會，不能够和人競爭，必要政治修明，武力強盛，才可以和別人競爭。世界自有歷史以來，都是人同人爭。從前人同人爭。一半是用神權，一半是用君權。後來神權漸少，羅馬分裂之後，神權漸衰，君權漸盛，到了法王路易十四，便爲極盛的時代。他說：「皇帝和國家沒有分別，我是皇帝，所以我就是國家。」把國家的什麼權都拿到自己手裏，專制到極點，好比中國秦始皇一樣。（同上）

在人同人爭的時代，君權之產生是必然的與必要的，但君權到了後來過於膨脹，造成了獨裁專制，是爲第四個時期人與君爭的原因。

4. 人與君爭　在孫中山看來，人民與君主相爭，固然由於君主本身的獨裁專制，罔顧人民生活；而文化之發達，人民的覺醒，也是主因。他說：

> 君主專制一天厲害一天，弄到人民不能忍受。到了這個時代，科學也一天發達一天，人類的聰明也一天進步一天，於是生出了一種大覺悟，知道君主總攬大權，把國家和人民做他一個人的私產，供他一個人的快樂，人民受苦他總不理會，人民到不能忍受的時候，便一天覺悟一天，知道君主專制是無道，人民應該要反抗，反抗就是革命。所以百餘年來，革命的思潮便非常發達，便發生民權

的革命。民權革命，是誰同誰爭呢？就是人民同皇帝相爭。（同上）

由於君主無道，人民與君主之爭，也是公理之爭。他說：

在這個時代之中，可以說是善人同惡人爭，公理同強權爭。到這個時代，民權漸漸發達，所以叫做民權時代，這個時代是很新的。（同上）

他認為，這種民權之爭是人類進化之結果，是文化發展之必然現象，也是歷史的軌跡。他說：

我們到了這個很新的時代，推倒舊時代的君權，究竟是好不好呢？從前人類的智識未開，賴有聖君賢相去引導，在那個時候，君權是很有用的。君權沒有發生以前，聖人以神道設教，去維持社會，在那個時候，神權也是很有用的。現在神權君權都是過去的陳跡，到了民權時代。就道理上講起來，究竟為什麼反對君權，一定要用民權呢？因為近來文明很進步，人類的智識很發達，發生了大覺悟。好比我們在做小孩子的時候，便要父母提攜，但是到了成人謀生的時候，便不能依靠父母，必要自己去獨立。（同上）

從孫中山的此種思想觀之，近百年來人類發展的軌跡，確實如此。雖然世界上尚有極少數國家行君主政體，但觀其氣數，亦不過數十年而已。其他無君主之名，卻有君主之實之一黨專政國家，亦在分崩離析之中，近幾年來東歐共產集團之覆亡，即係明證。這種歷史發展潮流，不是人力所能阻礙的。以此推論，進入二十一世紀前半期，世界之上應無任何形式之「君主」政體。孫中山之言，可由歷史為之佐證。

（三）論民族　孫中山在三民主義中，首倡民族主義，其基本觀念是：民族不能強盛，國家便會滅亡。他認為，中國屢次亡國，均起於民族衰弱，所以高倡民族主義即國族主義（民族主義第一講）。尤其中國

往昔沒有國家主義，只有家族主義和宗族主義，故只是一盤散沙。他
說：

> 中國人最崇拜的是家族主義和宗族主義，所以中國只有家族主
> 義和宗族主義，沒有國族主義。外國旁觀的人說，中國人是一片散
> 沙。這個原因是在什麼地方呢？就是因為一般人民只有家族主義和
> 宗族主義，沒有國族主義。中國人對於家族和宗族的團結力，非常
> 強大，往往因為保護宗族起見，寧肯犧牲身家性命，像廣東兩姓械
> 鬥，兩族的人，無論犧牲多少生命財產，總是不肯罷休，這都是因
> 為宗族觀念太深的緣故。因為這種主義深入人心，所以便能替他犧
> 牲。至於說到對於國家，從沒有一次具極大精神去犧牲的，所以中
> 國人的團結力，只能及於宗族而止，還沒有擴張到國族。（同上）

但他認為，民族主義即國族主義，在中國適當，在外國便不適當。
因為在外國，民族和國家有分別；在中國，自秦漢而後，都是由一個
民族造成一個國家。同時，民族與國家不同。「民族是由於天然力造
成的，國家是用武力造成的。」（同上）天然力包括血統、生活（方
式）、語言、宗教、風俗習慣等五種力量。其中每種力量均有其功能，
合而為一，則可凝固為一個民族團體。試就其觀點分述如下。

1. 血統 血統起於遺傳，「祖先是什麼血統，便永遠遺傳成一族
的人民，所以血統的力是很大的。」

2. 生活 有特殊生活方式的人結合在一起，便形成一個民族，此
乃其謀生方式不同故也。因而「謀生的方法不同，所結成的民族也不
同，像蒙古人逐水草而居，以遊牧為生活，什麼地方有水草，便遊牧到
什麼地方，移居到什麼地方，由這種遷居的習慣，也可結合成一個民
族，蒙古能夠忽然強盛，就本於此。」

3. 語言 語言是同化的工具，「如果外來民族得了我們的語言，

便容易被我們感化，久而久之，遂同化成一個民族。再反過來，若是我們知道外國語言，也容易被外國人同化。如果人民的血統相同，語言也同，那麼同化的效力，便更容易，所以語言也是世界上造成民族很大的力。」

4.宗教 宗教是融合團體的一種力量，「大凡人類奉拜相同的神，或信仰相同的祖宗，也可結合成一個民族。宗教在造成民族的力量中也很雄大，像阿刺伯和猶太兩國，已經亡了許久，但阿刺伯人和猶太人，至今還是存在。他們國家雖亡，而民族之所以能夠存在的道理，就是因為各有各的宗教。」

5.風俗習慣 風俗習慣相同，自然容易結合在一起，「如果人類中有一種特別相同的風俗習慣，久而久之，也可自行結合成一個民族。我們研究許多不相同的人種，所以能結合成種種相同民族的道理，自然不能不歸功於血統、生活、語言、宗教和風俗習慣。」（以上俱見民族主義第一講）

從以上其對民族之分析觀之，除了在語意上稍有差異外，其與現代人類學與社會學的觀點完全雷同。而且他認為，「這五種力是天然進化而成的，不是用武力征服得來的，所以用這五種力和武力比較，便可以分別民族和國家。」（同上）因此，「鑒於古今民族生存的道理，要救中國，想中國民族永遠存在，必要提倡民族主義。」（同上）

（四）人口論 孫中山既然倡導民族主義，增加民族之人口，自然是為圖謀生存之必要條件。所以他對馬爾薩斯的人口學說大不為然。他說：

百年前有一個英國學者，叫做馬爾賽斯，他因為憂世界上的人口太多，供給的物產有限，主張減少人口，曾創立一種學說，謂：「人口增加是幾何級數，物產增加是數學級數。」法國人因為講究

快樂，剛合他們的心理，便極歡迎馬氏的學說，主張男子不負家累，女子不要生育。他們所用減少人口的方法，不但是用這種自然方法，並且用許多人爲的方法。法國在百年以前的人口，比各國都要多，因爲馬爾賽斯的學說，宣傳到法國之後，很被人歡迎，人民都實行減少人口，所以弄到今日受人少的痛苦，都是因爲中了馬爾賽斯學說的毒。中國現在的新青年，也有被馬爾賽斯學說所染，主張減少人口的。殊不知法國已經知道了減少人口的痛苦，現在施行新政策，是提倡增加人口，保存民族，想法國的民族和世界上的民族，永久並存。（同上）

他發現中國人口有遞減的趨勢，「從前有一位美國公使，叫做樂克里耳，到中國各處調查，說中國的人口最多不過三萬萬。」（同上）他擔心中國人口不增反減，有礙民族發展，危及國家生存，所以，極力主張增加人口。

孫中山的人口主張，曾爲臺灣的人口發展趨勢，帶來極大的衝激。自民國五十年代起，因爲經濟成長，導致死亡率降低，因而人口激增。當時之有識之士，均認爲應遏阻生出率，以緩和人口壓力，如劉瑞恒（遠在民國三十九年即有此主張）、蔣夢麟、許世鉅、陳紹馨等等。無奈反對者常以與「國父思想」相抵制，多方杯葛。直到先總統蔣中正，及孫中山哲嗣孫科先生先後表態之後，節育運動才在臺灣大力推動。事實上，擁護國父思想的人，大都未理解孫中山主張增加人口的背景，及其根本原因。前文已經指出，其所以主張增加人口，在憂心民族之羸弱，中國之「滅亡」。換言之，其根本關心的問題在民族生存。至於人口增減，不過手段而已。申言之，如果人口大量增加，以致貧病交加，生活水準不能提高，生活環境不能改善，同樣能危及民族生存與國家危亡，此時便不能再倡導增加人口了。所以，孫中山關心的民族問題是目的，

人口之增減只是手段。手段可以隨時改變，以因應目的之達成。吾人萬不可以其提倡增加人口，而大量生育。中國大陸行共產主義（並未實現），認爲社會問題（尤其是經濟問題）基本上是制度問題，而非人口問題。制度問題解決了（行共產制度），人口問題自然迎刃而解，況且「人多好做事」，所以「開懷」生育，以致今日突破十一億大關。如今始發現，人的問題並非如此易於解決，否則何以至今依然擾攘不安，時無寧日？

再者，孫中山重在人爲的力──政治力與經濟力對於民族興亡的影響。他說：

> 中國幾千年以來，受過了政治力的壓迫，以至於完全亡國，已有了兩次：一次是元朝，一次是清朝。但是這兩次亡國，都是亡於少數民族，不是亡於多數民族。那些少數民族，總被我們多數民族所同化。所以中國在政權上，雖然亡過了兩次，但是民族還沒有受過大損失。（同上，第二講）

又說：

> 政治力和經濟力比較天然淘汰力還要更快，更容易消滅很大的民族。此後中國民族，如果單受天然力的淘汰，還可以支持一百年。如果兼受了政治力和經濟力的壓迫，就很難度過十年。（同上）

例如在政治上，列強的壓迫與侵奪，喪失威海衛、旅順、大連、青島、九龍、廣州灣；在經濟上洋貨的侵入、銀行紙票之侵入、出入口貨物運費之增加、租界與割地之賦稅、地租、地價之喪失、特權營業、投機事業及其他種種之剝奪等，均損失不貲。所以人口本身增減問題，非其思想重點，況且他曾明確指出：「大凡一種思想，不能說是好不好，只看他是合我們用不合我們用。如果合我們用便是好，不合我們用便是

不好。合乎全世界的用途便是好，不合乎全世界的用途便是不好。」（同上，第三講）這種實用主義（pragmatism）的觀念，使其思想有著極大的「彈性」，所以，孫中山的人口觀，不能作為中國人口發展之指向，其理至為顯見。

（五）社會組織　社會係以人為基礎組織而成的。孫中山說：「即如社會兩個字，就有兩個用法：一個是指一般人羣而言，一個是指一種有組織之團體而言。」（同上，第一講）所以，社會之形成，非但需要人，而且需要組織。社會如何組織，他認為，主要基於兩種關係：血緣及地緣。

1. 血緣　以血緣為基礎的社會組織，係由家庭、家族、宗族、民族或國族，一級級擴大而成。中國社會主要由家族和宗族團體組織。所以中國人有強烈的家族和宗族觀念，這種觀念使家族和宗族得以團結，而個人也依附此種團結而生存。他說：

> 外國人常說中國人是一片散沙。中國人對於國家觀念，本是一片散沙，本沒有民族團體。但是除了民族團體之外，有沒有別的團體呢？我從前說過了，中國有很堅固的家族和宗族團體，中國人對於家族和宗族的觀念是很深的。譬如中國人在路上遇見了，交談之後，請問貴姓大名，只要彼此知道是同宗，便非常之親熱，便認為同姓的伯叔兄弟。（同上，第五講）

又說：

> 用宗族的小基礎，來做擴充國族的工夫，譬如中國現有四百族，好像對於四百人做工夫一樣。在每一姓中，用其原來宗族的組織，拿同宗的名義，先從一鄉一縣聯絡起，再擴充到一省一國，各姓便可以成一個很大的團體。……到了各姓有很大的團體之後，再由有關係的各姓，互相聯合起來，成許多極大的團體。更令各姓的

團體，都知道大禍臨頭，死期將至，都結合起來，便可以成一個極大中華民國的國族團體。（同上）

他認為，宗族團體是國族的基礎，也是大家族之具體表現。換言之，宗族是位於家族與國族之間的居間團體，個體透過宗族與國族相結合，則必可加強團結。他說：

因為外國是以個人為單位，……再由個人放大便是國家，在個人和國家的中間，便是空的，再沒有很堅固很普遍的中間社會，所以說國民和國家結構的關係，外國不如中國。因為中國個人之外注重家族。……依我看起來，中國國民和國家結構的關係，先有家族，再推到宗族，再然後才是國族，這種組織，一級一級的放大，有條不紊，大小結構的關係，當中是很實在的。如果用宗族為單位，改良當中的組織，再聯合成國族，比較外國用個人為單位，當然容易聯絡得多。若是用個人做單位，在一國之中，至少有幾千萬個單位，像中國便有四萬萬個單位，要想把這樣多數的單位，都聯絡起來，自然是很難的。（同上）

2.地緣　以鄉土關係形成社會組織，雖非中國所特有，但卻極其普遍。語云：「人不親，土親。」就是以地緣因素形成社會組織之心理基礎。孫中山說：

我們要結成大團體，便先要有小基礎，彼此聯合起來，才容易做成功。我們中國可以利用的小基礎，就是宗族團體。此外還有家鄉基礎，中國人的家鄉觀念，也是很深的，如果是同省同縣同鄉村的人，總是特別容易聯絡。依我看走來，若是拿這兩種好觀念做基礎，很可以把全國的人都聯絡起來。（同上）

如各種同鄉會即以地緣關係形成之團體。但以血緣與地緣為基礎而形成社會，是否能一級級擴大為國族？在理論上，也許有此可能，但實

質上，亦未必盡然。因爲利害衝突往往影響到社會組織的運作。中國人之所以爲一盤散沙，缺乏組織，正是血緣與地緣因素的反功能表現。

（六）論民權　所謂民權，就是由「人民管理政事」。（民權主義第一講）民權之產生是社會進化之結果，亦其必然現象。所以「人同獸爭，不是用權，是用力氣，人同天爭，是用神權……人同人爭，國同國爭，這個民族同那個民族爭，是用君權。到了現在……國內相爭，人民同君主相爭……民權漸漸發達，所以叫做民權時代。」（同上）他所謂民權時代，即所謂民主時代。民權的出現雖然不過兩百餘年，但民權之思想卻成就於數千年前。「不過當時只是見之於言論，沒有形之於事實。」（同上）民權之功能，有助於國家長治久安和社會之穩定。「所以我們要希望國家長治久安，人民安樂，順乎世界的潮流，非用民權不可。」（同上）民權是社會進化之結果，並非「天賦的」。所以他說：「但就歷史上進化的道理說，民權不是天生出來的，是時勢和潮流所造就出來的。」（同上）他否認盧梭所謂天賦民權之說。

因爲孫中山受達爾文思想之影響，其對人類社會變遷的觀點及社會制度之形成，均建基於進化論上。所以認爲政治權力之形式，亦係整個社會變遷的結果。他說：

　　世界上自有歷史以來，政治上所用的權，因爲各代時勢的潮流不同，便各有不得不然的區別。比方在神權時代，非用神權不可；在君權時代，非用君權不可。……世界潮流的趨勢，好比長江黃河的流水一樣，水流的方向，或者有許多曲折，向北流或向南流的，但是流到最後，一定向東的，無論是怎樣，都阻止不住，所以世界的潮流，由神權流到君權，由君權流到民權，現在流到了民權，便沒有方法可以反抗……現在之民權時代，是繼續希臘羅馬之民權思想而來，自民權復興以至於今日，不過一百五十年，但是以後的時

期長遠，天天應該要發達，所以我們在中國革命，決定採用民權制
度，一則為順應世界之潮流，二則為縮短國內之戰爭。（同上）

　　他把社會制度視為社會變遷後的因應結果，此種觀點與當今社會學
的論點應無不同。民權或民主是社會制度的一環，其形式自亦應配合時
勢潮流，斷不能反其道而行。

　　（七）論自由　孫中山認為，中國人自由太多，而非自由太少。外
國人批評中國人一片散沙，「就是個個有自由，和人人有自由，人人把
自己的自由擴充到很大，所以成了一片散沙。」（同上，第二講）那
麼，何謂自由？他說：

　　　　自由的解釋，簡單言之，在一個團體中，能夠活動，來往自
　　如，便是自由。因為中國沒有這個名詞，所以大家都莫名其妙。但
　　是我們有一種固有名詞，是和自由相彷彿的，就是放蕩不羈一句
　　話，既然是放蕩不羈，就是和散沙一樣，各個有很大的自由，所以
　　外國人批評中國人，一面說沒有結合能力，既然如此，當然是散
　　沙，是很自由的；又一面說中國人不懂自由，殊不知大家都有自
　　由，便是一片散沙。（同上）

　　他認為，西方人之所以要求自由，乃西方政治壓迫過甚，無遠弗
屆，無孔不入。「中國人民的政治思想，便很薄弱，人民不管誰來做皇
帝，只要納糧，便算盡了人民的責任。政府只要人民納糧，便不去理會
他們別的事，其餘都是聽人民自生自滅。由此可見中國人民直接並沒有
受過很大的專制痛苦，只有受間接的痛苦。」（同上）所以，中國之當
務之急不在自由，這和歐洲人不同。他說：

　　　　歐洲人民因為從前受專制的痛苦太深，所以一經提倡自由，便
　　萬眾一心去贊成。假若現在中國來提倡自由，人民向來沒有受過這
　　種痛苦，當然不理會。如果在中國來提倡發財，人民一定是很歡迎

的。（同上）

自由要有一定的範圍。不自由固然有礙社會發展，而自由太多，一片散沙，不能團結，同樣不利於生存。他說：

> 從前歐洲在民權初萌芽的時代，便主張爭自由，到了目的已達，各人都擴充自己的自由，於是由於自由太過，便發生了許多流弊，所以英國有一個學者叫做彌勒氏的，便說一個人的自由，以不侵犯他人的自由為範圍，才是真自由。如果侵犯他人的範圍，便不是自由。歐美人講自由，從前沒有範圍，到英國彌勒氏才立了自由的範圍，有了範圍，便減少很多自由了。（同上）

他認為中國學生宣傳自由，是「不識時務」。主要原因在中國學生不了解自由，只不過人云己云罷了。他說：

> 中國學生得到了自由思想，沒有別的地方用，便拿到學校內去用，於是生出學潮，美其名說是爭自由，歐美人講自由，是有很嚴格界限的，不能說人人都有自由。中國新學生講自由，把什麼界限都打破了，拿這種學說到外面社會，因為沒有人歡迎，所以只好搬回學校內去用，故常常生出鬧學的風潮，此自由之用之不得其所也。外國人不識中國歷史，不知道中國人民自古以來都有很充分的自由，這自是難怪。至於中國的學生，而竟忘卻了「日出而作，日入而息，鑿井而飲，耕田而食，帝力於我何有哉？」這個先民的自由歌，卻是大可怪的事。由這個自由歌看起來，便知中國自古以來，雖無自由之名，而確有自由之實，且極其充分，不必再去多求了。（同上）

不過，從以上孫中山對自由的解釋範圍觀之，他所謂自由，係「社會自由」，而學生爭取的是言論自由，特別是批評政治的自由，及批評傳統思想文化的自由。這些「自由」，古代中國政權，雖然亦能容忍，但

畢竟不多，明清之文字獄，可謂明證。惟中國歷代帝王對於人民的「社會自由」甚少干預，因為自古中國即非「組織社會」（organizational society），與希特勒的德國、墨索里尼的意大利、史達林的蘇聯、毛澤東的中國大陸不同。前者政治面廣，但寬鬆；後者政治面大，而深入。所以，孫中山所謂之自由，係「社會自由」，非政治自由。不過，他最關心的是自由太多反而不自由（因為一人之自由常造成他人不自由）。所以，他認為講自由不妨先看看歐洲自由之流弊，否則漫無限制的自由，結果人人皆不自由。

　　（八）論平等　孫中山認為，人天生不平等，到了「人類專制發達以後，專制帝王尤其變本加厲，弄到結果，比較天生的更是不平等了。」（同上，第三講）他把平等現象分為不平等、假平等、眞平等三種。不平等是人為的，如第一圖。

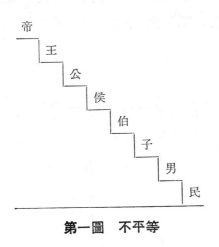

第一圖　不平等

　　不平等現象是特殊階級為保護自己的利益而設計的。而被壓迫的人民為生存，不得不革命以爭取平等。他說：

　　因爲有這種人爲的不平等，在特殊階級的人過於暴虐無道，被壓迫的人民無地自容，所以發生革命的風潮來打不平。革命的始意本是在打破人爲的不平等，到了平等以後便可了事。但是占了帝王地位的人，每每假造天意做他們的保障，說他們所處的特殊地位是天所授與的，人民反對他們便是逆天。無知識的民眾，不曉得研究這些話是不是合道理，只是盲從附和，爲君主去爭權利，來反對有知識的人民去講平等自由。因此贊成革命的學者，便不得不創天賦人權的平等自由這一說，以打破君主的專制。……不過專制帝王推倒以後，民眾又深信人人是天生平等的這一說，便日日去做工夫，想達到人人的平等，殊不知這種事是不可能的。到了近來，科學昌明，人類大覺悟了，才知道沒有天賦平等的道理。假如照民眾相信的那一說去做，縱使不顧真理勉強做成功，也是一種假平等，像第二圖一樣，必定要把位置高的壓下去。成了平頭的平等。至於立腳點還是彎曲線，還是不能平等，這種平等，不是真平等，是假平等。（同上）

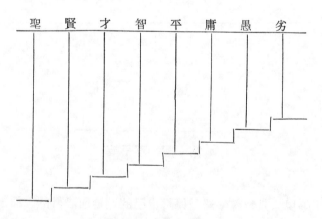

聖　賢　才　智　平　庸　愚　劣

第二圖　假平等

　　所謂假平等，係不分才能、德行，一律使之平等。這種上平而下不平的平等，自然不能謂之眞平等。眞平等如何？他說：

　　　　說到社會上的地位平等，是始初起點的地位平等，後來各人根據天賦的聰明才力自己去造就，因爲各人的聰明才力有天賦的不同，所以造就的結果當然不同，造就既是不同自然不能有平等，像這樣講來，才是眞正平等的道理。如果不管各人天賦的聰明才力，就是以後有造就高的地位，也要把他們壓下去，一律要平等，世界便沒有進步，人類便要退化，所以我們講民權平等，又要世界有進步，是要人民在政治上的地位平等。因爲平等是人爲的不是天生的，人造的平等，只有做到政治上的地位平等，故革命以後，必要各人在政治上的立足點是平等，好像第三圖的底線一律是平的，那才是眞平等，那才是自然之眞理。（同上）

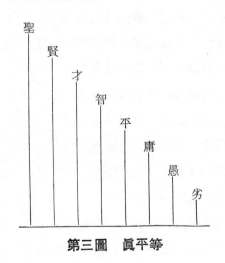

第三圖　眞平等

　　由此可知，所謂眞平等，是無人爲限制，根據自身才能去爭取地位的平等。此種地位即所謂成就地位（achieved status）。所以，眞正的平等是在個人造就的過程中，沒有限制其爭取和發揮才能的任何社會阻

礙，「聰明才力」本身，並非決定平等與否的根本因素。

不過，在孫中山的思想中，「只有做到政治上的地位平等……必要各人在政治上的立足點是平等」，方謂之眞平等。其實此種平等亦有其可議之處。「因爲各人的聰明才力有天賦的不同」，則其政治判斷能力，自然亦必不同，在此種不同的基礎上給予相同的政治權力，亦係不平等。換言之，政治上的權力應根據各人的才能、教育、成就等等諸因素而給予。只是在如今民權高漲，人多勢眾，或人多理直的情勢下，要作政治上的限制，自非易事。當今民主政治上諸種問題，此種「不平等」殆爲其來源之一。只是「民主學者」多不用心，視平等、自由、民主爲至善之境。殊不知，民主也者，不過是在人類社會過程中，此時此刻的一種價值而已，未來更爲理想之價值，必能出現。吾人不僅應多加思考，亦應去創造。

（九）論民生——社會主義與共產主義　孫中山在講「三民主義」時，開宗明義便說：「主義就是一種思想、一種信仰和一種力量。」（民族主義第一講）何以需要主義？基本上是由於問題產生後需要對策使然。例如，中國備受侵凌，所以需要民族主義；君主獨裁專制，所以需要民權主義；人民生活艱苦，無以爲生，所以需要民生主義。而民生主義是人類生存之根本，也是歷史演進之法則。質言之，人類歷史之重心在民生，無民生自然談不上生存，更遑論發展了。所以，他認爲，要解決問題必須靠民生主義。

解決人類生活問題的方法很多，唯視問題的性質而定。工業革命以後，人類面臨的問題與以往不同，解決問題的方法自然亦有所不同，其中社會主義、共產主義都是辦法，唯與民生主義不同。而以民生主義代替上述兩種主義，才是「正本清源」的根本作法。他說：

　　我今天爲什麼不學外國直接來講社會主義，要拿民生這個中國

古名詞來替代社會主義呢？這是很有道理，我們應該要研究的。因
爲機器發明以後，經過了實業革命，成爲社會問題，便發生社會主
義，所以社會主義的發生，已經有了幾十年。但是這幾十年中，歐
美各國對於社會主義，還沒有找出一個解決方法，現在還是在劇烈
戰爭之中，這種學說和思想，現在流入中國來了，中國一般新學者
也是拿他來研究。社會主義之中，又有叫做共產主義的，因爲社會
主義，現在中國很流行，所以共產主義之名，現在中國也是很流
行。中國學者拿社會主義和共產主義來研究，想尋出一個解決方
法，也是很艱難的。因爲外國發明這種學理，已經有了幾十年，到
現在還不能够解決，此時傳入中國，我們就想要解決，當然是不容
易的。我們要研究這個問題，便要先把他的原委性質和定義來研究
清楚。共產主義和社會主義兩個名詞，現在外國是一樣並稱的。其
中辦法雖然各有不同，但是通稱的名詞，都是用社會主義。現在
中國有人把社會主義同社會學兩個名詞作一樣的看待，這實在是混
亂。這種混亂，不但專是中國人有的，就是外國人也是一樣有的。
因爲社會這個名詞，在英文是「梳西乙地」，社會學是「梳西柯羅
之」，社會主義是「梳西利甚」。這三個字頭一半的英文串字，都
是相同的，所以許多人便生出混亂。其實英文中的社會主義「梳西
利甚」那個字，是從希臘文變出來的，希臘文社會主義的原意是同
志，就像中國俗話說是「夥計」兩個字一樣。至於說到社會學的範
圍，是研究社會的情狀、社會的進化和羣眾結合的現象。社會主義
的範圍，是研究社會經濟和人類生活的問題，就是研究人民生計問
題。所以我用民生主義來替代社會主義，始意就是在正本清源，要
把這個問題的真性質表明清楚，要一般人一聽到這個名詞之後，便
可以了解。因爲社會主義發生了幾十年，研究這種學理的學者，不

知道有千百家，所出的書籍，也不知道有千百種，其中關於解決社會問題的學說之多，眞是聚訟紛紜。所以外國的俗語說：「社會主義有五十七種，究竟不知那一種才是對的。」由此便可見普通人對於社會主義無所適從的心理了。（民生主義第一講）

這一段話，不只把社會主義的流派縱橫、無所適從的情況言之綦詳，而且也把社會主義與社會學的混擾加以廓清。這種混擾由歐洲延伸到中國，使社會學備遭池魚之殃，甚至使社會學之研究發展，落後達五十年之久❾。

前已言之，無論那種主義，其目的均在解決問題，尤其是工業革命以後所產生之社會經濟問題。社會主義如此，民生主義亦然，兩者是否有所區別？孫中山說：

今天我所講的民生主義，究竟和社會主義有沒有分別呢？社會主義中的最大問題，就是社會經濟問題。這種問題，就是一般人的生活問題。因爲機器發明以後，大部分人的工作，都是被機器奪去了，一般人不能夠生存，便發生社會問題，所以社會問題之發生，

---

❾　由於中國共產黨以社會主義（內含共產主義）爲號召，與兵奪權，造成民國三十八年的大陸變色。所以對於國民政府而言，看到社會學便想到社會主義，想到社會主義便想到共產主義，想到共產主義便想到共產黨，想到共產黨自然想到大陸變色。依此推論，似乎中國大陸之淪喪乃社會學之過，尤其中國共產黨總書記瞿秋白（曾任上海大學社會學系主任）與社會學關係密切，以致造成許多困擾。民國三十九年臺大社會學系創辦人龍冠海教授面謁傅斯年校長，請求設立社會學系，傅校長婉辭拒絕。其中原因與此不無關係。直到民國五十年代以後，隨著知識之開拓，社會學方被認爲是一門獨立之學術領域，與社會主義及共產主義無關。執政者亦方了解社會學之眞相，此後社會學始逐漸發展。至於中國大陸，各大學之社會學系於一九五二年（民國四十一年）全部關閉，理由有三：一、中共向蘇聯學習，蘇聯無社會學，中共亦不需要社會學；二、社會學理論或社會思想可由歷史唯物史觀取代；三、新中國沒有社會問題，所以不需社會學家加以研究。因此更違論社會學之研究發展了。然而如今猛醒，回頭已過五十餘年。政治對於學術之戕賊，莫此爲甚，悲哉！

原來是要解決人民的生活問題。故專就這一部分的道理講，社會問題便是民生問題，所以民生主義，便可說是社會主義的本題。現在各國的社會主義，各有各的主張，所以各國解決社會問題的方法，也是各有不同。社會主義到底是民生主義中的一部分呢，或者民生主義是社會主義中的一部分呢？（同上）

他認爲，工業革命以後研究社會問題最透徹、最有心得的人，首推馬克思（Karl Marx, 1818~1883）。「馬克思專從事實與歷史方面用功，原原本本把社會問題的經濟變遷，闡發無遺。」（同上）那麼，馬克思的思想是否正確呢？

馬克思的思想係以「物質爲歷史重心，可是由於各國之馬克思信徒觀點不一，彼此攻擊，互相詆毀，馬克思發明物質爲歷史的重心，到底這種道理是對不對呢？」（同上）孫中山深思熟慮，靜心觀察歐洲各馬克思信徒之觀點後認爲，民生才是歷史重心，而非物質。他說：

　　我們……不講社會主義，只講民生主義，社會主義和民生主義的範圍是什麼關係呢？近來美國有一位馬克思的信徒威廉氏，深究馬克思的主義，見得自己同門互相紛爭，一定是馬克思學說還有不充分的地方，所以他便發表意見說，馬克思以物質爲歷史重心是不對的，社會問題才是歷史的重心，而社會問題中又以生存爲重心，那才是合理。民生問題就是生存問題……這種發明，就是民生爲社會進化的重心，社會進化又爲歷史的重心，歸結到歷史的重心是民生，不是物質。（同上）

馬克思講社會問題，專注於物質，也就是唯物論，由於物質分配之不均，才發生社會問題。孫中山說：

　　馬克思研究社會問題，是專注重物質的，要講到物質，自然不能不先注重生產，沒有過量的生產，自然不至有實業革命。……生

產的東西，都是工人和機器，由資本家與機器合作，再利用工人，才得近世的大生產。至於這種大量生產所得的利益，資本家獨得大分，工人分得少分，所以工人和資本家的利益常常相衝突，衝突之後，不能解決，便生出階級戰爭。……由此便可知馬克思認定要有階級戰爭，社會才有進化，階級戰爭，是社會進化的原動力，這是以階級戰爭為因，社會進化為果，我們要知道這種因果的道理，是不是社會進化的定律，便要考察近來社會進步的事實。（同上）

根據他考察的結果，經濟進化可分作四種：「第一是社會與工業之改良。第二是運輸與交通收歸公有。第三是直接徵稅。第四是分配之社會化。」（同上）這四種經濟手段是造成歐美社會生產大之原因，生產豐富之後，資本家固然有利可圖，而工人也可以取到更多工錢。他說：

……像這樣看來，資本家改良工人的生活，增加工人的生產力，工人有了大生產力，便為資本家多生產，在資本家一方面可以多得出產，在工人一方面也可以多得工錢，這是資本家和工人的利益相調和，不是相衝突。社會之所以有進化，是由於社會上大多數的經濟利益相調和，不是由於社會上大多數的經濟利益有衝突。社會上大多數的經濟利益相調和，就是為大多數謀利益，大多數有利益，社會才有進步。社會上大多數的經濟利益之所以要調和的原因，就是因為要解決人類的生存問題。古今一切人類之所以要努力，就是因為要求生存，人類因為要有不間斷的生存，所以社會才有不停止的進化。所以社會進化的定律，是人類求生存，人類求生存，才是社會進化的原因。階級戰爭，不是社會進化的原因，階級戰爭，是社會當進化的時候，所發生的一種病症，這種病症的原因，是人類不能生存，因為人類不能生存，所以這種病症的結果，便起戰爭。馬克思研究社會問題所有的心得，只見到社會進化的毛

病，沒有見到社會進化的原理，所以馬克思只可說是一個社會病理家，不能說是一個社會生理家。（同上）

由上可見，孫中山重在以國家的力量（改革經濟制度）調和資本家與工人的利益，唯有利益調和，問題才能解決，社會才能進步。他認為馬克思的學說尚不周延。因為：

> 再照馬克思階級戰爭的學說講，他說資本家的盈餘價值，都是從工人的勞動中剝奪來的。把一切生產的功勞，完全歸之於工人的勞動，而忽略社會上其他各種有用分子的勞動……馬克思認定階級戰爭才是社會進化的原因，這便是倒果為因，因為馬克思的學說，顛倒因果，本源不清楚，所以從他的學說出世之後，各國社會上所發生的事實，便與他的學說不合，有時候並且相反。（同上）

馬克思的學說既然被社會事實所否定，其理想自然受到懷疑。但並非其主張一無是處。例如，馬克思主張之共產主義，實是所有人類社會的最終理想。如果共產制度（方法）落實可行，人類的問題自然容易解決。無奈社會制度（尤其經濟制度）隨社會變遷而改變，原始時代可行之制度，工業社會時代不一定可行，所以孫中山指出：

> 共產這種制度，在原人時代，已經是實行了，究竟到什麼時代，才打破呢？依我的觀察，是在金錢發生之後。大家有了金錢，便可以自由買賣，不必以貨易貨，由交易變成買賣，到那個時候，共產制度便漸漸消滅了。由於有了金錢，可以自由買賣，便逐漸生出大商家。當時工業還沒有發達，商人便是資本家。後來工業發達，靠機器來生產，有機器的人便成為資本家。所以從前的資本家是有金錢，現在的資本家是有機器。……現在資本家有了機器，靠工人來生產，掠奪工人的血汗，生出貧富極相懸殊的兩個階級，這兩個階級，常常相衝突，便發生階級戰爭。一般悲天憫人的道德

家，不忍見工人的痛苦，要想方法來解除這種戰爭，減少工人的痛苦，是用甚麼方法呢？就是想把古代的共產制度恢復起來。……到了共產時代，大家都有麵包和飯吃，便不至於爭，便可以免去人與人爭，所以共產主義就是最高的理想，來解決社會問題的。……民生主義能夠實行，社會問題才可以解決，社會問題能夠解決，人類才可以享很大的幸福。我今天來分別共產主義和民生主義，可以說共產主義是民生的理想，民生主義是共產的實行，所以兩種主義沒有甚麼分別，要分別的，還是在方法。（同上，第二講）

由此可見，民生主義、社會主義及共產主義之區別在方法，不在目標。事實上，所有人類社會之目標或理想——福祉——均同，其所不同者，在如何達到此種目標的方法。所有解決人類問題之主義，其目標或理想均同，不同者，在手段而已。所以胡適說：「多研究些問題，少談些主義。」❿民生主義、社會主義，乃至共產主義均如此。「所以民生主義，就是社會主義，也就是共產主義，不過辦法各有不同。」（同上）

（十）社會問題——土地　廣義言之，民生主義的目的即在解決社會問題，尤其是因為生產、分配不均所造成的經濟性問題。在此一問題之中，又以土地不均之問題最為嚴重。因為「吃飯就是民生的第一個需要。」（同上，第三講）而飯則來自土地，所以人民生活與土地直接有關。後來工商發展，土地變成財產，尤其位於都市中的土地，雖然不再發揮其直接生產的功能，但其價值卻千萬倍於生產之土地。因此，「有土斯有財」的觀念，便把土地造成一個嚴重的社會問題。孫中山說：

　　由於土地問題所生的弊病，歐美還沒有完善方法來解決。我們

---

❿　殷海光把這兩句當作「胡適思想」中之「重具體的」表現。事實上，也是「就事論事」之方法問題。見殷海光，「胡適思想與中國前途」，中央研究院「歷史語言研究所集刊」，卷二十八下，民國四十六年五月。

要解決這個問題，便要趁現在的時候，如果等到工商業發達以後，更是沒有方法可以解決。中國現在受歐美的影響，社會忽生大變動，不但是漸漸成爲貧富不齊，　就是同是有土地的人，　也生出不齊。

（同上，第二講）

申言之，土地有無與土地位於何處，是貧富的根本問題。所以解決土地問題是解決所有問題的首要之務。他說：

> 我們的頭一個辦法，是解決土地問題。解決土地問題的辦法，各國不同，而且各國有很多繁難的地方，現在我們所用的辦法，是很簡單很容易的，這個辦法，就是平均地權。（同上）

孫中山認爲，　歐美土地之所以成爲問題，　乃在沒有完整之解決辦法，等到地主勢力坐大，再加以改革，就困難了。　在中國因爲無大地主，人民不過大貧小貧而已，所以解決土地問題並非難事。他說：

> 講到解決土地問題，平均地權，一般地主自然是害怕，好像講到社會主義，一般資本家都是害怕，要起來反對一樣。所以說到解決土地問題，如果我們的地主是像歐洲那種大地主，已經養成了很大的勢力，便很不容易做到，不過中國今日沒有那種大地主，一般小地主的權力，還不甚大，現在就來解決，還容易做到。如果現在失去了這機會，將來更是不能解決。（同上）

那麼平均地權之要義何在？簡言之，「就是政府照地價收稅和照地價收買。究竟地價是什麼樣定法呢？依我的主張，地價應該由地主自己去定」，（同上）他認爲土地所報價格應該合理，因爲如果報多，則稅重，如果報少，則政府可以收買，所以必然找一個折中的、合理的價格報到政府。如此，「政府和地主自然是兩不吃虧。」（同上）

他又說：

> 地價定了之後，　我們更有一種法律的規定，　這種規定是什麼

呢？就是從定價那年以後，那塊地皮的價格，再行漲高，各國都是要另外加稅，但是我們的辦法，就要以後所加之價完全歸爲公有，因爲地價漲高，是由於社會改良和工商業進步。中國的工商業，幾千年都沒有大進步，所以目標不是在賺錢，是要供給大家公眾來使用。（同上，第三講）

孫中山的想法雖然「理想」，可是臺灣——以三民主義爲建國方針——的土地問題非但沒有解決，而且日益嚴重；大財團幾乎均靠「炒地皮」起家。可見理想與現實之間的距離仍遠❶，而孫先生的信徒，不過「叛徒」而已。

三、孫中山社會思想評議 我嘗想，中國近代只有兩位政治家：一是孫中山，一是蔣經國（蔣氏有政治家之胸襟與風範）。而孫中山之思想、品德與才能，凡讀近代史的人，無論其觀點如何，立場如何，大概無人敢於否定。孟子說：「五百年必有王者興，其間必有命世者。」（孟子公孫丑）孫中山爲命世之才，應當之無愧。

關於孫中山的思想，研究之成果極其豐碩，其中幾乎一片讚美之聲。從思想史之觀點而論，其思想並非「絕對」正確。但大體而言，「瑕不掩瑜」，其貢獻雖然在如何建立富強康樂之國家，而其言論基礎，亦多有學術依據。其思想大要，上文已經分析，其中問題亦於文後評論。此處所欲說明者係其思想之特質。

（一）把握社會現象與問題 中國至滿清末年，外侮侵凌，內政不修，國勢危殆，救弊之道雖有多端，惟多未能抓住現象中心和問題癥結，而孫中山論中國社會現象——從民族、人口、土地等等，確能掌握

---

❶ 葛立格，「孫中山先生與中國現代化」，載「孫中山先生與近代中國學術討論集」第一冊——孫中山先生思想學說，臺北市：孫中山先生與近代中國學術討論集編輯委員會，民國七十四年十二月，頁400。

重點，或舉證，或分析，均能切中時弊，找出問題之所在。與當時「中學為體，西學為用」之空洞、抽象，自不可同日而語。

（二）結合中外學理，解釋問題　自清末民初之各家思想觀之，其亟欲拯救中國的目的雖一，但學理依據各有不同。有的甚至追求時髦，不察情勢，雖不能謂之媚外，但至少在思想上未見成熟。於是將西方流行的思想，照本宣科，移植中國。例如孫中山說：

近來歐洲文化東漸，他們的政治經濟科學都傳到中國來了，中國人聽到歐洲的政治學理，多數都是照本抄謄，全不知道改變，所以歐洲兩三百年以前的革命說是爭自由，中國人也說要爭自由，歐洲從前爭平等，中國人也照樣要爭平等。（民權主義第三講）

至於爭自由、爭平等的界定如何，姑且不論，但「全不知改變」，一味人云亦云，甚至不知所云，時有所見。孫中山的思想取外人之長，亦知其短；了解中國文化之優，亦知其劣。分析深入，不隨聲附和。例如他說：

近來歐洲盛行的文化，和所講的無政府主義與共產主義，都是我們中國幾千年以前的舊東西。譬如黃老的政治學說就是無政府主義，列子所說：「華胥氏之國，其人無君長，無法律，自然而已。」是不是無政府主義呢？我們中國的新青年，未曾過細考究中國的舊學說，便以為這些學說，就是世界上頂新的了，殊不知道在歐洲是最新的，在中國就有幾千年了。從前俄國所行的，其實不是純粹共產主義，是馬克思主義，馬克思主義不是真共產主義，蒲魯東、巴古寧所主張的才是真共產主義。共產主義在外國只有言論，還沒有完全實行，在中國洪秀全時代，便實行過了。洪秀全所行的經濟制度，是共產的事實，不是言論。歐洲之所以駕乎我們中國之上的，不是政治哲學，完全是物質文明。（民族主義第四講）

孫中山所批評之現象，至今在臺灣依然普遍。薩孟武教授對此慨乎再三（見下篇），無奈積病已深，一時之間尚難轉換。不過，從孫中山思想之論證，可見研究、創造，及解釋思想之困難了。

（三）獨創新猷　由於孫中山兼顧中西文化之不同背景，故能創新。他的思想，一方面受中國傳統儒家之影響，另一方面受西方哲學思想之影響，如基督教及亨利喬治 (Henry　George, 1839～1897) ⑫，所以他自己說，其主義「有因襲吾國固有之思想者，有規撫歐洲之學說事蹟者，有吾所獨見而創獲者。」（孫文學說）就思想史之觀點而言，「獨見而創獲」最為重要。至於其社會思想涉及之面向，傅尚霖教授曾作如下之評論。

　　1.政治社會方面

　　(1) 他指出社會達爾文主義 (Social Darwinism) 對政治行為之危險影響。

　　(2) 他有保留地接受米契爾 (Michel) 的政黨社會學 (Sociology of Political Party)。

　　(3) 他的概念 與巴列圖（Pareto） 學派的思想及馬微博（ Max Weber）的現代科層制理論相符合。

　　(4) 他對托克威爾 (Tocqueville)「美國的民主政治」(Democracy in America) 有充分的了解。

　　(5) 他具有林肯的政府形式的理想，以及威爾森「民族自決」的原則。

　　(6) 他反對馬克思階級鬥爭的意識型態，同時指明共產主義不適用

---

⑫　賀凌虛，「儒家思想對孫中山先生政治思想的影響」，載「孫中山先生與近代中國學術討論集」第一冊，臺北市：孫中山先生與近代中國學術討論集編輯委員會，民國七十四年十二月，頁146—160，又見頁170。

於中國。

（7）他的民生主義與威廉（William）的「歷史的社會觀」（Social Interpretation of History）互相闡明。

2.普通社會學方面

（1）他對深受達爾文演化論影響的十九世紀生物學派社會學，有深刻了解。

（2）他贊同華德（Ward）的導進（Telesis）與革命的學說，對斯賓塞學派（Spencerian）的放任政治，與赫胥黎（Huxley）的演化類型表示異議。

（3）他的社會學概念很合乎現代社會學的觀點。他認為，廣義言之，社會學乃是一門研究人性的科學，而狹義言之，則指探討社會團體。他進而將社會界定為：

a 是道德的體系，此在性質上與涂爾幹（Durkheim）所主張者相同。

b 是人與人相輔相成的一個體系，此與顧里（Cooley）、季亭史（Giddings）的概念相符。

c 是基於分工的社會凝聚體，這又與涂爾幹相似。

3.為了把社會學與社會主義劃分清楚，中山先生認為社會學是研究社會情況、社會演化或變遷和結合現象等。中山先生指出，以往所以把社會學與社會主義混淆，是由於這兩字的字頭都是 "socio" 的關係。而這種混淆則成為社會學發展上的一大阻礙。這點在巴納（Barnes）的文章亦曾指出。

4.中山先生一生，致力於應用社會學或社會工作，有下列十點：

（1）他認為社會救濟的推動在消除個人的不幸，此與隋尼茲（Karl de Shweinitz）的概念相同。

(2) 發展社會工作旨在解決社會問題，以產生社會和諧。

(3) 和平的社會革命，可以避免社會劇變與混亂。

(4) 改善社會生活是在提高生活水準。

(5) 教育國家 (pedagogical state) 的存在，在普及一般教育。

(6) 推廣公共福利。

(7) 伸張社會正義，在於維護社會均衡。

(8) 促進社會進步，在於公眾利益的調和。

(9) 社會國家 (social state)的建立，乃開現代福利國家 (welfare state) 的先河。

(10) 實現大同之治的社會理想，乃是迎接大同時代或世界政府的來臨⑬。

傅尚霖對於孫中山社會思想之論定，可謂確切而允當。

第二節　康有為

一、略傳　康有為字廣夏，廣東南海人。生於清咸豐八年（西元一八五八年），卒於民國十六年（西元一九二七年）。幼從同邑朱次琦學，博覽羣學，無所不精。清光緒十五年伏闕上書，十九年舉於鄉，時譽漸隆。復於廣州萬木草堂講學。弟子中有梁啓超、陳千秋等最著聲名。光緒二十年與梁啓超組桂學會，謂非變法自強，無以救中國。次年與梁啓超赴京會試，啓超落榜，康有為以第五授工部主事。時中日一戰，國勢益弱，乃聯合公車上書，阻止中日和議。唯以言詞激烈，未獲反應。二

---

⑬　傅尚霖著，蕭新煌譯，「孫中山先生與現代社會學」，載周陽山、楊肅獻編，「近代中國思想人物論：社會主義」，臺北市：時報出版公司，民國六十九年，頁224—226。

十三年乞假南歸，值德國強佔膠州灣，瓜分之勢既成，乃再伏闕上書，乞求變法，沈痛陳言，切中時弊。德宗受其感動，遂有意變法。復由張蔭桓薦於翁同龢，翁亦以國勢日促，非自強無以自救，兼聞康有為兼通西學，乃薦之於德宗。德宗召見，屏人密語，盡述自強救國之道。退上變法次第疏，德宗命其在總理各國事務衙門行走，並引用梁啓超、譚嗣同。時慈禧、榮祿守舊派阻礙變法，德宗召袁世凱入宮保護。譚嗣同以迂緩費時，乃謀袁世凱殺榮祿，袁佯諾而陰告於榮祿，榮祿告於慈禧，於是八月禍變遂作，新黨多人被捕殺。時康有為奉旨在上海辦官報，聞變，乘英艦赴香港，再轉日本，及南洋羣島，旋成立保皇黨於海外。後欲乘拳匪之亂起事，不果。乃又游美洲，復歷歐澳。鼎革之後回國，袁世凱優禮招之不應，於上海辦「不忍」雜誌，志在宣揚孔教，未幾停刊。民國六年，張勳復辟，康有為與其事。事敗後，遁天津，復至上海，尋蒙特赦。然其復清之志，始終未忘。民國十三年又陰復辟，未成，十六年卒。享壽七十。

　　康有為早年酷好周禮，嘗著「政學通議」。後著「新學僞經考」十四卷、「孔子改制考」二十一卷、「大同書」、「孟子微言」、「春秋筆削大義微言考」等等❹。

　　二、社會思想　康有為的社會思想，俱見「大同書」。就當時言之，該書類似莫爾（Thomas More, 1478～1535）的「烏托邦」。不論陳義如何，其理想之社會藍圖，於茲一一呈現。

　　（一）社會進化　康有為的社會思想，建築在人類生活之痛苦上

❹　康氏生平簡介，見楊蔭深編，「中國學術家列傳」，臺北市：德志出版社，民國五十七年，頁484—485。

⑮。所謂「耳聞皆勃谿之聲，目視皆困苦之形；或寡婦思夫之夜哭；或
孤子窮餓之長啼；或老夫無衣，扶杖於樹底；或病嫗無被，夕臥於竈
眉；或廢疾篤篤，持鉢行乞，呼號而無歸。其貴乎富乎，則兄弟子姪之
閱牆，婦姑叔嫂之勃谿，與接爲搆，憂痛慘悽，號爲承平，其實普天之
家室，皆怨氣之冲盈，爭心之觸射，毒於黃霧，而塞於寰瀛也。若夫民
賊國爭，殺人盈城，流血塞河，於萬斯年，大劇慘瘥，嗚呼痛哉。」
（大同書甲部緒言）所以錢定安在「大同書序」中說：「大同書者，先
師康南海先生，本不忍之心，究天人之際，原春秋三世之說，演禮運天
下爲公之義，爲眾生除苦惱，爲萬世開太平致極樂之作也。」

　　基於人生疾苦，康有爲乃演春秋三世之說：據亂世、升平世、太平
世。他認爲公羊高春秋作傳中之三世之說，實係孔子本人之作。因爲孔
子託古改制，其改制之作即春秋，而將微言大義寄之於春秋公羊之中。
所謂公羊三科──「張三世，存三統，異內外」是。亦即：

　　　　嚴夷夏之防──「據亂」爲蠻夷入侵之世，「升平」爲拒蠻夷
　　　於中國之外，「太平」則爲用夏變夷，天下一統之世。康氏據之而
　　　迎合近代進化理論，謂舊說實未解孔氏進步觀之微意，乃參董仲舒
　　　對春秋之解釋，以爲孔子於晚周之世，即已預定進展之規則，謂三
　　　世實指人類文明之進展，即是「文明未開」之世到「漸入文明」之
　　　世，以至於到「大同世界」。康氏既亦受西方進化論之影響，自不

---

⑮　（一）人生之苦凡七：一投胎，二夭折，三廢疾，四蠻野，五邊地，六奴
　　婢，七婦女。（二）天災之苦凡八：一水旱饑荒，二蝗蟲，三火焚，四水
　　災，五火山，六屋壞，七船沉，八疫癘。（三）人道之苦凡五：一鰥寡，
　　二孤獨，三疾病無醫，四貧窮，五卑賤。（四）人治之苦凡五：一刑獄，
　　二苛稅，三兵役，四有國，五有家。（五）人情之苦凡八：一愚蠢，二讐
　　怨，三愛戀，四牽累，五勞苦，六願欲，七壓制，八階級。（六）人所尊
　　羨之苦凡五：一富人，二貴者，三老壽，四帝王，五神聖仙佛。見「大同
　　書」，臺北市：龍田出版社，民國六十八年，頁11─15。

以三世爲特定之時間，每一階段皆可分作無數之小階段，整個而
言，康亦以歷史爲一「日進無疆」之過程也⓰。

他認爲，人類終極目標——大同世界——可以達成。因爲社會演化
是必然的。他根據三世之說把人類（多係社會文化）的演化表列如下。

人類進化表

據亂世	升平世	太平世
人類多分級	人類少級	人類齊同無級
有帝有王有君長有言去君爲叛逆	無帝王君長改爲民主統領有言立帝王君長爲叛逆	無帝王君長亦無統領但有民擧議員以爲行政罷還後爲民有言立統者以爲叛逆
以世爵貴族執政有去名分爵級者以爲謬論	無貴族執政雖間存世爵華族不過空名無政權與齊民等	無貴族賤族之別人人平等世爵盡廢有言立貴族世爵者以爲叛逆
有爵有官殊異於平民	無爵有官少異於平民而罷官後爲民	民擧爲司事之人滿任後爲民不名爲官
官之等級極多	官級稍少	官級極少
有天子諸卿大夫士	有統領大夫士三等	只有大夫士二等
有皇族極貴而執權	皇族雖未廢而僅有空名不執權	無皇族
有大僧爲法王法師法官	削法王猶爲法師法官議員	無大僧
族分貴賤多級仕宦有限制賤族或不得仕宦	雖有貴賤之族而漸平等皆得仕宦	無貴賤之族皆爲平民
族分貴賤職業各有限制業不相通	雖有貴賤之族而職業無限得相通	職業平等各視其才

⓰　汪榮祖，「晚清變法思想分析」，載周陽山、楊肅獻編，「晚清思想」，
　　臺北市：時報出版公司，民國六十九年，頁100。

女子依於其夫爲其夫之私屬不得爲平人	女子雖不爲夫之私屬而無獨立權不得爲公民官吏仍依於其夫	女子有獨立權一切與男子無異
一夫多妻以男爲主一切聽男子所爲	一夫一妻仍以男爲主而妻從之	男女平等各有獨立以情好相合而立和約有期限不名夫婦
族分貴賤多級數不通婚姻	族雖有貴賤而少級婚姻漸通	無貴賤之族婚姻交通皆平等
種有黃白棕黑貴賤之殊	棕黑之種漸少或化爲黃只有黃白略有貴賤而不甚殊異	黃白交合化而爲一無有貴賤
黃白棕黑之種有智愚迥別之殊	棕黑之種漸少或化爲黃只有黃白略有智愚而不甚懸絕	諸種合一並無智愚
黃白棕黑之體格長短強弱美惡迥殊	棕黑之種漸少或化爲黃只有黃白雖有長短強弱美惡而不甚懸絕	諸種體格合一皆長皆強皆美平等不甚殊
白黃棕黑之種不通婚姻	棕黑之種甚少各種互通婚姻	諸種合一無異互通婚姻
主國與屬部人民貴賤迥殊	主國與屬部人民漸平等不殊貴賤	無主國屬部人民平等
有買賣奴婢	放免奴婢爲良人只有僕	人民平等無奴婢亦無雇僕

資料來源：「大同書丁部」。

由上表觀之，從據亂世、升平世，到太平世是一種演化過程，也是一種進步的表現。此種演化雖然緩慢，但卻必然。因爲天下無時無地不在變。「變者天道也」；「變者天下之公理也」；「至變者莫如天」，「至變者莫如地」。自然界之現象變動不居，人事社會亦未從不變。所謂「積微成智，悶若無端，實則流變之微，無須臾之停也。」（大同書）

康有爲因之認爲，治國之道，亦應與時俱變。亦即「用其新，去其

陳」。蓋「天行健，君子以自強不息」。所以需要「時時維新」，「時時進化」。（同上）因爲「物舊則滯，新則通；舊則板，新則治；舊則銹，新則光；舊則腐，新則鮮」。（文集，日本書同志序）然「維新」並非「唯新」，亦非鶩新❶。換言之，變須因時因地而制宜。所謂「百王因時運而變，大體亦因時而遷。」此言頗有文化相對論意味。後其弟子梁啓超引申之謂：「於據亂世則當行據亂世適宜之政，於升平世則當行升平世適宜之政，於太平世則當行太平世之政。」❶ 所以，他在戊戌之前即主張變法維新，倡行君主立憲體制。其後又主張虛君共和，從事復辟。其主要原因在其認爲變遷是漸進的，逐步的，不可操之過急，否則有害無益。所謂「已及其世，不能閼之」；「未及其世，不能躐之。」❶。人類社會文化，即在此種漸進的過程中，一步步達到理想境地──大同。

　　（二）理想社會──大同　康有爲的「大同書」，是其理想社會之設計藍圖。其中主要之社會制度，均包括在內。他認爲，人生之苦若不能從根本上改變，則苦海無邊，永難超脫。這些苦之根源，「皆因九界而已，九界者何？」他說：

　　　　一曰國界，分疆土部落也。

　　　　二曰級界，分貴賤清濁也。

　　　　三曰種界，分黃白棕黑也。

　　　　四曰形界，分男女也。

　　　　五曰家界，私父子夫婦兄弟之親也。

　　　　六曰業界，私農工商之產也。

---

❶　許冠三，「康南海的三世進化史觀」，載周陽山、楊肅獻編，「晚清思想」，臺北市：時報出版公司，民國六十九年，頁543。

❶　同上，頁546。

❶　同上。

七曰亂界，有不平不通不同不公之法也。

八曰類界，有人與鳥獸蟲魚之別也。

九曰苦界，以苦生苦，傳種無窮無盡，不可思議。

人生既有此九界（九種限制）之苦，故惟有澈底消除，方能達到大同之境，至樂之地。他說：

第一曰去國界，合大地也。

第二曰去級界，平人民族也。

第三曰去種界，同人類也。

第四曰去形界，保獨立也。

第五曰去家界，爲天民也。

第六曰去產界，公生業也。

第七曰去亂界，治太平也。

第八曰去類界，愛眾生也。

第九曰去苦界，至極樂也。（大同書甲部第六章）

康有爲即以破九界爲其理想社會達成之目標。

1. 建立世界國家　康有爲認爲，人類社會組織由家族、部落、國家，逐步吞併而成，必須廢除此種逐級擴大的結構，天下方能太平。他說：

夫自有人民而成家族，積家族吞併而成部落，積部落吞併而成邦國，積邦國吞併而成一統大國。（同上，乙部第一章）

他認爲這種逐步吞併之過程，完全是戰爭的結果。所謂「凡此吞小爲大，皆由無量戰爭而來，塗炭無量人民而至，然後成今日大地之國勢。」「及有國，則爭地爭城，而調民爲兵也，一戰而死者千萬。」（同上）所以戰爭之原因在有國，而人民之慘死，在有戰爭。他認爲夏商之前不可考，而春秋之後，各朝各代，無不兵連禍結，綿延不絕，此達二千餘年。至於西洋，亦不能免。所謂「泰西兵禍尤劇。自埃及、巴

比倫、西里亞、啡尼基、希臘各國，相爭互攻」（同上），一直到法國、印度、英國等等，其屠戮殘殺之烈，唯人類有之。

因為有國對立，便有兵災，有兵災，人民便被塗炭。而且「竭民力以養兵，糜費無量，驅人民以為兵。失業無量，雖有仁人義士，不得不各私其國，故其心志所注，識見議論，皆為國所限。以爭地殺人為合大義，以滅國屠人為有大功。」（同上）

「然則欲弭兵而去國，天下為一，大地大同，豈非仁人結想之虛願哉。……但需以年歲，行以曲折耳。」（同上）他認為，世界大同終有成功之日，這是「實境而非空想」。然則如何達到去國弭兵之目的？他認為：第一是「國界自分而合乃大同之先驅。」「去國界進化，自分而合，乃勢之自然。」（同上）他把中外諸國的分合歷程加以分析，認為有「漸致大同之軌道」。

第二是「民權自下而上為大同之先驅。」「民權進化，自下而上，理之自然也。」先行君主立憲，而後君主徐徐廢除而行民主，即可歸於大同。

第三是「合國有三體」──「先自弭兵會倡之，次以聯盟國緯之，繼以公議會導之。」最終大政統一於大政府之體，世界國家成焉。

第四是「各國平等聯盟之體」，主要先弭平兵禍，解民於倒懸。

第五是「聯邦受統治於公政府之體──各聯邦自理內治，而大政統一於大政府之體。」

最後「去國而世界合一之體。」其時「無邦國，無帝王，人人相親，人人平等，天下為公，是謂大同。」

當然他也了解中外聯邦合一的困難，這些困難有：第一「國俗不同，利害殊種，皆不願合。」第二是「若今各國並立，誰肯別開聯合之大政府，以轄治之，此公政府之萬難開。」第三是「能使強大諸國，受

其範圍，基址堅固，人心不散，其事尤難。」第四是「國之大小不同，大國既自恃其廣土眾民，不肯俯同於小國；小國亦各自主自立，不能少屈於大國。」第五是「議員既定，而法例所草……人多論雜，益難聽從而畫一之。」第六是「各國苟有利害不同，即復決裂。」（同上，第二章）

因此，欲驟而去國之界，自然不易。不過，「今者大勢，必自聯弭兵，立公議會，而後可積漸至焉。大勢所趨已見，合同之運已至，其始似甚難，其終必漸至於大同焉。」（同上）

從社會學之觀點言之，世界國家與統一政府之建立，雖非絕無可能，但基本上需要兩個條件。第一，須各國之社會文化發展程度接近。以目前人類文化發展之趨勢觀之，未來人類「共同文化」之建立已顯端倪，尤其在物質文化方面之發展最為明顯。例如，汽車、電腦、建築等等方面是。至於在思想、觀念等等非物質文化方面，雖然目前尚難一致，但某些基本共識業已達成。例如民主制度，目前各國採行之方式雖有不同（如中共的新民主主義），但其具有「民主」之性質則一。因此，倘若假以時日，不斷演進，民主必可成為人類文化之共同特質。但此非意味著民主制度之完美，不過至少它是目前人類所願接受的一種制度。（在此所要注意者：思想家的任務在尋求人類社會之「理想」或比較合理之制度，所以不應把民主視為天經地義的最後真理，因為畢竟民主制度有太多的缺失有待克服。）

第二，人類有建立世界國家之願望。雖然此種願望可藉文化及社會化而推廣，但因其屬於心理範疇，其改變自非朝夕之功。正如康有為以上所指出的「六難」，其中屬於文化因素者，固可設法解決，而屬於心理因素者，雖可以改變或重訂文化意義而改變心理行為，惟曠費時日，可能世界國家尚未建立，而整個人類已經滅亡。

此外，有些心理特質實非社會文化所能改變，例如向上心、自私心（自我生存之反應）等等。再則，即使上述條件達成，世界國家亦難保長遠，此與社會變遷有關，容後再述。

2. 建立無階級社會　康有為說:

> 人類之苦不平等者，莫若無端立級哉。其大類有三，一曰賤族，二曰奴隸，三曰婦女。夫不平之法，不獨反於天之公理，實有害於人之發達，觀印度而知之矣，印人在昔有四種:
>
> 一曰婆羅門，為淨行者，或出家，或在家修淨行而涅槃者。
>
> 二曰刹帝利，為王種奕世君臨，統轄其餘之三姓者。
>
> 三曰吠舍，舊曰毘舍，為商賈貿易有無者。
>
> 四曰戍陀羅，舊云首陀，為農民及奴身勤稼穡者。首陀內分賤族七十餘。（同上，丙部）

事實上，階級是一種普遍現象，不獨印度有之，所有人類社會無一無之。階級之危害，在於不平等。階級之間「不得通婚交接，皆限其位業。不得逾越上達。故苟生於下族，雖有至聖人豪，不得為仕宦師長，不知不識，以了其生世。」（同上）近代中外思想家對於階級之害，闡明尤詳。唯隨著社會變遷之加劇，階級已大不如以往之森嚴，但尚無消滅之跡象。康有為認為，所有階級「宜予淘汰刪除，概為平等。先獎以通業，次導以通姻，化之既久，平等成風，然後大同可期也。」（同上）

3. 男女平等　男女不平等，自古皆然，而以後世為甚。究其原由，殆為男強女弱之先天特質。而此特質，乃為原始人類生存之憑藉。所以女為生存，不得不降低身分，附麗男人。交換理論（exchange theory）於此有深入探究[20]。後世社會將此種附屬關係加以擴大，涵蓋

---

[20]　Peter M. Blau, *Exchange and Power in Social Life*, New Brunswick, N. J.: Tansction Books, 1986, ch. 5.

社會文化面，致使女子不得仕宦，不得科舉，不得充議員，不得爲公民，不得預公事，不得自立，不得自由——尤其婚姻自由。社會對於女性限制過多，處處禮防，形同囚犯；如欲女子美麗，則又撒環、鑿耳、縮腰、束腹，又同刑具加身。至於「供服役掃除烹庖之事」，又形同奴隸。待至「嫁某氏，即竭其才而爲某氏之家，若私爲某氏之人，而與天下及國無與者。事夫畜子，以盡其業，胼手胝足，以爲其家守節，從一以終其身。」（同上，戊部）因此，女子一切，皆「私爲一人之有。」不獨如此，「男子之視女子，皆無人權天民之心，但問其美否，以爲愛玩。」（同上）此外，女子亦不得爲學者。凡此種種男女不平等之現象，在「大同」之世，盡去之。男人享有之權利義務，女人亦然；男女除了生理差異外，無社會文化上之區別。因爲「…… 男女 ……其聰明睿哲同，其性情氣質同，其德義嗜欲同，其身首手足同，其耳目口鼻同……其能遊觀作止同，其能執事窮理同。女子未有異於男子也，男子未有異於女子也。」（同上）

4. 廢家庭　康有爲並不否認家的重要。例如他說：

夫家者，合夫婦父子而名者也。大地之上，雖無國無身，而未有無家者也。不獨其爲天性，不可解也。人道之身體，賴以生育撫養，賴以長成；患難賴以保護，疾病賴以扶持，死喪賴以葬送，魂魄賴以安妥。故自養生送死，舍父子夫婦無依也。（同上，己部）

家既有其功能，康有爲何以主張廢之？主要由於「家人強合之苦。」此苦在於家人關係之難於調適。「蓋國有太平之時，而家無太平之日。……名爲兄弟姊妹，而過於敵國；名爲婦姑叔嫂，而怨於路人。」「昔張公藝九世同居，千古號爲美談。然其道不過百忍。夫至於忍，則已含無量怨怒於中矣。」（同上）所以，「立家之益即因立家而有害。」此即所謂社會制度利弊交織之意。例如，「有家則有私以害性害種。」所

以康有爲主張太平之世必須去家。家之害有：

一風俗不齊，教化不一。家自爲俗，則傳種多惡，而人性不能善。

一養生不一。疾病者多，則傳種多弱，而人體不健。

一生人養人，不能皆得良地，則氣質褊狹，而不得同進於廣大高明。

一自生至長，不能有學校二十年齊同之教學，則人格不齊，人格不具。

一人之終身，非日日有良醫診視一次，則身體懷疾。

一人人自生至長，不皆驅之於學校，則爲無化半教之民。蓋人者雜質，須加鎔鑄冶斲，自始生而鎔鑄冶斲則易，長後而鎔鑄冶斲則難。故無家而全歸學校以育人，太平之世也；有學有家以育人者，升平之世也；全家以育人者，據亂之世也。

一入學而不舍家全入，則有雜化而不齊同。蓋人自爲教，家自爲學，則雜隘已甚，未有能廣大高明純全者也。

一因有家之故，必私其妻子，而不能天下爲公。

一因有家之故，養累既多，心術必私，見識必狹，奸詐盜僞貪汚之事必生。

一有私狹奸詐盜僞貪汚之性，相扇相傳，人種必惡，而性無由善。

一人各自私其家，則不能多得公費，以多養醫生，於求人之健康，而疾病者多，人種不善。

一人自私其家，則不能得以私產歸公產，無從公養全世界之人，而多貧窮困苦之人。

一人各私其家，則不能多抽公費而辦公益，以舉行育嬰慈幼養

老恤貧諸事。

一人各自私其家，則不能多得公費，而治道路橋梁山川宮室，以求人生居處之樂。故家者據亂世人道相扶必需之具，而太平世最阻礙相隔之大害也。

家既有諸多害處，故「欲至太平大同必在去家」。他說：

夫欲人性皆善，人格皆齊，人體得養，人格皆具，人體皆健，人質皆和平廣大，風俗道化皆美，所謂太平也。然欲致其道，舍去家無由。故家者，據亂世升平世之要，而太平世最妨害之物也。以有家而欲至太平，是泛絕流斷港，而欲至於通津也。不寧唯是，欲至太平而有家，是猶負土濬川，添薪以救火也，愈行而愈阻矣。故欲至太平獨立性善之美，惟有去國而已，去家而已。

家既去，則人之需要如何滿足？家以往之功能由誰取代？康有為認為須由政府為之。他說：

夫既欲去家，而至太平，而又不忍絕父母夫妻，以存人道，然則何道以至之？康有為曰：赴之有道，致之有漸，曲折以將之，次第以成之，可令人無出家之忍，而有去家之樂也。

康有為曰：人非人能為，人皆天所生也。故人人皆直隸於天，而獨立政府者，人人所共設也；公立政府，當公養人而公教之，公恤之。

公養之為何？一曰，人本院。凡婦女懷妊之後，皆入焉，以端生人之本，胎教之院。吾欲名之曰人本院也，不必其夫贍養。

二曰，公立育嬰院。凡婦女生育之後，嬰兒即撥入育嬰院，以育之，不必其母撫育。

三曰，公立懷幼院。凡嬰兒三歲之後，移入此院以鞠之，不必其父母懷抱。

公教之如何？四曰，公立蒙學院，凡兒童六歲之後，入此院以教之。

五曰，公立小學院。凡兒童十歲至十四歲，入此院以教之。

六曰，公立中學院。凡人十五歲至十七歲，入此院以教之。

七曰，公立大學院。凡人十八歲至二十歲，入此院以教之。

公恤之如何？八曰。公立醫疾院，凡人之有疾者入焉。

九曰，公立養老院。凡人六十以後，不能自養者入焉。

十曰，公立恤貧院。凡人之貧而無依者入焉。

十一曰，公立養病院。凡人之廢疾者入焉。

十二曰，公立化人院。凡人之死者入焉。

夫人道不外生育、教養、老病、苦死，其事皆歸於公。蓋自養生送死，皆政府治之，而於一人之父母子女，無預焉。父母之與子女，無鞠養顧復之勞，無教養靡費之事，且子女之與父母隔絕不多見，其遷徙遠方也，並且輾轉不相識，是不待出家而自然無家，未嘗施恩受恩，自不爲背恩；其行之甚順，其得之甚安。

或曰，父母於子，天性也，舍去，非天理也。然今法美澳洲私生子多矣，日本歲亦八十萬。孔融所謂父母於子，爲情欲來耳。男女自由後，則私生子必多。即合天下人計之，亦貧賤不能教養子者多，富貴能教養子者少。從多數決之，蓋必願明歸公養者多。故必天下爲公，而後可至於太平大同也。

三、康有爲社會思想評議　從現代社會學之觀點而言，康有爲社會思想既非「維新」，亦非「唯新」。其在「大同書」中所闡述之境界，雖近「烏托邦」，但其中部分已在現代國家實現，如婚姻自主。康氏對於人類社會之關懷，無容置疑，其爲人道主義者，更爲不爭之事。然就「思想」而言，其中值得商榷之處，至少有三：

（一）社會的變與不變　康有為認為公羊春秋三世之說，係孔子的託古改制之論。根據此說，人類社會由據亂世演變至昇平世，再由昇平世演變到太平世。此一過程即社會變遷的過程，也是不可避免的必然過程。然而在此一變遷過程中，何以以前變，而至太平世就停止不變呢？就社會變遷的觀點而言，人類社會自始即「曾不能以一瞬」。故即使「太平世」出現，社會之變依然不會停止。惟因科技發展、經濟因素、意識型態，以及文化交流等等因素的影響程度有別，變遷有快慢不同而已。從未聞有社會達到某種狀態或程度即停止不變者。就此而言，即使天堂臨世，人類亦不會滿意，社會變遷亦不會停止。蓋人之「求變心理」，不可能使社會永遠停止在某階段或層次。把社會變至某一理想階段而停止，是「烏托邦」社會思想家之通病。此種以脫離現實，而又以現實為基礎的思想，完全疏忽了人與社會之現實與真相。換言之，把社會本質簡化了。社會變遷是社會的本質，也是一種永不間斷的過程，所以認為「太平世」達到，人類問題就可解決，無異說夢，了無可能㉑。社會既然繼續變遷，則能「太平」嗎？總之，他把社會先視為動態，變至某一階段後又視為靜態，此種論點自難服人。

至於他認為社會變遷由據亂世、昇平世、太平世，逐級而上，事實證明亦大有問題。無論就整人類歷史而言，或就某一社會之演變而言，據亂世與昇平世之間很難劃一界線。他堅信社會變遷逐步進展，所以主張中國不能驟廢君主政體，須先君主立憲而後逐漸廢君。可是近代世界各國行君主立憲者殊少，即使君主立憲，僅具象徵意義，毫無實權可言。換言之，由君主到民主，君主立憲並非必然過程。康有為出身科

㉑　即使達到「太平世」，人類亦會對此社會表示厭倦與失望。詳見張承漢著，「二十世紀的美國社會思潮」，臺北市：巨流圖書公司，民國七十九年，頁54—57。

舉，受知於清德宗，其中難免有「皇恩浩蕩，肝膽塗地以爲報」之心理因素。

　　(二)重文化而輕心理　「烏托邦」社會思想之另一特徵，是強調制度（文化）之重要性。他們認爲只要制度改革，問題便可解決。所以，或根據片斷的社會事實，或根據個人之臆測藍圖，設計一套「理想的」社會狀態（其思想），促使社會施行。古今中外之烏托邦社會思想，類多如此。甚至自詡爲「科學社會主義」之馬克思，亦不例外。誠然，社會設計必然涉及制度之釐訂與推行，但任何制度必須與人之心理因素相互配合，始能成功。如果不能配合，甚至彼此齟齬，則鮮有成功之可能。例如，共產制度（實行共產主義之具體方法），理想雖高，境界雖深，然與人類心理特質牴觸，所以滯礙難行；倘以武力強迫行之，爲時亦不會長遠，況且亦失去其「理想」之根本意義。試觀近幾年來世界共產政權之結果──有的澈底揚棄（如前蘇聯），有的改弦易轍（如中共），有的苟延殘喘（如古巴），不但從未實現共產主義之理想，甚至連其基本觀念都未實現。一種完整之社會設計，必須兼顧人類共同需要之滿足性，否則不過「華而不實」，徒託空言而已。

　　康有爲的「大同」理想，亦陷入此種制度化的泥淖之中。例如，他主張「去家」。觀其大意，不外家庭關係調適困難，「家無太平之日」，故意欲以其他制度取代。然而仔細分析，他所謂之關係調適維艱，係指中國傳統之大家庭制度而言；如果改變中國傳統之大家庭制，至少部分問題可以解決，自無須「去家」而後已。再者，他只見傳統大家庭之缺點，而忽視其優點。孫本文教授對此已有客觀評論❷，茲不多贅。

　　(三)僅見一面而未觀全局　前述其「重文化（制度）輕心理」，

---

❷　見孫本文，「當代中國社會學」，臺北市：里仁出版社，民國七十一年。

即未觀全局之表現。唯此係指整個思想取向而言，其在社會設計之細部上，尤其難於面面俱到，設想周全。例如，在康有為看來，人類逐步進入大同之世後，「天下為公，無有階級，一切平等。……國界既破，則無政府之可言，人民皆自由平等。」（錢定安大同書序）可是，如果一切按「大同書」之設計去實行，則人民鮮有自由。因為自由受「大同」之限制，受「設計」之束縛。在一個無自由的社會裏，又安能望其有發展與進步？所以，所有名為自由而設計的思想，其實最不自由。蓋在此種社會中，個人的「客我」（Me）大於「主我」（I）㉓，才能難以發揮，結果個人又為爭自由而鬥爭，社會依然難以太平。社會設計難得周全，「大同書」自不例外。

不過，綜觀康有為的思想，其由人道立場出發，自無疑問；其為一世界主義者，天下一家之主張者，更無可置疑。其世界大同之胸襟與抱負，更值得推崇。吾人雖不能否認未來人類無大同之可能，但就其理想而言，其中不乏矛盾、欠周，與不實用之處。唯以之作為社會導進（social telesis）之手段，或未來人類社會變遷的指導參考，自不能謂之不可。因為人類如無一個高尚的理想引導發展，則如大海孤舟，前途茫茫，不知所從，更遑論有「太平」之希望了。

第三節　梁啓超

一、略傳　梁啓超字卓如，號任公，廣東新會人。生於清同治十二年（西元一八七三年），卒於民國十八年（西元一九二九年）。任公自

㉓ Leonard Broom, Charles M. Bonjean, and Dorothy H. Broom 著，張承漢譯，「社會學」，臺北市：巨流圖書公司，民國八十二年，頁116。

幼聰慧，有神童之譽。四、五歲時，日就祖父及母趙氏受「詩經」、
「四子書」，六歲就父讀「中國略史」、「五經」。八歲能文。年十二
中秀才，十七中舉人。主考官尚書李端棻奇其才，以妹許之。明年康有
爲以布衣上書，被放歸，梁啓超與陳千秋往謁，交談之餘，大爲佩服，
遂執弟子禮，並請開館講學，即萬木草堂是。梁啓超「學於萬木，蓋無
日不樂」，「一生學問之得力，皆在此年。」足見康有爲對梁啓超影響
之深遠；並同時涉獵周秦諸子、佛典、清儒經濟及西籍譯本。光緒二十
年，客於京師，得識譚嗣同、夏曾佑。時中日戰起，憤惋時局，乃聯合
各省舉人一百九十人，上書論時局，請變法，不用，走上海。遂應黃道
憲之約，主撰「時務報」。著「變法通義」，批評時政。不久與黃道憲、
譚嗣同、熊希齡等設時務學堂於湖南長沙，任主講。學生有蔡鍔者。授
以「公羊」、「孟子」，又多言清代故實，臚舉失敗原因，倡言革命。
光緒二十四年復遊京師，時德宗銳意變法，康有爲深受知遇，梁啓超與
譚嗣同遂以京卿參佐之。八月政變失敗，梁啓超亡命日本，發行「清議
報」，共圖革命。次年遊美洲，至夏威夷，創維新會，居半年，時義和
團亂，乃返國。至日本，聞北京失守。次年至上海，以時局不安，赴
香港、南洋與澳洲。二十七年返日本，創辦「新民叢報」、「新小說」
等，介紹西洋思想。民國成立，袁世凱以司法次長徵之，不應。民國二
年，熊希齡組閣，任司法總長。次年熊內閣倒，袁任爲參政院參政。袁
謀篡國稱席，梁啓超著文斥之。袁以十萬金相賄，亦不屈。護國軍起，
赴兩廣，任參謀。時各省紛紛獨立，乃倡軍務統一之說。袁世凱卒，又
與汪大燮、林長民等組憲法研究會。民國六年張勳復辟，梁通電反對。
張勳敗後，段祺瑞任國務總理，以梁啓超爲財政總長。時歐戰爆發，主
加入協約國，與德奧宣戰。民國七年歐戰結束，梁遊歐洲，所至以中國
沉冤訴諸世界輿論。明年巴黎和會開幕，任總顧問。九年返國，專事著

述講學，自是不復出矣。先後任教於北京高等師範、清華大學、南開大學、南京東南大學。梁啓超著作極多，其中以「先秦政治思想史」、「清代學術概論」、「墨子學案」、「中國歷史研究法」、「飲冰室文集」等風行海內，膾炙人口。其對中國學術思想之現代化，貢獻至巨。

　　二、社會思想　梁啓超時值中國政治挫折與動盪時代，外患不已，內政不修，加之滿清政要之昏瞶無能，遂激發其強烈之愛國之義。另一方面，由於西學東漸，近代西方學術思想逐漸大明於中國，梁氏思想不僅受彼之影響，而且著文介紹❷❹，用以激勵民心，刺激學術，「對中學西學，有進步性的看法。」❷❺所以，其社會思想兼具中西思想之特色。又因其涉獵極廣，觀察翔實，此處所提及者，僅其大者而已。

　　（一）人性論　古今中外思想家之所以討論人性，要在以人性影響行為，行為影響社會文化，終至影響個人的生活。梁啓超之思想廣博，涉獵於人類生活之各方面，故於人之先天生物傾向，自亦有論及。

　　梁啓超對於人性問題，雖多述而不作，但其中創見之處，亦非全無。他在「儒家哲學」中，把中國自古以來有關人性之解釋，提綱挈領，闡述綦詳。梁啓超首先指出，「性」字在孔子以前及孔子本人均少提及，更遑論其善惡了。孔子以後言性，主要與教育有關，他說：

　　　　因為性的問題，偏於教育方面，為什麼要教育，為的是人性可以受教育，如何實施教育，以人性善惡作標準。無論教人，或教自己，非先把人性問題解決，教育問題沒有法子進行。一個人自由意志的有無以及為善為惡的責任，是否自己擔負，都與性有關。性的問題解決，旁的就好辦了。（儒家哲學第六章）

---

❷❹　見「泰西學術思想變遷之大勢」，「飲冰室合集」，臺北市：中華書局。
❷❺　李敖編，「中國名著精華全集」，第六冊，臺北市：遠流圖書公司，民國七十三年，頁 279。

　　這一段話殊有見地。第一，他認爲教育（社會化）與人性有關；第二，他認爲人對其行爲可由自己負責任，也可由社會負責任。申言之，如果人性善，則人之過犯，應自行負責。如果人性惡，則其過犯，顯係社會環境或先天造成的，責任應由社會負擔。例如，西方人的人性觀，多採基督「聖經」中的原罪說（見舊約創世紀）。認爲人本來就「不是好東西」。人之過犯行爲應由——至少部分——社會負責。所以，西人倡人權、廢死刑，處處對於違法亂紀者有利（再加上勢權、金錢、律師等，死刑也可以判無罪。也有人認爲，死者已矣，何必報復），原因即在於此。梁啓超認爲，孟荀之人性善惡之爭，本質在教育，其他都是枝葉問題。他說：

　　　　孟子專看見善的方面，沒有看見惡的方面，似乎不大圓滿。荀子主張與之相反。要說爭奪之心，人皆有之，倒還對些。那時的人如此，現在的人亦然。……孟子主張無論什麼人，生來都是善的，要靠這種絕對的性善論作後盾，才樹得起這派普遍廣大的教育原理。不過單作爲教育手段，那是對的，離開教育方面，旁的地方，有的說不通，無論何人亦不能爲他作辯護。（同上）

　　所以，梁啓超把孟子的性善論放在教育上解釋。至於荀子，「對於性解釋的方法與孟子相同，惟意義正相反。」他特別贊成「荀子性惡篇」的兩句話說：「不可學不可事在天者，謂之性；可學而能，可事而成之在人者，謂之僞，是性僞之分也。」因爲「這兩句話，說得好極了。」（同上）

　　在梁啓超看來，荀子「主張性惡，亦是拿來作教育的手段。孟子講教育之可能，荀子講教育之必要，對於人性若不施以教育，聽其自由，一定墮落。」（同上）他又說：

　　　　孟子言性善，故其功專功擴充。擴充者，涵養之屬也，積極的

也。荀子言惟惡，故其功專在矯正。矯正者，克治之屬也，消極的也。蓋其學說有根本之異點，而枝葉自隨之而異，啟超謂皆是也。（德育鑑頁七十六）

簡言之，孟荀人性論可以下圖表示之。

性善　教育（社會化）使性善發揮，故可教。

性惡　教育（社會化）使性惡收斂，故必要。

梁啟超認為，孟荀的性惡之論各有偏頗，如果均從教育上著眼，則無異議，他說：

　　一方面如孟子的極端性善論，我們不能認為眞理，一方面如荀子的極端性惡論，我們亦不完全滿意。不過他們二人，都從教育方面著眼，或主性善，或主性惡，都是拿來作教育的手段，所以都是對的。……在教育上有極大的價值，但是離開教育，專門講性，不見得全是眞理。（同上）

由此可見，梁啟超講孟荀的人性觀，重在其「教育」上的價值與意義，對於人性本身的內涵，並未作深入分析❷。不過，他本人認為，人有善，亦有惡，所以接受董仲舒的看法。他說：

　　大概董子論性有善有惡（春秋繁露）。深察名號篇說：「人之誠，有貪有仁，仁貪之氣，兩在一身。」這個話，比較近於眞理。

❷　對性作內涵分析者，見曾昭旭，「呈顯光明，蘊藏奧秘——中國思想中的人性論」，「中國文化新論思想篇一：理想與現實」，臺北市：聯經出版事業公司，民國七十一年，頁11—43。

孟子見仁而不見貪，謂之善；荀子見貪不見仁，謂之惡。董子調和兩說謂：「仁貪之氣，兩在一身。」所以有善有惡。（同上）

人性雖有善有惡，善惡卻非固定不變。影響善惡的成分：一為遺傳，一為環境。他說：

> 以達爾文派生物學之所發明，則一切眾生，於承受其全社會公共之遺傳性外，又各各承受其父若祖之特別遺傳性，凡此皆受之於住胎時，而非出胎後所能與也。是皆習也，而幾於性矣。故器世間之習一也，民族全體之習二也，血統之習三也，皆習也。然習之於受生以前，幾於性矣。若乃出胎之後，然後復有家庭之習，社會之習，則諸習中一小部分耳。孟子所謂陷溺其心者實指此。然既有前此種深固之習，頑然成為第二之天性，而猶消其降才無殊，不可得也。（德育鑑）

由此可見，梁啓超所謂先天之遺傳與後天之家庭社會等，均是影響人性的因素[27]。梁氏見解，頗與現代社會學觀點吻合。就遺傳而言，社會生物學的探討重點，即在於此；就環境而言，則文化、互動、情境等，更是影響人性取向的明確因素。不過，梁啓超雖然「才華蓋世」，唯其對於中國傳統人性論的語意內涵，並未作詳盡深入之分析，其評述不過「按歷史上時間之先後，逐一說明」[28]而已。

（二）婚姻與家族

1.婚姻　婚姻是一種關係，由此關係構成團體——家庭與家族。梁啓超根據社會學的觀點，認為中國在婚姻制度出現之前係一母系社會。他引許慎「五經異義述」今文家經說：「聖人皆無父，感天而生，」

---

[27] 黃順二，「梁任公的社會思想」，載周陽山、楊肅獻編，「近代中國思想人物論：社會主義」，臺北市：時報出版公司，民國六十九年，頁91。

[28] 同上。

以及許多流傳之神話，如華胥履人跡而生伏羲，安登感神龍首而生神農
等等，均有母系社會之意義。所謂「無父感天」，他作二種解釋，一係
後人欲推尊其祖爲神聖以示別於凡人，乃謂非由精血交感所生，而爲特
種神靈託化；一爲婚姻制度未興之前，人只知母，不知其父。他尤其贊
成後說。事實上，當時人類無知，不知其生乃男女精血交感的結果，而
且個人來自母體，可由經驗（看見女人懷孕生子及受照顧等）而得，故
知其母不知其父，乃必然結果。

母系俟婚姻制度確立之後而消滅。所以「易傳」曰：「有夫婦然後
有父子。」「男女無別則父子不親」。有婚姻制度，則男婚女嫁有固定之
對象，不可與共，所以「日月以告君，齋戒以告鬼神，爲酒食以邀鄉黨
僚友，以厚其別也。」（曲禮）即在「公布於眾，以示此男別屬此女，
此女別屬此男，而不與人共也。」（中國文化史社會組織篇）如今結婚
時宴請親友，放鞭炮敬告社區等等，均有此意。

他認爲，婚姻制度初定前後，尚經過掠奪婚與買賣婚之階段。周易
有「屯如邅如，乘馬班如，匪寇婚媾」（易屯十三）係指搶奪婚。買賣
婚雖無確證，而昏禮納采、納吉、納徵等（禮記昏義），即含此意。婚
姻制度確定之後，婦女貞操跟著受到重視，其主要原因，一在儒家之倡
明禮教；一在法家的嚴屬干涉。（中國文化史社會組織篇）

總之，他認爲中國婚姻制度之主要精神有三：其一，以婚姻爲舊家
庭之擴大及繼續，不認爲新家庭之創立。其二，絕對承認男女平等之原
則（按：可能與搶婚有關，女方家庭爲保護女兒所做之要求）。其三，
男女合作，皆由父母或長親主之。

以上三點，除第二點無可疵議外，餘皆因歐風東漸而受到詬病。梁
啓超卻爲之辯護，他說：

平心論之，極端的大家庭固不勝其敝，然新舊家庭之聯屬壇

代，在社會結構上實含有重大意義。使新家庭經舊家庭若干時期之
卵育訓練而始獨立，其事蓋未可厚非。至於作合之事，自主與干涉
其利害亦各有可言。我國婚禮之素主干涉，固由古代矯正風紀等不
得已之故，然其中頗含精意。青年男女自擇配耦，是否必適當，在今
日歐美尚爲問題。若我國往日早婚之俗，未成年無別擇力者更無論
矣。以優生學者眼光觀之，茲事應苦心折衷者抑尤多也。（同上）

可見他對中國之傳統文化，多方維護。不過，梁啓超的看法，亦
「未可厚非」。第一，他受傳統中國思想之薰陶；第二，其時社會學的知
識尚未發展與推廣（雖然他曾應用社會學的知識，解釋現象）；第三，
由現在西洋婚姻制度之弊病觀之，他的懷疑，亦不能謂全無道理。

至於他對中國文化其他方面之辯護，可從蓄妾制度上見之。他說：

> 從人權上觀察，蓄妾制之不合理，自無待言。但以家族主義最
> 發達之國，特重繼嗣，此制在歷史上已有極深之根柢。故當清季修
> 訂新民律時，頗有提議禁革者。卒以積重難返，且如歐律以無妾之
> 故，而僕僕於私生子之認知，亦未見其良。故妾之地位，至今猶爲
> 法律所承認也。

2.家族　家庭基於婚姻，家族則基於家庭。「各家庭相互間，有
大家族之聯屬組織焉。此其事殆自然之勢，起於遠古，然加以人爲的規
畫形成一大規模有系統之組織者，則周代之宗法也。」（同上）在中國
之社會組織中，家族占有極爲重要的地位，而家族之形成，則靠宗法，
而「宗法與封建相輔」，梁啓超對於宗法之分析，極其詳盡。他說：

> 「別子爲祖，繼別爲宗，繼禰者爲小宗，有五世則遷之宗，有
> 百世不遷之宗。」（大傳文）「五世而遷之宗，其繼高祖者也。故
> 祖遷於上，宗易於下。」（喪服小記文）今試以封建時一諸侯爲中
> 心，作簡單之解釋。假定一諸侯於此，生有三子，其長嫡子襲爲諸

侯，餘二子不襲爵者謂之別子。各自爲開宗之祖，繼其世者謂之宗；宗有大小，大宗者，此別子之長嫡累代襲繼者也。凡此別子所衍之子孫，皆永遠宗之，其國一日不已，則其家一日不絕，故曰百世不遷之宗。小宗者，例如此別子復有三子，其長嫡子繼世爲大宗，餘二子復各自立宗。繼之者謂之繼禰，其所衍之宗謂之小宗。小宗亦長嫡世襲，其支庶亦代代劈立小宗。宗之世襲法，大小不一也。所異者，大同則同此一「祖」所出之子孫永遠宗之。小宗則宗至同高祖昆弟而止。故曰五世則遷之宗，今爲圖以明之。（同上，見頁219-220）

中國傳統之大家族制，即靠此宗法體系維繫。宗法制度約於周幽王始衰壞。春秋之時尙可維持，戰國以後秦漢之間，則蛻變益甚。「秦漢以後之社會，非宗法所能維持，故此制因價值喪失以致事實上之消滅。然在周代既有長時間之歷史，儒家復衍其法意以立教，故入人心甚深，至今在社會組織上猶有若干之潛勢力。」（同上）

如今，大家族制因宗法廢而消失。但在重大事件上，如婚、喪、喜、慶、變故等等方面，大家族仍然可以發揮一些功能，即「猶有若干之潛勢力」之表現。所以，梁啓超在這方面之分析，極合乎社會學之原理。

（三）社會階級　關於中國的階級問題，在近代共產主義盛行之下，特別「搶眼」。因爲「階級敵人」成了維護政權的藉口與手段，所以必須把中國塑造成一個階級社會，才有敵人存在，有了敵人，政權才能維持。梁啓超分析中國社會，則非如此。他說：

「物之不齊，物之情也。」歷史上無論在任何時代，其人民恒自然分爲若干階級。近世歐美，以平等爲法律原則，然而貴賤階級廢，貧富階級興焉，故階級者人類社會所不能免也。其在今日以前

今君　今君　今君（二世）　今君（三世）　今君（三世）　今君（四世）　今君（五世）　今君（六世）　今君（七世）　今君（八世）　今君

別子爲祖　繼別爲大宗　大宗（二世）　大宗（三世）　大宗（三世）　大宗（四世）　大宗（五世）　大宗（六世）　大宗（七世）　大宗（百世不遷）

今君同父弟　今君同祖弟　今君同曾祖弟　今君同高祖弟　今君同大高祖弟

君故不敢宗今　故不敢宗今君

庶子爲禰　繼禰爲小宗　小宗　小宗　小宗　小宗（遷）

大宗同父弟　大宗同祖弟　大宗同曾祖弟　大宗同高祖弟

庶子爲禰　繼禰爲小宗　小宗　小宗　小宗（遷）

庶子爲禰　繼禰爲小宗　小宗　小宗　小宗（遷）

庶子爲禰　繼禰爲小宗　小宗　小宗　小宗（遷）

庶子爲禰　繼禰小宗　小宗　小宗（四世）

庶子爲禰　繼禰小宗　小宗（二世）

庶子爲禰　繼禰小宗（二世）

宗 法 圖

則階級最顯之標識，一曰貴族與平民，二曰平民與奴隸。中國人在
全世界諸民族中，可謂最愛平等之國民也。自有成文史籍以來，嚴
格的階級分別，即已不甚可見。彼印度至今猶有釋迦時代四級之遺
跡；西歐各國，在法國大革命前，貴族僧侶之特權至為優越；日本
明治維新前，尚有「穢多」「非人」諸名稱；美國當南北戰爭前，
奴隸之待遇非復人道；俄國當蘇維埃革命前，大多數人民皆在農奴
狀態之下。求諸我國，則春秋時代已不復能覯此痕跡，前此有無則
不可深考。後此雖有一二時代裂痕頗著，然其地位不如他國之固
定，且不久而原狀旋恢復。故階級之研究，在中國史上所占位置，
不如歐美各國史之重，但其沿革亦有可言者。（同上，第五章）

他認為，階級是種必然現象，中國的階級似無他國嚴重，故階級研
究不如他國重要。而且中國古代社會與階級制度成立之主要條件似不符
合。他說：

階級制度成立之主要條件有二。一曰將全社會之人畫分為統治
者與被治者之兩級，永溝絕而不能相通。二曰此兩級人不通婚姻，
各保持其血統勿使相混。我國古代之貴族平民，似不爾爾。第二條
件，三代前不知何如，就左傳所記春秋時狀況，殊不見有隔絕的痕
跡。（同上）

其中就貴族政治而言，他認為中國與歐洲仍有許多不同。

其一，無貴族合議之法定機關。如羅馬之元老院者，雖國之大
事，亦常集眾討論，然大權實在國君或執政，與議者備諮詢而已。
故歐產之議會政治，在我國歷史上絕無前例可以比附。其二，貴族
平民之身分，乃相對的而非絕對的。其三，貴族平民享有政治權之
分限，亦相對的而非絕對的。以此二因，故歐洲貴族政治之基礎堅
牢而久續，我國則脆弱而易破壞。故歐洲受貴族政治之禍極烈，我

國則較微。（同上）

至秦，不見有貴族政治，其他各國在「秦化」之後，「貴族掃地盡矣」。貴族階級消滅的原因，梁啓超認為主要有三：

　　一由學問上，前此學問，皆在官守，非其人則無所受；才智之士，集於閥閱焉。春秋前後故國滅亡者接踵，其君其卿大夫皆變為平民。各國內亂之結果，要人或亡命他國，或在本國失其爵氏，則亦變為平民。於是平民中智識分子日多，與貴族相敵。繼以孔墨兩大師以私人講學，弟子後學徧天下，百家趨風而起者且相望。於是學問之重心，自學府移於民間，勢力隨才智而遞嬗，理固然也。

　　二由生計上，前此惟農是務。春秋戰國間而商業勃興，農民樸僿不喜事；商則機敏趨時，故「子貢廢著鬻財於曹魯之間，結駟連騎以聘享諸侯，所至國君無不分庭與之抗禮。」呂不韋「居奇貨」操大國君主廢立之柄焉。平民階級中有商人發生，此階級之所以增重也。

　　三由政治上，各國並立，以人才之多少爭強弱。魏以失商鞅故見弱於秦，於是卑禮厚幣以招賢者。燕築黃金臺以羅致樂毅劇辛之徒，齊則稷下先生比列卿者以百數。至如四公子門下雞鳴狗盜監門賣漿之輩，皆備致敬禮而獲其用。蓋自秦以用客卿致強，各國承流，而處士聲價，逐隆隆日上。當時諸國中雖仍有保貴族之餘蛻，如齊之諸田，楚之昭屈景，魏趙之信陵平原等。然皆紆尊降貴，不敢以寵位驕人；政治活動區域，卒全為平民階級所占。（同上）

由此可見，中國秦漢之際，並無官民對立的階級存在。故梁啓超直接否認了政治階級之說。他說：

秦漢之際，除奴隸外，一切臣民皆立於法律平等的原則之下。其有爵位者之秩祿章服特予優異。（除諸侯王公主以宗親享若干特

權外）則以賢以功，人人可以得之，故不能目爲階級。（同上）

中國古代雖有奴隸，而奴隸制度卻不發達，梁啓超說：

> 我國古代奴隸制度何故不發達耶？其根本蓋緣人類平等的理想
> 入人甚深，固無待言，然亦事實上有自然的制裁焉。我國文化發生
> 於大平原，而生計託命於農業。……各國皆以地廣人稀爲病，競思
> 徠他國之民以自實。……而民皆以農爲業，受一廛爲氓，自耕而食
> 之。此種經濟組織之下，自然不適於奴隸之發育。（先秦政治思想
> 史）

至於由種族區別階級，在中國，主要指異族入主中原後所形成的社
會現象。然除蒙古人的元朝外，其他各族在政治上有嚴格之階級者殊
少。尤其清代，漢滿之間殆無階級之可言。（中國文化史社會組織編）

總之，在梁啓超的分析下，中國似無西方式的階級存在。只是到了
近百年來，由於政治主張之迥異，階級遂成了「政爭」的手段。但中國
是否有階級？主要在確定階級的指標與要素[29]。另一方面，由於社會學
知識之久缺，對於階級之確定，自然更加不易。

（四）社會（歷史）變遷與進步　梁啓超重視歷史，尤重歷史的進
展與變動。易言之，即注重人類社會之變遷。他所謂歷史進展，即社會
變遷。他說：

---

[29]　傳統之中國學者，多不認爲中國有階級。至少西方社會式之階級不存在於
中國。如梁漱溟在其「中國文化要義」一書中（第八章）便持此主張。也
有些學者於民國三十八年中共政權成立之後，改變主張，認爲中國有階
級，如侯外廬。至於自始肯定中國有階級存在者，如郭沫若。郭氏在「中
國古代社會研究」一書中指出，中國社會階級之存，遠在周易時代卽已開
始。他說：「當時已經有國家政刑的成立，階級在理論上是必然存在，而
在實質上也公然存在。經文裏面除上舉政治上的位階——天子王侯等之
外，還有一般的抽象的社會上的階級，那就是大人君子和小人。」（頁
43）由此可見，一般學者對於階級之概念並不清楚，其所言自然亦非現代
社會學中所謂之階級了。

就歷史以觀察宇宙，則見其生成而不已，進步而不知所終，故其體爲不完全。且其進步，又非爲一直線，或尺進而寸退，或大漲而小落，其象如一螺線。明此理者，可以知歷史之眞相矣。……譬之江河，東流於潮宗於海者，其大勢也。乃或所見局於一部，偶見其有倒流處，有曲流處，因以爲江河之行一東一西，一南一北，是豈能知江河之性矣乎？吾中國所以數千年無良史者，其與進化之現象之未見明也。（新史學）

又說：

天下從無同鑄一型的史蹟，凡史蹟皆莊子所謂「新發於硎」，未有繹演乎其舊者也。……每一段史蹟殆皆在前進之半途中，作若行若止之態，常將其未竟之緒之一部分貽諸方來。（中國歷史研究法）

梁啓超的這兩段話，充分顯示出：「人類的歷史，既不如有些所說，週而復始，循環不已；也不如另有些所說，永往直前，不折不曲；而是沿著一種螺旋的道路，繼續不斷的向前進步。」[30] 如果把梁啓超的歷史變遷觀，以社會學之變遷理論解釋之，則其觀點酷似默爾（Wilbert E. Moore）的第四種圖式模型[31]，如下圖（見頁225）。

所謂文明階段，即歷史的內涵階段。此等階段隨著科技、意識型態、競爭衝突、政治、經濟組織、社會結構，以及文化交流等等因素之改變而改變——歷史前進之方向。可是在梁啓超時代，社會學知識尚未發達，所以其對造成「歷史進化」動力 —— 社會變遷的因素——的看法，主要從心理與環境兩個因素上著眼。他說：

---

[30] 宋文明，「梁啓超的思想」，臺北市：水牛出版社，民國五十八年，頁36。

[31] Wilbert E. Moore, *Social Change*, 2nd edition, Englewood Cliffs, N. J.: Prentice-Hall, 1974, p. 38. 默氏綜括各家社會變遷之觀點，分爲十種。

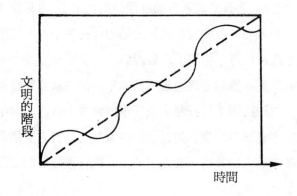

　　歷史爲人類所造，而人類之意志、情感，常自由發動，不易執一以律其他也。（同上）

又說：

　　歷史由人類活動組織而成，因果律支配不來。有時逆料這個時代這個環境應該發生某種現象，但是因爲特殊人物的發生，另自開闢一個新局面。……因爲人類自由意志的活動，可以發生非常現象。（同上，補編）

從上觀之，他認爲人類文化之創造及改變，均由於人類有自由意志。尤其特殊人物的自由意志，往往能改變歷史的內涵，造成社會的變遷[32]。梁啓超的此一說法，雖然過於「心理化」，但無可否認的，人類的野心，尤其不滿現狀、追求改變的「向上心」，確實是造成文化創新與變遷的一個因素。當然此種因素只是內在的一股力量，其如何創造，

---

[32]　社會學中之個案研究法，即針對此一現象而來。現在常用之調查法，雖然能了解一般之趨勢和大眾的看法，但亦常因爲特殊人物之「特殊能力」而改變。因爲一在大眾對於物之了解不深；一在涉及本身之利害關係；再則受他人影響。所以大眾之意見有時與實事背離，此種現象以政治方面最爲明顯。

如何發展，則尚視物質的與社會的客觀環境而定。尤其物（指物質文
化）的勢力，常與心（非物質文化）的推力，扞格不入，使歷史或社會
變遷，停滯不進，以待「相應」。他說：

> 物的運動不能與心的運動同其速率，倘史蹟能離卻物的制約而
> 單獨進行，則所謂「烏托邦」或「華藏世界」者，或當早已成立。
> 然而在勢不能爾爾。故心的進展，時或被物的勢力所堵截而抑回，
> 或爲所牽率而入於其所不豫期之歧路，直待漸達心物相應的境界。
> （中國歷史研究法）

梁啓超的這一段話，酷似鄔格朋（W. F. Ogburn）的「文化失調」
（culture lag）論㉝，唯心物不可能「直待漸達心物相應的境界」。他
又說：

> 氣候山川之特徵，影響於住民之性質。性質累代之蓄積發揮，
> 衍爲遺傳。此特徵又影響於對外交通及其他一切物質上生活。物質
> 上生活，還直接間接影響於習慣及思想。故同在一國同在一時而文
> 化之度相去懸絕，或其度不甚相遠，其質及其類不相蒙，則環境之
> 分限使然也。……吾因是則信唯物史觀派所主張謂物質的環境具萬
> 能力，吾儕一切活動，隨其所引以爲進展，聽其所制以爲適應，其
> 含有一部分眞理，無少疑矣也。（同上）

由此可見，梁啓超已經考慮到自然環境對於文化之影響，但與西洋
思想中所謂之地理決定論不同。梁啓超只承認自然環境之影響，尤其在
文化創造上爲然。所以，他不接受唯物史觀的論點。他接著說：

> 專從此方面觀察，遂可以解答一切問題耶？又大不然。使物質
> 上環境果爲文化唯一之原動力，則吾儕良可以安心任運，聽其自然

㉝　見 W. F. Ogburn, *Social Change*, Dell, New York, 1966.

變化，而在環境狀態無大變異之際，其所產獲者亦宜一成而不變，然而事實上決不爾爾。……夫環境之遷嬗，豈其於數年十數年間而劇變遽爾。所以然者，則由所謂仁人君子心力之為。人類之所以秀於萬物，能以心力改造環境，而非個然悉聽環境所宰制。（同上）

由此可知，他認為人類歷史或社會變遷之動力與方向，係環境與心理兩種因素彼此阻滯、相互適應的結果。此一觀點，頗似史學泰斗湯恩比的論點❸。申言之，人類文化或文明（歷史之內涵）之創作與變遷，乃人類以心理力向環境挑戰與回應之結果。因此，他承認人類的先天能力（包括心理與身體），也不否認自然環境之阻滯力量。這種觀點，無論在當代史學、社會學或文化人類學，均甚受重視。

由於歷史內涵或文明乃人類向環境挑戰成功的結果，所以，在梁啓超的思想中，有著濃厚的進步主義色彩。而所謂進步主義的內涵如何？這可從數方面言之：

1. 所謂進步主義思想，它必須首先肯定並堅信，人類社會絕不是長期停滯不前，或循環不已的，而是時刻不停繼續不斷向前發展與進步的。

2. 由於人類社會繼續不斷的向前進步，所以在一般情況下，人類社會各方面的發展，亦莫不都是後來居上，愈進步愈好。

3. 由於人類社會不斷向前，又後來者往往更優於前者，所以時間愈前進，人類社會愈發展，亦愈益接近人類所預期的理想目標。

4. 由於人類社會發展是次第前進，所以這種發展也有一定的程序，逐漸進步，絕不能期望有任何突然的超越前進。而這種涓涓細流，逐次前進的發展程序，尤為進步主義有別於其他思想的最主要關鍵

---

❸　湯恩比（Arnold J. Toyabee）著，陳曉林譯，「歷史研究」，臺北市：桂冠圖書公司，民國六十七年，第十一及十三章。

所在㉟。

由此而言，梁啓超的進步思想，更為顯見，他說：

> 天下進化之理，無有窮也。進一級更有一級，透一層更有一層，今之所謂文明大業者，自他日觀之，或笑為野蠻，不值一錢矣。（自由書）

他因受達爾文的影響，把進化視為萬物不易之公例。例如他說：

> 今日進化之原理大明，知一切有機體之物，莫不循進化之公例。（論亞里士多德之學說）

又說：

> 進化者，向一目的而上進之謂也。日邁月征，進進不已，必達於其極點。凡天地古今之事物，未有能逃進化之公例者也。（中國專制政治進化史論）

又說：

> 吾聞之，春秋三世之義，據亂世以力勝，昇平世智力互勝，太平世以智勝。草昧伊始，蹄跡交於中國，鳥獸之害未消，營窟懸巢，乃克相保，力之強也。顧人雖文弱，無羽毛之飾，爪牙之衛，而卒能檻縶兕虎，駕役駝象，智之強也。……世界之運，由亂而進於平，勝敗之原，由力而趨於智。故言自強於今日，以開民智為第一義。（學校總論）

他復受近代歐洲個人主義思想之影響，把中西社會之變遷方向合而為一，他說：

> 泰西學者，分世界人類為三級，一曰野蠻之人，二曰半開之人，三曰文明之人。其在春秋之義，則謂之據亂世，昇平世，太平

㉟　同㉚，頁61。又見㉑，第三章。

世，皆有階級，順序而升。此進化之公理，而世界人民所公認也。其軌道與事實，有確然不可假借者。（自由書論文野三界之別）

由於他重在社會的安定與秩序，所以對於政治的進步，尤其關心。他說：

> 博矣哉，春秋張三世之義也。治天下者有三世，一曰多君爲政之世，二曰一君爲政之世，三曰民爲政之世。多君世之別又有二，一曰酋長之世，二曰封建及世卿之世。一君世之別又有二，一曰君主之世，二曰君民共主之世。民政世之別亦有二，一曰有總統之世，二曰無總統之世。多君者據亂世之政也，一君者昇平世之政也，民者太平世之政也。此三世六別者，與地球始有人類以來之年限，有相關之理，未及其世，不能躐之，既及其世，不能閼之。

（文集論君政民政相嬗之理）

人類一步步不斷進化，就可達到「文明自由」的理想時代。所以他說：

> 凡人羣進化之階級，皆有一定。其第一級，則人人皆棲息於一小羣之中，人人皆自由，無有上下尊卑強弱之別者也，亦名爲野蠻自由時代。其第二級，因與他羣競爭，不得不舉羣中之有智勇者，以爲臨時酋長，於是有所謂領袖團體出者以指揮其羣，久之遂成爲貴族封建之制度者也，亦名貴族帝政時代。其第三級，則競爭日烈，兼并盛行，久之，遂將貴族封建一切削平，而成爲郡縣一統者也，名爲君權極盛時代。其第四級，則主權既定後，人羣之程序已鞏固，君主日以專制，人民日以開明，於是全羣之人共起而執回政權，名爲文明自由之時代。此數種時代，無論何國何族，皆循一定之天則而遞進者也。（同上，堯舜爲中國中央君權濫觴考）

人類不斷進步，其原因安在？即其進步之動力爲何？梁啓超指出，

競爭是一切進步之源，所以他特別推崇達爾文的學說。他說：

> 達爾文（英國人，生於一八〇九年，卒於一八八二年）之進化
> 論，前人以爲黃金世界在於昔時，而末世日以墮落。自達爾文出，
> 然後知物競天擇，優勝劣敗，非圖自強，則決不足以自主。達爾文
> 者，實舉十九世紀以後之思想，徹底而一新之者也。是故凡人類智
> 識所能見之現象，無以不可以進化之大理通之。政治法治之變遷，
> 進化也；宗教道德之發達，進化也；風俗習慣之移易，進化也；數
> 千年之歷史，進化之歷史；數萬里之世界，進化之世界也。（同
> 上，論國家思想）

在他看來，整個的人類歷史變遷，均由「物競天擇，優勝劣敗」而
起，換言之，有競爭，方有進步，有進步，方有文明。他又說：

> 競爭爲進化之母，此義殆既成鐵案矣。……其所競者，非徒在
> 國家也，而兼在個人。非徒在強力也，而尤在德智。分途並趨，人
> 自爲戰，而進化遂沛然莫之能禦。（同上，論進步）

又說：

> 夫競爭者，文明之母也。競爭一日停，則文明之進步亦止……
> 國者團體之最大圈，而競爭之最高潮也。……況人之性，非能終無
> 競爭者也。（同上，論國家思想）

人類文明由競爭而進步，社會亦由競爭而發展，他說：

> 蓋自人羣初起以來，人類別爲無量之小部落；小部落相競爭，
> 進爲大部落；大部落相競爭，進而爲種族；種族相競爭，進而爲大
> 種族，復相競爭，進而爲國家，進而爲大國家；復相競爭，進而爲
> 帝國，進而爲大帝國。自今以往，則大帝國與大帝國競爭之時代
> 也。（同上，論民族競爭之大勢）

整個人類如此，中國社會自不例外。所以在他看來，中國古往今來

的歷史，即是一部競爭史[36]。梁啓超曾說：

　　第一上古史，自黃帝以迄秦之一統，是爲中國之中國，即中國民族自發達自競爭自團結之時代也。……第二中古史，自秦一統至清代乾隆之末年，是爲亞洲之中國，即中國民族與亞洲各族交涉繁賾，競爭最烈之時代也；又中央集權之制度日就完整，君主專制政體全盛之時代也。第三近世史，自乾隆末年以至於今日，是爲世界之中國，即中國民族合同全亞洲民族與西人交涉競爭之時代也。又君主專制政體漸就湮滅，而數千年未經發達之國民立憲政體，將嬗代興起之時代也。……實則，近世史不過將來史之楔子而已。（同上，中國史敘論）

　　從上述梁啓超的進步思想觀之，其觀念主要受達爾文學說及近代歐洲自由主義學派之影響。他批評孟子對於歷史演化——天下之生久矣，一治一亂——觀念不當[37]，認爲螺線式之進步，才是歷史或社會變遷之方向。以當前社會思想發展之方向觀之，梁氏之進步觀念，自然亦難成立。首先，他認爲「進化者，向一目的而上進之謂，日邁月征，進進不已，必達於其極點。」如事或物「必達於其極點」，則自然再無進步可言，又如何「進進不已」？再則，近代進步觀念，社會學家早已擯棄不用，其原因固多，而進步標準之難以釐訂，以及進步後所帶來的「退步」等，均能將進步的成就抵銷[38]。其實，如梁啓超般的社會文化進步

---

[36]　同[27]，頁99。

[37]　梁啓超說：「孟子此言蓋爲螺線之狀所述，而誤以爲圓狀，未嘗綜觀自有人類以來萬數千年之大勢，而察其眞方向之所在，徒觀一小時代之或進或退或漲或落，遂以爲歷史之實狀如是云爾。譬之江河東流以朝宗於海者，其大勢也。乃或所見局於一部，偶見其有倒流處，有曲流處，因以爲江河之行，一束一西，一北一南，是豈能知江河之性矣乎。」（文集，新史學）

[38]　同[21]，頁46—57。

觀，在本世紀初期之社會學中極受重視㊲。惟至五十年代之後， 漸以
「變遷」替代，其主要原因殆出於此。

（五）教育主張　梁啓超時處中國多難之秋， 內憂外患， 紛至沓
來；國勢日弱，瀕於滅亡；而中國社會文化本身，雖亦受西方衝擊，稍
有惕勵，但陋習難改，傳統固滯。一切現象均難以與「現代化」的步調
配合。所以他認爲，欲救中國，首要改變中國傳統上對於人的觀念。因
之，提出其「新民」之說——「徹底改革與糾正中國『人』的本身缺
點」㊵。而要新民，便要靠教育，即用社會化之方式，把傳統之缺點，
一一改正，對於西方之優點，要加以學習。

前面已指出， 梁啓超的社會變遷觀建立在進步的觀念上， 故欲進
步，則須求變、革新。所以，一個社會必須不斷求新，才能進步，才能
強固。他說：

> 苟有新民，何患無新制度？無新國家？非爾者，則雖今日變一
> 法，明日易一人，東塗西抹，學步效顰，吾未見其能濟也。（同
> 上，論新民爲今日中國第一急務）

申言之，社會國家欲有救，則必須從改變人的人格做起。也就是人
人須徹底改變思想觀念才有希望。他又說：

> 新民云者，非新者一人，而新之者又一人也。而在吾民之各自
> 新而已。孟子曰：「子力新之，亦以新子之國。」自新之謂也，新
> 民之謂也。（同上）

要改變「人」的觀念，自然要靠教育。梁啓超認爲，中國的傳統教
育缺失極多，必須改革，方能達到「 新民」的目的——人民的智慧大

㊲　見 Emory S. Bogardus, *Sociology* (New York: The Macmillan Co.,
　　1941.) 一書。其中以極長篇幅討論社會進步的觀念與標準。

㊵　同㊲，頁72。

開，眼界放遠，道德提高，國家富強。因此，他首先提出變科舉為學校的主張。蓋在科舉之下，人所學習者，不過如何應付科舉，對於國民生計，救國大事，鮮能用心。因此，天下之士，不過是羣追求名利的「俗子」，根本不能發展人格，提升抱負。所以他認為，唯有設立學校，普及教育，方能達成造就人才的真正目的。他說：

> 故欲興學校，養人才，以強中國，惟變科舉為第一義；大變則大效，小變則小效。（同上，論科舉）

又說：

> 智惡乎開，開於學，學惡乎立，立於教。今之識時務者，其策中國也，必曰興學校。（同上，學校總論）

梁啓超雖然主張「合科舉於學校」，但最終目的則在廢科舉，他說「大變則大效」，殆出乎此意。

因為科舉無益於經濟民生，所以新的學校必須注重：「一、如何才能養成青年的政治意識。二、如何才能養成青年的政治習慣。三、如何才能養成青年的判斷政治能力。」（同上，教育與政治）他之特別強調政治，一在國家積弱，必須從政治上改變才有希望；再則「政治的千斤擔子已經硬壓在國民肩膀上來了。任憑你怎樣的厭惡政治，你總不能找一個沒有政治的地方去生活。不生活於良政治之下，便生活於惡政治之下……該擔子的人大家都把擔子擔上，還要學會擔擔子的方法，還要學會擔擔子的能力。……教育家既然要教人學做現代的整個人，最少也須劃出一部分工夫教他們學會做政治生活。」（同上）這與亞里斯多德所謂之人是政治動物，意義相通。

梁啓超既然重視教育的政治意義，故教育的目的，就在教育國民有獨立之人格，自主的能力。他說：

> 以故今日各國之教育宗旨，無或有學人者，亦無或有不學人

者，不學人然後國乃立，學人然後國乃強。要之，使其民備有人格，享有人權，能自動而非木偶；能自主而非傀儡；能自治而非土蠻；能自立而非附庸。爲本國之民，而非他國之民；爲現今之民，而非陳古之民；爲世界之民，而非阪谷之民，此則普天下文明國教育宗旨之所同，而吾國亦無以易之者也。（同上，論教育當定宗旨）

欲人人都有獨立人格，自主能力，則普及教育爲最重要。所以，他主張小學教育須爲強制性之義務教育。換言之，人人均須接受起碼之小學教育。他說：

> 然徧觀各國小學，皆行義務教育。義務教育者何？凡及年者皆不可逃之謂也。故各國之興小學，無不以國家之力干涉之。蓋非若此，則所謂義務教育者，必不能普及也。（同上，教育政策私議）

小學教育既爲義務教育，且對受教者有利，故教育費用須由地方負擔。他說：

> 凡一區或數區相合所設立之小學校，其設立費及維護費，由居寓本區之人，有實業、有土地家宅者……共負擔之。若其區原有公產，則先以公產之所入充之。（同上，學校經費議）

教育目的既立，費用有處，而師資難求。因此，他極力主張設立師範學校以培養之。因爲「欲革舊習，興智學，必以立師範學堂爲第一義。」（同上，論師範）師範教育的目的，在培育師資。「師也者，學子之根核也。師道不正，而欲學術之能善，是猶種稂莠而稻苗，未有能穫者也。」（同上）

梁啓超雖然主張學校教育，但亦不忘家庭教育。他說：

> 西人分教學童之事爲百課，而由母教者居七十焉。孩提之童，母親於父，其性情嗜好，想婦人能因勢而利導之，以故母教善者，其子之成立也易；不善者，其子之成立也難。（同上，論女學）

故在家庭教育方面，母親之教育地位最爲重要；而欲母親發揮教育的功能，則須先提倡婦女教育，使男女平等受教，如此教育才可以普及，「新民」的目的才可以達到。

梁啓超的這些教育主張，在現代看來，了無新穎之處，唯於近百年之前，無疑是一大變革。他的高瞻遠矚，不只在政治上留下深遠的影響，而其提倡教育，期從根本上改變傳統文化之積弊，影響更形深遠。

（六）理想社會——世界大同　梁啓超身受公羊三世變遷觀念的影響，倡言社會進步之主張。認爲社會變遷的過程即進步的過程，終其極致則爲世界國家之建立，此國家在一個政府領導之下，共謀世界大同理想之實現。但是，梁啓超也認爲，世界國家並非一蹴可幾，必須循序漸進，始可有成。在世界國家尚未出現之前，則須先建設自己的國家，否則「物競天擇，優勝劣敗」，中國自無立足之地。因此，「世界主義屬於理想，國家主義屬於事實。世界主義屬於將來，國家主義屬於現在。」（自由書）尤其第一次世界大戰結束後，國際聯盟出現，帶給他無限之信心。他說：

　　這個國際聯盟，總算世界主義和國家主義調和的發軔，把國家相互的觀念深入人心，知道國家意志並不是絕對無限，還須受外部多大節制。質而言之，國家與國家相互之間，從此加一層密度了。我們是要在這現狀之下，建設一個世界主義的國家。怎麼叫做「世界主義的國家」？國是要愛的，不能拿頑固褊狹的舊思想當是愛國。因爲今世國家，不是這樣能夠發達出來。我們的愛國，一面不能知有國家不知有個人，一面不能知有國家不知有世界。我們是要託庇在這個國家底下，將國內各個人的天賦能力，盡量發揮，向世界人類全體文明大大的有所貢獻。將來各國的趨勢都是如此，我們提倡這主義的作用，也是爲此。（文集歐遊心影錄）

梁啓超之所以主張世界主義國家，主要是從中國歷史演化之事實觀察而得。他嘗說：

> 我國先哲言政治，皆以「天下」爲對象，此百家所同也。天下云者，即人類全體之謂。當時所謂全體者，未必即爲全體，固無待言，但其鵠的，常向於其所及知之人類全體以行，而不以一部分自畫，此即世界主義之眞精神也。先秦學者，生當諸國並立之時，其環境與世界主義似相反，然其學說皆共向此鵠無異同，而且積極的各發表其學理上之意見，成爲一種「時代的運動」。（先秦政治思想史）

又說：

> 先秦政治學說，可以說是純屬世界主義。像歐洲近世最流行的國家主義，據我們先輩的眼光看來，覺得很褊狹可鄙。所以孔子、墨子、孟子諸人，周遊列國，誰採用我的政策，我便幫助他，從沒聽見他們有什麼祖國的觀念。因爲他們覺得自己是世界上一個人，並沒有專屬於那一國。……我們所以能化合成恁麼大的一個民族，很受這種世界主義政治論之賜。而近二三十年來，我們摹仿人家的國家主義，所以不能成功，原因亦由於此。所以這派學說，在從前適用，在將來也會適用，在現在眞算不適用。（同上）

又說：

> 我們從古以來，就富於「天下的」理想，我們向來不認國家做人類最高團體，所以對於「超國家」的建設，我們比別國人較爲親切有味。（文集歐遊心影錄）

他的觀察不限於古代先哲的觀念，有些尙具社會學的含義。例如，他說：

> 原來組織團體是人類獨具的良能；由小團集爲大團，又是進化

不易之軌。所以古來無論何國，都是從許多部落做起點。小部落集
而成大部落，部落集而成國，小國集而成大國。直至第十九世紀，
算是國家主義全盛時代。……可見人類組織團體的本能，是個有彈
力性，常常擴充的，不是一個一成不變甘於保守的。沒有小團的時
候，努力經營他的小團，小團既已鞏固，又進一步經營大團，一步
兩步三步的前進，非將人類全體合成一個大團，究竟不能滿足。
（同上）

梁啓超的這種社會組織過程觀，與現代社會體系的觀念，若合符節
❹。所以，他所提出世界主義的國家觀念，並不是毫無依據之臆測，尚
有社會學的意含在內。

前言之，梁啓超是位愛國主義者，提倡中國須自強，何以又倡導世
界主義？其主要原因，實「乃是不欲中國淪爲列強之俎上肉。又提倡世
界主義，乃是要求世界各國拋棄其『民族帝國主義』，共建一世界政
府，祈使各國各族皆能『和平共存』於世界上。」❷

世界國家的組織形式如何？梁啓超認爲，歐美國家的聯邦體制，是
國家體制中理想政府之最佳形式。他說：

國家以上機關的建設，當然成爲很迫切的一種時代要求。但這
機關是怎麼樣性質呢？用何種形式走那條途徑才能令他成立呢？…
…近百年來政治史上有一種新趨向，就是聯邦制度。你看小的國像
瑞士，大的國像德意志、美利堅，乃至澳洲、加拿大、南非洲等處
殖民地，不是都由許多小的政治單位構成大的政治單位嗎？……這
種制度，這些國家行起來不是都很有成效嗎？局部的可以這樣辦，

❹　見 F. L. Bates & C. C. Harvey 著，張承漢譯，「社會體系」，臺北市：
　　黎明文化事業公司出版，民國七十一年。
❷　同❷，頁 127。

怎見得全世界就不可以這樣辦呢？所以有人倡全歐聯邦，有人倡全美聯邦，萬流奔赴，愈擴愈大，結果歸到全世界國際聯盟。……這點精神，我們認爲人類進化向上的一種表徵，而且確信他一定成功的哩。（同上，中國地理大勢論）

然而，世界國家面臨的首要問題，是如何維持安定而不衝突。因此，如何管制軍備、裁撤軍隊、建立國際部隊，乃屬當務之急。所以他說：

據我個人的理想，若要貫徹國際聯盟的根本精神，總要以創設強有力的國際部隊爲第一義。無論採絕對的禁止戰爭主義，抑或採相對的強制和平主義，總要國際聯盟本身的兵力，比起盟內無論何國的兵力都占優勢，然後或禁止或強制，各國都不能抵抗。如其不然，盟內的大武力國，一旦桀驁起來，背盟滋擾，這手無寸鐵的聯盟總會，聯盟理事會，還不是瞪著眼看他兩下便了嗎？……其駐紮地域，由聯盟議會共同制定，凡全世界最容易惹起紛爭之處，便駐兵防守。……這一著若能辦到，看還有那一國敢來輕啓戰端，那麼國際上大小爭論，自然可用公斷的程序隨時解決，世界永久和平，這才可以實現。（同上，歐遊心影錄）

至於軍隊的調度與配駐，則「……設一個國際軍政部，或國際參謀部，直隸於聯盟理事會之下，一切由他管理指揮調遣。」（同上）軍隊費用「雖屬不貲，國際聯盟很可以創設一種租稅，務令負擔公平普及，交給各國代爲徵收充用，這也沒有什麼難於解決。」（同上）

又說：

只要將國際軍著手建設，自然得了強有力的公共保障，以後人類全體，便可以別無顧慮，個個盡他的能力，求文化的向上發展。（同上）

由此可見，梁啓超將世界國家的希望完全寄託在國際軍隊之上。他

的這種想法，目前看來雖不完善，但至少提出一個思考的方向。可惜中國積弱，以致其社會思想亦少受人重視，看來世界主義國家之建立與學術文化之交流，可能比發展軍事更爲急迫而重要。

　　三、梁啓超社會思想評議　梁啓超是中國近代的一位大思想家，殆無疑義。他的思想可謂是傳統中國受西方衝擊下的產物。一方面，他從中國傳統思想之脈絡入手；另一方面，他親眼目睹西洋思想與文物的優異之處。所以，極富世界觀乃至宇宙觀。他把中國思想帶出傳統的陰影，推向世界的思想洪流之中，不再固守「唯我獨尊」的鴕鳥心態，使中西思想相互交融，共謀人類未來的發展。他的著作等身，包羅萬象，正說明其處身時代之複雜，與涉獵問題之廣泛。在現在看來，他的思想有許多並無新奇之處，惟在當時，則不啻翻江倒海，對於啓迪民思影響極其深遠，貢獻更難評估。其中最值得一提的是其「世界主義國家」。他的此一構想，可能受到三種主要影響。第一，中國古代先哲的理想，如天下一家、四海之內皆兄弟，以及春秋三世之說；第二，受歐戰結束後國聯成立的鼓舞。他一再讚揚國聯之成立，乃開世界國家之先聲。第三，受其師康有爲「大同書」之影響。未來世界是否會走上世界國家一途，目前見仁見智，難有定論。不過，由目前種種跡象顯示，世界國家並非絕無可能，只是何時方可現實，恐無人敢以定論。就當前情勢觀之，有些發展趨勢，似在爲世界國家舖路或作實驗，其中最明顯者：

　　第一，國際移民的擴大與影響。國際移民最多的地區爲美洲、紐西蘭與澳洲。此等地區原住民人口極少❸，多數人口來自歐洲及非洲（原爲農奴），以及世界其他地區。故全世界所有種族、民族，或國家、國

---

❸　以美國與加拿大爲例，原住民共約三百萬人。見❸，頁371。及 Minister of Supply and Services Canada, *Canada: A Portrait*, Manitoba: Altona, 1991, pp. 40-44.

民，均有機會集居在一處；文化涵化，血統混雜，乃其明顯特質。雖然存在一些非移民社會所沒有的問題，但全人類可以共同生活在一起的理想，並非不可能。而且除了中美洲數國之外，均係已開發及接近開發之國家。可見不同種族、民族一起生活，應無問題。同時此種移民趨勢在短時間內尚不會停止。換言之，從移民社會之生活事實可以確信，人類可以在一種制度（特別是政治制度）下生存。

第二，一九七四年，華勒斯坦（Immanuel Wallerstein）出版其「現代世界體系」（*The Modern World-System*）❹一書，主要從全球歷史觀點，說明數百年來，世界各處之關係（特別是歐美），其重點在商業貿易、人口、戰爭等等。該書已把近代世界各處彼此聯繫的大勢，規劃出一個方向，使人類了解閉關自守已不可能。自此之後，以世界為對象之整體研究，不斷出現。其主要重點雖在經濟，但由此已延伸到政治、教育、家庭、法律、宗教、娛樂等等之其他方面。環顧當今，沒有一國「超然」於世界之外，甚至一向鐵幕籠罩的共產主義社會，亦不例外。尤其年來歐洲、北美，及亞洲貿易共同體形成之後，區域性的「世界國家」體制已露曙光。如再假以時日，則由於自身利害的攸關，進而連為一體，形成「國家」，亦未嘗不可能。復迫於「社會變遷」的需要，則全世界成為一個國家的理想，更可能實現。當然，目前存在的種族歧視、文化差異、利益多寡、權力分配等問題，都非一蹴可解的。

第三，科技發達，有利於彼此溝通和縮小差距。今天世界之共為一體，與科技之發達不無直接關係。其中通訊系統之發展，使每一社會或國家，既不能「離羣索居」，超然於外；又無所遁形，掩人耳目。二十

---

❹ Immanuel Wallerstein, *The Modern World-System*, N.Y.: Academic Press, 1974, 第一冊, 1980, 第二冊。

一世紀之通訊衛星，已於一九九三年九月十二日發射，屆時各國文化可以在不出門的情況下，彼此觀摩、欣賞，此於各國「共識」之達成自然助益匪淺。

以上所言，再就梁啓超的「世界主義國家」之可能性，略加補充。當然，何時實現，無人可以預期。不過，至少梁啓超的世界國家觀，已為人類未來和平（或不和平）帶來一線希望。從衝突理論的觀點而言，無論何種政府，何種國家，對於消弭衝突均少助益。但有一種可能的解決方式，總比坐以待斃為佳，我們不妨拭目以待，以觀後效。

第四節　譚嗣同

一、略傳　譚嗣同字復生，號壯飛。湖南瀏陽人。生於清穆宗同治四年（西元一八六五年），卒於光緒二十四年（西元一八九八年），享年三十有三。

譚嗣同原為世家子弟，書香門第，境遇極佳。祖譚學琴，累贈光祿大夫，父譚繼洵，咸豐進士，官至湖北巡撫。嗣同自幼聰慧好學，從師歐陽中鵠、畢蒓齋等多人學習。年十二，北京白喉流行，母親、兄長及二姐於五日內相繼病故。嗣同昏迷三日復生，但「五日三喪」，使其備受打擊。後又受庶母虐待，「徧遭綱倫之厄，涵泳其苦，殆非生人所能任受，瀕死累矣，而卒不死。」（仁學自敍）加之，日後婚姻亦不如意，「由是益輕其生命」。（同上）

年十九，研讀墨子與莊子思想，遂欽敬墨子之摩頂放踵之志，與莊子的傲岸不羣之行。因之行事豪邁放浪；尚義俠，卑俗習性。二十歲習文，主聯散合一。後遊歷於河北、新疆、甘肅、陝西、河南、湖北、湖南、江蘇、安徽、浙江、臺灣等地，見識大增，視野大廣。二十五歲，

遍覽羣書，探討中國政治哲學。特重孟子、黃梨洲等人之民本觀念，及
「易經」、張子「正業」、「周易外傳」之進步思想；對其反專制、反名
教、反靜儉有莫大之影響。年二十六謁張之洞，參觀湖北洋務新政。二
十九識英國傳教士傅蘭雅 (John Freyer)，得讀西洋學術與萬國公報，
遂識中國改革非僅止於政治，而經濟、社會、文化等，亦須同時改革。
年三十，甲午之戰中國敗於日本，備受刺激，以「中外虎爭，文無所用
之日……雕蟲篆刻，壯夫不為」而自勉。此係一生思想轉變的開始。自
是之後，改習經學。次年赴北京，訪康有為未遇，結識梁啓超，得知「
南海講學之宗旨，經世之條理，則感動大喜悅，自稱私淑弟子。」（梁
啓超撰譚嗣同傳）又一年結識吳雁舟、夏惠卿、吳小村父子，習佛法，
又從楊文會遊，「遍窺三藏」。甲午之戰後，赴瀏陽籌設學會，開湖南
新學之風。年三十三，應湖南巡撫陳寶箴之邀，赴長沙，與江柯、熊希
齡等人營新政，創鐵路、辦礦務、設武堂等；又辦報紙，設時務學堂、
開禁書、倡民權、言革命。光緒二十四年，德宗頒定國是詔，決心變
法。譚嗣同受薦入京參預新政。時慈禧弄權，危及德宗，譚嗣同訪袁世
凱救德宗，為袁出賣。事發，慈禧政變，譚嗣同被捕，被斬於菜市口。
遺言：「有心殺賊，無力回天，死得其所，快哉快哉，」可謂求仁得仁。
有「譚嗣同全集」傳世。

　　二、社會思想　在譚嗣同的社會思想中，其突出而有見地者，惟變
遷與進步，名教革改、平等觀念等。其基本觀念主要得自中國傳統之儒
家、佛教，及西洋之耶教與科學。

　　譚嗣同認為，宇宙間的一切現象，均由「以太」(ether，原係物理
學名詞，亦譯為「能媒」，即物質之間傳送所需之媒介) 構成。何謂
「以太」？他說：

　　　　徧法界、虛空界、眾生界，有至大之精微，無所不膠粘，不貫

洽，不筦絡，而充滿之一物焉。目不得而色，耳不得而聲，口鼻不得而臭味，無以名之，名之曰「以太」。（仁學卷上）

所以從身體之結構、器官之功能，以至夫婦、父子、兄弟、君臣、朋友、天下國家之結合，宇宙萬事萬物等等，均係「以太」之作用。

「以太」之性質，約有四端[45]：

(1) 「以太」是形成和運作萬事萬物的。

(2) 「以太」是無始無終的。

(3) 「以太」是不生不滅的。

(4) 「以太」是無性可言的。

譚嗣同又說：「仁以通爲第一義；以太也，電也、心力也，皆指出所以通之具。」（同上）因此，「以太」是仁的體，仁是「以太」的用[46]。換言之，「以太」的具體表現即是仁。而仁需通；唯通，則宇宙萬事萬物方能處於合理合法之狀態。不仁則塞，即不通，不通則一切問題由之而生。所以譚嗣同的基本觀念頗爲抽象，而其社會思想便由此一抽象觀念推衍而出。

（一）社會變遷與進步　譚嗣同既以爲萬事萬物由「以太」形成，「以太」是力、是能，具有動性，故宇宙一切，時時在變，處處在動。他說：

> 夫大易觀象，變動不居，四序相宜，匪用其故。天以新爲運，人以新爲生，湯以日新爲三省，孔以日新爲盛德，川上逝者之歎，水哉水哉之取，惟日新故也。（全集卷三，報貝元徵書）

他所謂「日新」，即含有進步之意。申言之，萬事萬物之「日新」，即

---

[45] 邱榮舉，「譚嗣同的自由平等觀」，載周陽山、楊肅獻編，「近代中國思想人物論：自由主義」，臺北市：時報出版公司，民國六十九年，頁192。

[46] 同上，頁 203。

是仁，仁則通；亦即自由平等、一切如一的理想狀態。所以他極反對中
國傳統之寧靜哲學，和不知進取的鄉愿之治。他說：

> 言學術則曰寧靜，言治術則曰寧靜。處事不計是非而首禁更
> 張。躁妄喜事之名立，百端由此廢弛矣。用人不問賢不肖而多方遏
> 抑。少年意氣之論起，柄權則頹暮矣。陳言者則命之曰希望恩澤，
> 程功者則命之曰露才揚己。既爲糊名以取之而復隘其途，既爲年資
> 以用之而復嚴其等。財則憚闢利源，兵則不貴朝氣。統政府臺諫六
> 部九卿督撫司道之所朝夕孜孜不已者，不過力制四萬萬人之動。縶
> 其手足，塗塞其耳目，盡驅以入契乎一定不移之鄉愿格式。夫羣四
> 萬萬之鄉愿以爲國，教安得不亡，種類安得而可保也。（同上）

此外，他既認爲宇宙由「以太」構成，則「以太」充斥於每一物體
之中；又因爲「以太」不滅（類似物質不滅定律），故萬物只有毀與
聚，而無消滅。萬物之差異，只是「以太」排列組合之不同而已。因各
物體「循環無端，道通爲一」（仁學自敍），故不能單獨存在，必須互
相依存，彼此涵攝，形成一個圓融和諧的整體。所以，宇宙萬物實爲一
體，而且相通。他的此種觀念，又含有一般體系（general system）之
意味。

總之，在譚嗣同的思想中，「以太」彼此激盪，有毀有聚，毀聚則
謂之「日新」，「日新」則謂之變，變即進步，進步是循環的，它是仁
的表現，也是仁的極致。

（二）名教（色角內涵）的改革　譚嗣同在「仁學自敍」中說：

> 網羅重重，與虛空而無極；初當衝決利祿之網羅，次衝決俗學
> 若考據、若詞章之網羅，次衝決全球羣學之網羅，次衝決君主之網
> 羅，次衝決倫常之網羅，次衝決天之網羅，終將衝決佛法之網羅。
> 然其能衝決，亦自無網羅；眞無網羅，乃可言衝決。

譚氏的這一段話， 不啻是社會革命。其中包括經濟的、學術文化的、政治的、宗教的， 以及社會關係等方面的全面改革。他的根本目的，在「欲將科學、哲學、宗教，治於一爐，而更使適於人生之用。」（梁啓超仁學序）以仁的精神，發揮愛心，拯救全人類於浩刼之中。

　　在他所衝決的事務當中，倫常一項，殊為重要。所謂倫常，即人倫之常道，也就是君臣、父子、夫婦、兄弟、朋友之間的關係。此種關係的具體表現，即角色，亦即文化規定的地位行為。中國之倫常，多按儒家的思想制定，二千年來，少有變動。一則因為歷朝君主視儒家為文化之正宗；而儒家之荀學，又以綱常名教誤導孔教，致使俗儒「動言名教，敬若天命而不敢渝，畏若國憲而不敢議。」（仁學卷上）再則因為沿襲既久，習以為常，對於關係中之不合理、不平等、不自由等現象甚少懷疑；認為天經地義，理所當然。正如孫末楠說：民俗可使事務對或錯❹。因此，中國傳統倫常關係，束縛中國二千餘年，其中弊病甚少有人揭發。譚嗣同因幼年失恃，庶母惡劣，備受虐待，所以他說：「吾自少至壯，徧遭綱倫之厄，涵泳其苦，殆非生人所能任受，瀕死累矣，而卒不死。」（同上，自敍）自此之後，他對於中國傳統之倫常，痛惡欲絕，思以衝決。其所要衝決的倫常有君臣倫常、父子倫常、夫婦倫常、兄弟倫常。唯對朋友倫常，讚譽備至。

　　1.君臣　在君臣一倫中，他強調民主，即君主由人民選舉。臣忠於事，死於事，而非死於君。他的目的，在一反二千餘年來把天下視為私產的君主專制，並進一步論及夏夷之辨，以為反對滿清的理論基礎。他說：

---

❹　William G. Sumner, *Folkways*, New York: New American Library, 1960, p. 65.

生民之初，本無所謂君臣，則皆民也。民不能相治，亦不暇治，於是共舉一民爲君。夫曰共舉之，則非君擇民，而民擇君也。夫曰共舉之，則其分際又非甚遠於民，而不下儕於民也。夫曰共舉之，則因有民而後有君；君末也，民本也。天下無有因末而累及本者，亦豈可因君而累及民哉？夫曰共舉之，則且必可共廢之。君也者，爲民辦事者也；臣也者，助辦民事者也。賦稅之取於民，所以爲辦民事之資也。如此而事猶不辦，事不辦而易其人，亦天下之通義也。（同上，卷下）

由上見之，其民主主義思想，已昭然若揭矣。譚嗣同之所以痛惡君主政治，不只是因爲君主政治本末倒置，而是在君臣之間的關係；他認爲，臣應死於事，不死於君；死於君係愚忠，不符民擇君之原則。他嘗說：

君亦一民也，且較之尋常之民而更爲末也。民之於民，無相爲死之理；本之與末，更無相爲死之理。然則古之死節者，乃皆不然乎？請爲一大言斷之曰：止有死事的道理，決無死君的道理。……夫曰共舉之，猶得曰吾死吾所共舉，非死君也；獨何以解於後世之君，皆以兵強馬大力征經營而奪取之，本非自然共戴者乎！況又有滿漢種類之見，奴役天下者乎！夫彼奴役天下，固甚樂民之爲其死節矣。（同上）

後來孫中山革命，推翻滿清，建立民國，其目的亦在使「君」之一位，不靠「兵強馬大力征經營而奪取之」，而要以「民共舉之」。無奈當時之臣，形同娼妓，任人蹂躪，「不第不敢微不平於心，益且訑訑然曰「忠臣忠臣。」（同上）所以，譚嗣同認爲，君臣關係是平等的，是合作的，是在爲人民辦事的。其思想顯然是對當時漢人大臣爲滿人辦事之反應，尤其對於「君爲獨夫民賊，而猶以忠事之」表示強烈

不滿❹。

　　總之，臣之忠，忠於事，忠於國，非忠一人之私。他說：

　　　　古之所謂忠，中心之謂忠也。撫我則后，虐我則讎，心無偏

　　袒，可謂忠矣……。君爲獨夫民賊，而猶以忠事之，是輔桀也，是

　　助紂也。（同上）

　　君對於臣應該信任、授權、眞誠，所謂「下之事上當以實，上之待

下乃不當以實乎？則忠者共辭也，交盡之道也，豈又專責之臣下乎？孔

子曰：『君君臣臣。』又曰：『父父子子，兄兄弟弟，夫夫婦婦。』教

主未有不平等者。」（同上）君臣平等，宜乎朋友，方可言治。

　　2.父子關係　父子一倫乃人倫之始，亦人類之始。所以自古以

來，即在此一倫中訂下固定的角色關係──父慈子孝。但爲子者常處於

弱勢地位，行爲稍有不「當」，即視之爲不孝，而不孝之名又爲社會文

化所共棄。所以，爲人子者便在此種情況下備受虐待，不敢聲張。譚嗣

同身歷其中之苦，體驗最深。所以，父子之倫必須衝決，以建立平等的

互惠關係。他嘗說：「君以名桎臣，官以名軛民，父以名壓子，夫以名

困妻，兄弟朋友各挾一名以相抗拒。」（同上，卷上）所謂名，即職位或

地位，其所以桎臣、軛民、壓子、困妻、相抗拒，即因職位或地位上的

角色不當所致。而父（母）之壓子（女），尤爲不當之極。爲父母者，

多藉社會對於管教子女之支持，復因控制子女的生活機會，故對子女時

常蠻橫無理，子女卻不敢反抗，所謂「天下無不是的父母」，就像佛咒

一樣套住子女的身心，使之俛首帖耳；或稍不如意，即加體罰。譚嗣同

對此倫之不合理，尤其痛惡。他說：

❹　譚嗣同在「仁學卷下」的反君言論中，廣涉於臣，從其「況又有滿漢種類
　　之見」觀之，顯然是對曾國藩、李鴻章、左宗棠等漢人大員的強烈不滿。
　　曾國藩平太平天國，雖有說辭（見本書「曾國藩社會思想」），但在譚嗣
　　同看來，未若取而代之，故曾國藩等不過愚忠而已。

君臣之禍亟，而父子夫婦之倫遂各以名勢相制爲當然矣。此皆三綱之名之爲害也。名之所在，不惟箝其口，使不敢昌言，乃并錮其心，使不敢涉想。愚黔首之術，故莫以繁其名爲尙焉。君臣之名，或尙以人合而破之。至於父子之名，則眞以爲天之所命，卷舌而不敢議。不知天命者，泥於體魄之言也，不見靈魂也。子爲天之子，父亦爲天之子，父非人所得而襲取也，平等也。且天又以元統之，人亦非天所得而陵壓也，平等也。莊曰：「相忘爲上，孝爲次焉。」相忘則平等矣。（同上，卷下）

譚嗣同的此種父子平等論，頗接近基督教的思想：人人爲天父上帝之子，則人間父子形同兄弟，兄弟關係平等，則父子關係亦應平等。其實譚嗣同的論點，不只隱含宗教之意，而且係基於實際之觀察。他說：

夫彼之言天命者，於父子固有體魄之可據矣，若夫姑之於婦，顯爲體魄之說所不得行，抑何相待之暴也？古者舅姑饗婦，行一獻之禮，送爵荐脯，直用主賓相酬酢者處之。誠以付託之重，莫敢不敬也。今則虜役之而已矣，鞭笞之而已矣。至計無復之，輒自引決。村女里婦，見戕於姑惡，何可勝道？父母兄弟，終身茹痛，無術以援之，而卒不聞有人焉，攘臂而出，昌言以正其義。又況後母之於前子，庶妾之於嫡子，主人之於奴婢，其於體魄皆無關，而黑暗或有過此者乎！三綱之懾人，足以破其膽，而殺其靈魂，有如此矣。（同上）

由此可見，倫常爲害，不限父子，凡長輩均可以三綱懾人，所謂「禮教吃人」，無所不至。

3.夫婦關係　譚嗣同的根本思想強調平等，重視人權，父子尙且須以平等相待，更遑論夫婦了。夫婦，尤其妻子倘不能自主，可謂婦人不幸至止。他說：

記曰：「婚姻之禮廢，夫婦之道苦。」本非兩情相願，而強合渺不相聞之人，蟄之終身，以為夫婦，夫果何恃以伸其偏權而相苦哉？實亦三綱之說苦之也。夫既自命為綱，則所以遇其婦者，將不以人類齒。於古有下堂求去者，尚不失自主之權也。自秦垂暴法，於會稽刻石，宋儒煬之，妄為「餓死事小，失節事大」之瞽說……是何不幸而為婦人。（同上）

由於婦女不幸，他極力主張男女平等，蓋「男女同為天地之菁英，同為無量之盛德大業，平等相均。」（同上）而「重男輕女者，至暴亂無禮之法也。」（同上）他反對婦女纏足，認係「殘毀其支體，為纏足之酷毒，尤殺機之暴著者也。」（同上）

「夫婦朋友也」，是平等之具體表徵。所以他也反對婦女守節之觀念。「男則姬妾羅侍，放縱無忌；女一淫即罪至死」（同上），此最不平等，亦最不人道。他認為人欲是天理，自不能妄加限制。

中國傳統婚姻制度之最大缺點，在於「父母之命，媒妁之言」，而當事人卻無能自主，任憑他人擺布；所有夫婦「本非兩情相願，而強合渺不相聞之人」。婚姻的目的不在個人的幸福，而在家庭的傳嗣。所以，為君者，固然妃御不知其數，即使一般大臣人民，亦可妻妾滿室，以致「瀆亂夫婦之倫」。其所以然者，固在貪圖個人欲望一時之滿足，而接嗣之責任，更為文化所鼓勵。所以，譚嗣同極力反對為嗣續而結婚。他說：

中國百務不講，無以養，無以教，獨於嗣續，自長老以至弱幼，自都邑以至村僻，莫不視為絕重大之事，急急以圖之，何其惑也？徒泥於體魄，而不知有靈魂，其愚而惑，勢必至此。向使伊古以來，人人皆有嗣續，地球上早無容人之地矣，而何以為存耶？又況天下者，天下之天下，徒廣獨夫民賊之嗣續，復奚為也？獨夫民

賊，固甚樂三綱之名，一切刑律制度皆依此爲率，取便己故也。
（同上）

譚氏之言，不惟當時新穎，時至今日，依然可圈可點。此種制度現
在雖有所改變，而譚嗣同幾在百年前即大事批判，其遠見，殆出乎常人
之外矣。

4. 朋友關係　在五倫之中，譚嗣同最爲稱譽的是朋友一倫。因爲
交友建立在「平等」、「自由」和「節宣惟意」之上。他說：

五倫中於人生最無弊而有益，無纖毫之苦，有淡水之樂，其
惟朋友乎！顧擇交何如耳，所以者何？一曰「平等」；二曰「自
由」；三曰「節宣惟意」。總括其義，曰不失自主之權而已矣。兄
弟於朋友之道差近，可爲其次。餘皆爲三綱所蒙蔽，如地獄矣。
（同上）

他將朋友列爲其他四倫之圭臬，其他可廢，惟朋友一倫不可廢。他
說：

世俗泥於體魄，妄生分別，爲親疏遠邇之名，而末視朋友。夫
朋友豈眞貴於餘四倫而已，將爲四倫之圭臬。而四倫咸以朋友之道
貫之，是四倫可廢也。此非讕言也。其在孔教，臣哉鄰哉，與國人
交，君臣朋友也；不獨父其父，不獨子其子，父子朋友也；夫婦
者，嗣爲兄弟，可合可離，故孔氏不諱出妻，夫婦朋友也；至兄弟
之爲友于，更無論矣。其在耶教，明標其旨曰：「視敵如友」。故
民主者，天國之義也，君臣朋友也；父子異宮異財，父子朋友也；
夫婦擇偶判妻，皆由兩情相願，而成婚於教堂，夫婦朋友也；至於
兄弟，更無論矣。其在佛教，則盡率其君若臣與夫父母妻子兄弟眷
屬天親，一一出家受戒，會於法會，是又普化彼四倫者，同爲朋友
矣。無所謂國，如一國；無所謂家，如一家；無所謂身，如一身。

夫惟朋友之倫獨尊，然後彼四倫不廢自廢。亦惟明四倫之當廢，然後朋友之權力始大。今中外皆侈談變法，而五倫不變，則舉凡至理要道，悉無從起點，又況於三綱哉！（同上）

他認為，人與人之間的關係如像朋友一樣，便可以「平等」、「自由」、「節宣惟意」。換言之，朋友有基本關係之利，而無其弊。而君臣、父子、夫婦、兄弟，因受角色內涵之壓制，無法達到上述之利。譚嗣同的五倫批判，其實在改變其中四倫的角色內涵，使之更平等，更自由，更可隨意表示行為而又有所節制。

至於兄弟一倫，他說：「兄弟於朋友之道差近，可為其次。」所以，兄弟一倫，稍改即可。

譚嗣同對中國傳統社會制度之批評，可謂開近代社會批判之風。民初以後之諸如「禮教吃人」等等，均由譚氏的「仁學」而來，並無先見。不過譚氏之批判，目的在改變中國固有倫理之角色內涵，並非廢除倫理，而將人置於「機械性」的平等之上。例如他說：

夫倫常者，天道之所以生生，人道之所以存存，上下四旁親疏遠邇之所以相維相繫，俾不至瓦解而土崩。無一息之或離，無一人之不然，其有節文之小異，或立法之相去甚遠，要皆不妨各因其風俗，使捷於知而便於行，未有一舉倫常而無之者。即如君臣一倫，人人知其有，不待言矣。而有所謂民主者，尤為大公至正，彬彬唐虞揖讓之風，視中國秦以後尊君卑臣，以隔絕不通氣為握固之愚計，相去奚止霄壤。於族屬有姓氏之分，有譜牒之系，長幼卑尊之相次，父子兄弟之相處，未嘗不熙熙然。彼惟無人不出於學，深得易子而教之義，故年至成立，藝術已就，其父母分與資財，令其自立，是尤合古之士父子異宮之法，其日日間視可如故，非一離不復合，一別不更親也。且將以小離終保其大合，以有別不至相夷於無

親，是可無中國室無空虛，婦姑勃谿之弊，人人不能不求自立之道。通國於以無惰民，不似中國轉累父母養之憂之，使父母有多男多懼，及汝曹催我老之歎也。祖父之產，身後不悉歸於子孫，猶然民主之法之推也，是永無兄弟骨肉爭產之訟，與奪嫡爭繼之訟。

（譚嗣同全集卷三思緯壹壹臺短書——報貝元徵）

他不僅道出倫常之重要，而且以比較方式說明家庭制度改革之必要。當前之家庭倫常雖有改變（如夫婦一倫中，離婚放寬；兄弟一倫中，除重大事故一起協商辦理，少有來往；唯父子一倫改變較少，殆與生物有關），但尚未達到西方標準。其中改變比較澈底者，厥為君臣一倫。此乃孫中山革命的結果。尤其臺灣的政治制度，幾已完全步上民主形式，惟其品質尚低。至於中國大陸，尚在一黨專制階段。民主鬥爭方興未艾，不久之將來，亦必「還政於民」，斷非任何力量所能遏阻。

（三）人性與文化相對論　中國自古言人性者，不外性善、性惡，或性無善惡之說。譚嗣同以「以太為萬物之源」，故謂性無善惡。善惡是相對的，是由文化規定而後因襲的。所以，天下沒有絕對之善，亦無絕對的惡。例如他說：

生之謂性，性也。形色天性，性也。性善，性也；性無，亦性也。無性何以善？無善，所以善也。有無善而後有無性，有無性斯可謂之善也。善則性之名固可以立。就性名之已立而論之，性一以太之用，以太有相成相愛之能力，故曰性善也。性善何以情？有惡曰「情」。豈有惡哉？從而為之名耳。所謂惡，至於淫殺而止矣。淫固惡，而僅行於夫婦，淫亦善也。殺固惡，而僅行殺殺人者，殺亦善也。禮起於飲食，而以之沈湎而饕餮者，即此飲食也；不聞懲此而廢飲食，則飲食無不善也。民生於貨財，而以之貪黷而劫奪者，即此貨財也；不聞戒此而去貨財，則貨財無不善也。妄喜

妄怒，謂之不善，然七情不能無喜怒，特不當其可耳，非喜怒惡
也。忽寒忽暑，謂之不善，然四時不能無寒暑，特不順其序耳，非
寒暑惡也。皆既有條理，而不循條理之謂也。故曰：天地間仁而已
矣，無所謂惡也。惡者，即其不循善之條理而名之。用善者之過
也，而豈善外別有所謂惡哉？若第觀其用，而可名之曰「惡」，則
用自何出？用爲誰用？豈惟情可言惡，性亦何不可言惡？言性善，
斯情亦善。生與形色，又何莫非善？故曰：皆性也。（仁學卷上）

由上可見，善與惡非先天規定之絕對行爲，而是文化規定的相對行
爲。所謂「淫固惡，而僅行於夫婦，淫亦善也。殺固惡，而僅於殺殺人
者，殺亦善也。」可見就淫與殺本身而言，實無關於善惡。如同一面大
刀，可用以殺好人，亦可用以殺壞人，殺好殺壞與刀無涉。所以，善惡
與某種行爲之本身無關，此行爲爲善爲惡，悉由文化決定之。

在譚嗣同看來，世間之所以有善惡之別，乃起於世俗小儒之誤導。
他說：

世俗小儒，以天理爲善，以人欲爲惡，不知無人欲，尚安得有
天理？吾故悲夫世之妄生分別也。天理善也，人欲亦善也。王船山
有言曰：「天理即在人欲之中；無人欲，則天理無從發見。」（同
上）

申言之，天理即人欲，人欲亦天理。故不可謂人欲爲惡，天理爲
善。可是社會對某些行爲一旦定爲善惡之後，便相沿成俗，代代流傳，
不加思索，即以之爲善或爲惡，例如，他說：

男女媾精，名之曰「淫」，此淫名也。淫名，亦生民以來沿習既
久，名之不改，故皆習淫爲惡耳。向使生民之初，即相習以淫爲朝
聘宴饗之鉅典，行之於朝廟，行之於都市，行之於稠人廣眾，……
亦孰知其惡者？乍名爲惡，即從而惡之矣。或謂男女之具，生於幽

隱，人不恆見，非如世之行禮者光明昭著，爲人易聞易覩，故易謂淫爲惡耳。……果無，向使生民之初，天不生其具於幽隱，而生於面額之上，舉目即見，將以淫爲相見禮矣，又何由知爲惡哉？戕害生命，名之曰「殺」。此殺名也。然殺爲惡，則凡殺皆當爲惡。人不當殺，則凡虎狼牛馬雞豚之屬，又何當殺者？何以不並名惡也？或曰：「人與人同類耳。」然則虎狼於人不同類也，虎狼殺人，則名虎狼爲惡；人殺虎狼，何以不名人爲惡也？天亦嘗殺人矣，何以不名天爲惡也？是殺名，亦生民以來，沿習既久，第名殺人爲惡，不名殺物爲惡耳。以言其實，人不當殺，物亦不當殺，殺殺之者，非殺惡也。孔曰：「性相近，習相遠。」沿於習而後有惡之名。惡既爲名，名又生於習，可知斷斷乎無有惡矣。（同上）

譚嗣同的人物相殺之喻，雖然未識物競天擇之義，但含有社會文化相對觀，卻極其明顯。

但另一方面，所謂行不違天理，天理是指不待人爲之自然現象，如性、食等等。然而所謂人欲，可有兩種解釋，一指先天之需要與願望，一指過度的需要與願望。如性於夫婦間滿足之，不能謂淫，但如強暴、縱慾，或妻妾滿室，則可謂之淫。

故在譚嗣同看來，凡合乎自然條理的仁，即是善，「不循條理之謂也」惡[49]。由此而言，善惡非由心而起，而是由外在習慣所決定。換言之，善惡觀念是文化的，而非生物的或心理的。

三、譚嗣同社會思想評議 譚嗣同的社會思想，啓開中國近代社會改革之先河，爲「五四運動」時期的社會批判，奠定基礎。譚氏以抽象之哲學觀念——以太——做爲一切社會批評之理論根基，姑不論此一根基「穩固」與否，但他據以對社會倫理之攻擊，似乎無人提出異議。他

---

[49] 同[45]，頁213。

所評批之對象雖然限於五倫——君臣、父子、夫婦、兄弟、朋友，但也可擴而大之，包含社會全部；他的目的雖在批判五倫的角色不當，事實上也是對中國傳統倫理的一項大革命。例如，他主張民主政治，由民選君；主張君臣平等，臣助君爲民成事；主張父子平等，如朋友然，父（母）不可藉名教（地位角色）壓制子女，殘其身心；主張夫婦平等，反對婦女守節等等，都是「駭人聽聞」的高論。

　　至於其仁學思想受康有爲的影響甚大。「由衝決網羅而推演至於民族自救，始與康氏同道而終於分道背馳」❺⓪，可見兩人思想之分合。至於其「仁以通爲第一義」，仁道通則全球合一之論點，又是梁啓超世界主義的另一說法。梁啓超說：「自交梁啓超後，其學一變。」（清代學術概論），殆指此而言。總之，譚嗣同社會思想之獨特，在其向傳統挑戰，爲日後近代中國知識分子批判社會倫理奠定了基礎。

第五節　嚴　　復

　　一、略傳　嚴復字幾道，又字又陵，福建侯官人。生於清咸豐三年（西元一八五三年），卒於民國十年（西元一九二一年），享年六十九歲。先生年十四而孤，母陳氏機燈課讀，加之自幼聰慧好學，詞采富逸。師同里黃宗彝，治經學。沈葆楨創馬江船政學堂，招試英俊，儲備海軍將才，題試「大孝終身慕父母論」，嚴復應試爲沈激賞，慰勉有加。光緒三年赴英留學，入海軍學校，習戰術炮臺諸學。四年後歸國，任天津水師學堂總教習。又二年，拳匪作亂，避居上海，專事譯述。宣統元年，設海軍部，特授爲協都統，尋賜文科進士出身，充學部名詞館總

---

❺⓪　蕭公權，「中國政治思想史」（下册），臺北市：中國文化大學，民國六十九年，頁731。

纂。資政院成立，被舉爲碩學鴻儒議員，又授海軍一等參謀官。三年，任京師大學堂監督。未幾民國建立，京師大學堂改爲北京大學，被任爲第一任校長。後袁世凱當權，聘爲總統府顧問。民國三年，任約法會議議員、轉參政院參政，並舉爲憲法起草委員會委員等職。四年，袁世凱帝制運動起，楊度竄其名爲籌安會理事，惟以與袁世凱雅故，未便公然拒之，然從未與其事；袁屢遣人示意，先生答曰：「國事非同兒戲，豈可一改再改？」又曰：「此時欲復舊制，徒滋糾紛，實非國家之福。」翌年帝制失敗，先生遂被通緝，惟因未與帝事，而不了了之。嗣後深居簡出，息影家園。民國十年宿疾復發，卒於福州郎官巷里第，享年六十有九。

嚴復於學，無所不窺，舉凡中外學理，無不深究。其貢獻之著者，厥爲介紹近世西洋思想於中國。以往西洋思想之介紹，率多零碎而無系統，致使國人對西洋思想缺乏整體認識與了解。嚴復則將西洋名著系統迻譯，其中所譯九種最富盛名：一曰赫胥黎之「天演論」，二曰穆勒之「羣己權界論」，三曰穆勒之「名學」，四曰斯賓塞之「羣學肄言」，五曰亞當斯密之「原富」，六曰孟德斯鳩之「法意」，七曰甄克斯之「社會通詮」，八曰耶芳斯之「名學淺學」，九曰衛西琴之「中國教育譚」。譯筆嚴謹，能兼信、達、雅三者之長，一時爲學者爭誦，並爲日後翻譯準繩。有詩文集傳於世[51]。

二、社會思想 嚴復是中國近代化變局中的先知[52]，討論其思想之著作，千篇累牘，足見其思想對於中國近代化之影響與重要。嚴復的思想可分爲三個時期：全盤西化時期、中西折衷時期、反本復古時

---

[51] 本略傳參見同[14]，頁482—483。周邦道，「嚴復傳略」，「華學月刊」，第七十四期，臺北市：中國文化大學，民國六十七年二月二十一日。

[52] 同[25]，第十四冊，頁442。

期❸。其思想之所以轉變，均與當時的社會背景有關，所以本書之始即已言及，社會思想不能脫離時代背景而獨立，嚴復的思想即是最佳印證。此外，梁啓超「不惜以今日之我，與昨日之我挑戰」亦復如此。惟嚴復的思想「總是跑前了幾步」，換言之，他能隨著社會變遷的性質與事實，提出因應之道——社會思想。所以他的社會思想是階段性的、調適性的、相對性的。這種思想特性，可能與其早期受達爾文、斯賓塞以及赫胥黎的影響有關。

（一）社會變遷與時代背景　在嚴復的社會思想中，其突出而有貢獻者，在於社會變遷與社會環境之間的關係。以往研究嚴復思想者，對此多一筆帶過，對於其社會學的含義，鮮少發揮。因此，見其思想每有不同，便認其有先後矛盾之處，扞格難入之嫌。從社會學的觀點而言，他的思想正是社會背景反映社會觀念的最佳例證。此何以有些思想家的思想，往往前後矛盾之原因所在（不成熟之思想家，自屬例外）。嚴復評孟德斯鳩時就曾說過：

　　當孟德斯鳩時，其論機器固如此，至於後世，其為說與此懸殊，雖然兩家之說，均有當也，亦視其所處之時而已。使時機未至，非但不可立也，亦且不得立。（法意卷二十三第十五章）

所以，一個人的思想先後有別，「亦視其所處之時而已」。時者，即當時之環境也。嚴復的思想即如此，此非意味著其自身有矛盾或扞格難入處。例如他說：

　　天下有萬世不變之道，而無百年不變之法。……古之聖人，相一時之宜，本不變之道，制為可變之法。……是以質文代變，自三代而已然……而必不曰情異事遷，世變方亟，所立之法，揆諸事理不

---

❸　詳見周振甫編，「嚴復思想述評」，臺北市：中華書局，民國五十三年。

可復通，猶責子孫令謹守其法以至危亡也明矣。（擬上皇帝萬言書）
又說：

　　……觀於今日之世變，蓋自秦漢以來，未有若斯之亟也。夫世
之變也，莫知其所由然，強而名之曰「運會」，運會既成，雖聖人
無所爲力。……彼聖人者，特知運會之所由趨而逆覩其流極。唯知
其所由趨，故後天而奉天時，唯逆覩其流極，故先天而天不違，於
是裁成，輔相而置天下於至安。（論世變之亟）

雖然嚴復不究社會變遷的原因（如意識型態、經濟因素、文化交
流、科技發展等等），但他卻了解是各種因素交織而成。了解這些因
素，並能預防其造成之問題，社會才能「至安」。嚴復的社會思想，就
是在此種認知的情況下發展出來的。

　　例如在其早期思想中，最明顯之趨勢係以演化論之觀點說明社會之
進步，即「運會」使然。所以他對中國傳統之保守，多有批評，有人稱
其爲自由主義者，即指此而言❺❹。例如他說：

　　嘗謂中西事理其最不同而斷乎不可合者，莫大於中之人好古而
忽今，西之人力今以勝古。中之人以一治一亂，一盛一衰，爲天行
人事之自然；西之人以日進無疆，既盛不可復衰，既治不可復亂，
爲學術政治之極則。（同上）

因爲中國人好古，所以多「向後」看，只要墨守聖人成規，天下即
可大治。西方人「向前看」，認爲「日進無疆」，永無止境。中國之不
進步，傳統取向自應負最大責任。他又說：

　　新者曰：有是哉！吾子之拘於所習也！今夫中與西之言治也，
有其必不可同者存焉。中之言曰：今不若古，世日退也。西之言

───────────────

❺❹　見 Benjamin Schwartz, *In Search of Wealth and Power: Yen Fu
and the West*, Mass.: Harvard Uni. Press, 1964.

曰：古不及今，世日進也。惟中之以世爲日退，故事必循故，而常以惩妄爲憂。惟西之以世爲日進，故必變其已陳，而日以改良爲慮。夫以後人之智慮，日夜求有以勝於古人，是非抉前古之藩籬，無所拘攣，縱人人心力之所極者，不能至也，則自由尚焉；自由者，各盡其天賦之能事，而自承其功過者也。雖然，彼設等差而以隸相尊者，其自由必不全；故言自由，則不可以不明平等，平等而後有自之權，合自之權，於以治一羣之事者，謂之民主。（主客平議）

從上觀之，嚴復主張社會唯變，方能進步。所以中國之欲進步、欲富強，必須揚棄遵古、崇古之傳統，學習西方人「世爲日進」的哲學。這種求新求變之進步觀，其社會背景，在於中國當時之羸弱不振，尤其自甲午戰敗，庚子內訌以後，社會動盪，國事如麻，故而，在此種亡國滅種的情勢下，提出其抑古崇今之說，以學習西方爲其思想的第一要義。此種思想取向之形成，在於中國固有之傳統思想扼制了社會發展的動力。所以，嚴復第一期之思想是向中國傳統挑戰，這種傳統之「……貽害民力而坐令其種日偷者，由法制學問之大，以至於飲食居處之微，幾於指不勝指。」（原強）他在「原強」中特別提出鼓民力、開民智、新民德——三者均係古代中國所闕如者。所以，中國唯有求變，方有希望。他引梁啓超的話說：「萬國蒸蒸，大勢相逼，變亦變也，不變亦變。變而變者，變之權操諸己，不變而變者，變之權讓諸人。」（同上）由此可見，一個社會唯有主動求變，積極求新，方能生存。

然則，中國社會何以不能日進？在嚴復看來，主要原因有二：第一，中國社會尚未擺脫宗法制度而進入現代國家階段，例如，他說：

異哉吾中國之社會也。夫天下之羣衆矣，夷考其進化之階級，莫不始於圖騰，繼以宗法，而成於國家。方其爲圖騰也，其民漁

獵；至於宗法，其民耕稼；而二者之間，其相嬗而轉變者以遊牧，最後由宗法以進於國家，而二者間，其相受而蛻化者以封建。方其封建，民業大抵猶耕稼也；獨至國家，而後兵農工商四者之民備具，而其羣相生相養之事乃極盛，而大和強立，蕃衍而不可以剋滅；此其爲序之信，若天之四時，若人身之童少壯老，期有遲速，而不可或少紊者也。

吾嘗考歐洲之世變，希臘羅馬之時尚矣！至其他民族，所於今號極盛者，其趾封建，略當中國唐宋間，及其去之也，若法若英，皆僅僅前今一二百年而已，何進之銳耶？乃還觀吾中國之歷史……中間二千餘年，皆封建之時代，而所謂宗法亦於此時最備。其聖人，宗法社會之聖人也；其制度典籍，宗法社會之制度典籍也。物窮則必變，商君始皇李斯起，而郡縣封域，阡陌土田，燔詩書，坑儒士；其爲法欲國主而外，無咫尺之勢，此雖霸朝之事，侵奪民權，而跡其所爲，非將轉宗法之故以爲軍國社會者歟？乃由秦以至於今，又二千餘歲矣；君此土者不一家，其中之一治一亂常自若，獨至於今，籀其政法，審其風俗，與其秀傑之民所言議思惟者，則猶然一宗法之民而已矣！然則此一期之天演，其延緣不去，存於此土者，蓋四千數百載而有餘也。嗟乎！歐亞之地雖異名，其實一洲而已。殊類異化並生其中，苟溯之邃古之初，又同種也。乃世變之遷流，在彼則始遲而終驟，在此則始驟而終遲。固知天演之事，以萬期爲須臾。然而二者相差之致，又不能爲無因之果，而又不能不爲吾羣今日之利害，亦已明矣。此不佞迻譯是編，所爲數番擲管太息繞室疾走者也。（社會通詮序言）

嚴復的此一觀點，與近代之史學家、人類學家、社會學家之觀察相符。申言之，唯有配合社會變遷之社會，方爲進步之社會；唯有配合社

會變遷的國家，方為富強之國家。所以，社會生存與變遷之間的關係，極其顯見。

第二，他認為中國社會之不能擺脫傳統，日進不止，在於儒教思想之影響，以致停滯不前，「半步未進」。事實上，儒教不僅束縛個人，使其不得解放，而對封建制度之維繫與推行，更有固本之作用。他說：

周孔者，宗法社會之聖人也。其經義法言，所漸漬於民者最久，其入於人心者亦最深。（社會通詮）

又說：

老氏莊周，其薄唐虞，毀三代，於一是儒者之言，皆軼軼懷不足者，豈無故哉？……嗟乎！三代以降，上之君相，下之師儒，所欲為天地立心，生民立命，且為萬世開太平者，亦云眾矣；顧由其術，則四千餘年僅成此一治一亂之局而半步未進，然則老莊之所訾謷者，固未可厚非；而西人言治之編，所以燭漫漫長夜者，未必非自他之有耀也。（法意卷八第二十一章案語）

儒家思想之最終目標，在建立一種不變的理想社會，結果除了一治一亂之外，半步未進。中國社會不能擺脫此種循環變遷，社會便不能進步。嚴復主張廢傳統，行西法，其原因殆出乎此。

以上是嚴復歸國後，鑑於中國受傳統之束縛，造成國家羸弱不振所提出的變遷進步觀。其旨在打破傳統束縛，配合時代需要，強國強民。

及至戊戌政變之後（西元一八九九年），時局動盪不安。主張君主立憲之康有為、梁啟超組保皇黨於海外；庚子役起，革命勢力日益壯大，尤其青年激進分子，「輒攘臂疾走，謂以旦暮之更張，將可以起衰而以與勝我也。不能得，又搪撞號呼，欲率一世之人與盲進以為破壞之事。」（羣學肆言序）嚴復眼見此種社會環境，深以為憂，其思想當即

爲之一變。當然其虞聲譽盡失，榮衞不保，或是原因❺。至於西方社會
之問題叢生，使其西化之信心動搖，更是因素。因此嚴復思想漸趨溫
和，走上中西折衷一途。其中最明顯的，是不再堅持唯西化方能富強的
主張。此外，其思想也漸有實用哲學的取向。例如他說：

> 凡可以瘳愚者，將竭力盡氣斮手繭足以求之，惟求之爲得，不
> 暇問其中若西也，不必計其新若故也。有一道於此，致吾於愚矣，
> 且由愚而得貧弱，雖出於父祖之親，君師之嚴，猶將棄之，等而下
> 焉者無論已；有一道於此，足以瘳愚矣，且由是而療貧起弱焉，雖
> 出於夷狄禽獸，猶將師之，等而上焉者無論焉；何則？神州之陸沉
> 滅可哀，而曰萬萬之淪胥甚可痛也。（與外交報主人論教育書）

嚴復認爲，中國根本的問題在其愚、貧、弱，只要能解決此等問
題，不必堅持西法或中法。換言之，「無論舊法之何等非計，新政之
如何利民，皆其令朝頒，民夕狼顧，其目前之耗失，有萬萬無可解免
者。」（富原譯事例言）其實用觀點已極明顯。這種觀點，即社會變遷
的結果。

民國鼎革之後，社會環境丕變益速，尤其袁世凱執政之後，稱帝之
心暴露，引起國民黨之二次革命；而袁死之後，軍閥割劇，政治日趨不
穩。加之，西潮東漸，自由觀念濫用，社會價值混淆，使其不得不重新
評估西化的後果。嚴復曾說：

> 十數載以還，西人之說，漸行於神州。年少者樂其去束縛而得
> 自主也。遂往往盪決藩籬，自放於一往而不可收拾之域。揣其所
> 爲，但凡與古桀馳而自出己意者，皆號爲西法。然考之事實，西之

---

❺ 劉富本，「戊戌政變後嚴復對中西文化的看法」，載周陽山、楊肅獻編，
「自由主義：近代中國思想人物論」，臺北市：時報出版公司，民國六十九
年，頁 169。惟此點，並無資料佐證，純屬猜測而已。按人之常，或有此
慮，故只能謂之「或是原因」而已。

人固無此，特汝曹自爲法耳。（法意卷二十三第九章案語）

由此可見，當時青年對於自由已經到了「不可收拾之域」。在此種情況下，嚴復思想再爲之一變，即日趨保守。例如，他反對盧梭「民約論」中之自由思想。蓋人人自由，便會日趨放恣，對於社會道德與秩序均無益處。個人宜放棄或減少自由，以利國善羣，減少暴戾。此外，他反對白話文、自由婚姻等等，均起於當時社會環境所呈顯的不良影響，或認爲其有降低文化水準之可能。

一般論者，每以嚴復思想三變，卻未知其動機安在。事實上，嚴復期望中國富強，乃其思想之根本所在，也是其一生「學術報國」之目標，即史華慈（Bnjamin Schwartz）所謂之「尋求富強」（In Search of Wealth and Power）。他的思想隨社會環境改變而改變，僅是「手段」而已。申言之，如果社會變遷，而仍然堅持不合情境的手段，則方枘圓鑿，自然無益於國家之富強。因此，與其說嚴復思想分爲三時期，無寧說是因時制宜，隨著社會變遷而改變。從社會學之觀點而言，此乃社會變遷與思想間關係之明確關連。所以說他的思想是相對的、適應的，和階段性的，堪稱允當。

（二）中西文化之比較　嚴復思想既以富強爲目標，其早期主張西化，自然在於西方思想有優越之處。此種優越性，乃西方所以富強之由。中國欲富強，自須取人之長，去己之短。他說：

中國理道與西法最相似者，曰恕曰絜矩。然謂之相似則可，謂之眞同則大不可也。何則？中國恕與絜矩，專以待人及物而言；而西人自由，則於及物之中，而實寓所以存我者也。自由既異，於是羣異叢然以生，粗舉一二言之則如中國最重三綱（按指君爲臣綱，父爲子綱，夫爲妻綱），而西人首明平等。中國親親，而西人尚賢。中國以孝治天下，而西人以公治天下。中國尊主，而西人隆民。中

國貴一道而同風，而西人喜黨居而州處。中國多忌諱，而西人眾讙
評。其於財用也：中國重節流，而西人重開源；中國追淳樸，而西
人求驩虞。其接物也：中國美謙屈，而西人務發抒；中國尚節文，
而西人樂簡易。其於為學也：中國誇多識，而西人尊新知。其於禍
災也：中國委天數，而西人恃人力。若此之倫，舉有以與中國之理
相抗以並存於兩間，而吾實未敢遽分其優拙也。（論世變之亟）

在此一段話中，嚴復把中西文化之差異及社會價值，剖析殆盡。雖
然，他「未敢遽分其優拙」，並非無優拙可分，實乃當時國人之自大
心習尚重，嚴復不便直言罷了⑯。其中最值得注意的是其有關自由的闡
釋。在嚴復看來，中西自由觀念之根本差異，在中國聖人對於物質、欲
望、衝突三者關係的看法不同。這種看法，剝奪了人民之自由，故使民
力日窳，民智日衰。他說：

蓋我中國聖人之意，以為吾非不知宇宙之無盡藏；而人心之
靈，苟日開瀹焉，其機巧智能，可以馴致於不測也。而吾獨置之而
不以為務者，蓋生民之道，期於相安相養而已。夫天地之物產有
限，而生民之嗜欲無窮，孳乳浸多，鐫饞日廣，此終不足之勢也。
物不足則必爭，而爭者人道之大患也；故寧以止足為教，使各安於
樸鄙顓蒙，耕鑿焉以事其長上。是故春秋大一統，一統者，平爭之
大局也。秦之銷兵焚書，其作用蓋亦猶是。降而至於宋以來之制
科，其防爭尤為深且遠。取人人尊信之書，使之反覆沉潛，而其道
常在若遠若近、有用無用之際；懸格為招矣，而上智有不必得之
憂，下愚有或可得之慶，於是舉天下之聖智豪傑，至凡有思慮之
倫，吾頓八紘之網以收之。即或漏吞丹之魚，而已暴鬐斷鰭，頹然

---

⑯ 同⑬，頁31。

老矣，尚何能爲推波助瀾之事也哉！嗟呼！此眞聖人牢籠天下平爭
泯亂之至術，而民力因之日窳，民智因之日衰。其究也，至不能與
外國爭一旦之命，則又聖人計慮之所不及者也。（同上）

在嚴復看來，古代聖人的「平爭泯亂」之法，顯然有問題。這種方
法，不僅造成中國君主之獨裁專制，而且也扼殺個人思考與創造的能力
──失去了自由。近代西方之盛，不在其「善會計」、「擅機巧」、「天
算格致之精」，而在於「學術黜僞而崇眞」和「刑政屈私而爲公」，而
這些又與自由有關。他說：

……不外於學術則黜僞而崇眞，於刑政則屈私以爲公而已。斯
二者與中國理道初無異也，顧彼行之而常通，吾行之而常病者則自
由與不自由異耳。夫自由一言，眞中國歷古聖賢之所深畏，而從未
嘗立以爲教者也。彼西人之言曰：惟天生民，各具賦畀，得自由者
乃爲全受。故人人各得自由，國國各得自由；第務令無相侵損而
已。侵人自由者，斯爲逆天理，賊人道，其殺人傷人及盜蝕人財
物，皆侵人自由之極致也。故侵人自由，雖國君不能，而其刑禁章
條，要皆爲此設耳。（同上）

西方言自由，雖國君不能侵，中國人無自由，故國民乃國君之子
民，其自由可以任意踐踏，人格可以任意汚辱。凡此原因，一言以蔽
之，中國文化缺乏自由的成分所致。他說：

彼西洋者，無法與法並用而皆有以勝我者也。自其自由平等以
觀之，其捐忌諱，去煩苛，決壅蔽，人人得申其意，申其言，上下
之勢不相懸隔；君不甚尊，民不甚賤，而聯若一體者，是無法之勝
也。自其官、工、兵、商法制之明備而觀之，則人知其職，不督而
辦，事至纖悉，莫不備舉，進退作息，皆有常節，無間遠邇，朝令夕
改，而人不以爲煩，則是以有法勝也。……故凡其耕鑿、陶冶、織

紙、牧畜，上而至於官府刑政，戰守轉輸，郵置交通之事，與凡所以和眾保民者，精密廣大，較吾中國之所有，倍蓰有加焉。其為事也，一一皆本諸學術；其為學術也，一一皆本於即物實測，層累階級，以造於至精至大之塗，故蔑一事焉可坐論而不足起行者也。苟求其故，則彼以自由為體，以民主為用；一洲之中，散為七八，爭馳並進，以相磨礱，始於相忌，終於相成，各殫知慮；此既日異，彼亦月新，故若用法而不至受法之弊，此其所以為可畏也。（原強）

嚴復這一段話，把「自由為體，民主為用」的功能，剖析殆盡。同時指出了中國問題之根本所在：在於缺少自由。在獨裁專制的時代，他的言論不只是向權威挑戰，而且是向中國傳統文化挑戰，所以說他的思想永遠走在時代前面，並不為過。

與中國文化有關的另一問題，是對精緻文化與世俗文化的看法。在這方面，可從他對文學革命——提倡白話文——的態度見之。嚴復對梁啓超評其「原富」譯文高深，結習未除，提出不同的看法。他認為，精微的道理不是粗俗的語文所能表達的。他說：

實則精理微言，用漢以前字法句法，則為達易，用近世利俗文學，則求達難。往往抑義就詞，毫釐千里。審擇於斯二者之間，夫固有所不得已也，豈鈞奇哉。不佞此譯，頗貽艱深文陋之譏，實則刻意求顯，不過如是。（天演論譯例言）

嚴復之言，顯然涉及精緻文化、世俗文化，以及工具觀念等問題。「精理微言」，雖然不必皆用漢以前之文句譯之，但用之「則為達易」，恐亦是事實。試觀如今之有些白話譯文、動輒數十字無一標點，而且佶屈聱牙，不知所云，自然難達信、達、雅的極致。不過，嚴復之精緻譯法，又不無曲高和寡之嫌。所以，當代之「上乘」譯品，固應以白話出之，而於必要之處，又非成語，不足以切合原意。所以，過於精

緻，少有人能夠領略；過於「世俗」，則又鄙陋無文，難以達意。梁啓超的批評確也發人省思。

（三）教育主張　中國以往的教育，均以拔擢人才爲目的。所謂「學而優則仕」，亦即在培養治國之行政人才；對於人格之發展、合羣的生活，毫無涉及；對於所謂「教育即生活」，更無關連。嚴復則認爲，教育在發揮每個人的天賦能力，了解人與人相處之道，以使整個社會達於富強康樂之域，他說：

　　……人道有宜完之分量，而人羣以相生養而存，非教無以合羣，非學無以爲完全之量。是故教育者，欲人人知職分之所當爲，性分之所固有已耳。非必拔植其躬以爲人才，以爲國家所官使而修政臨人也。顧就令爲此，將其人不過爲通功易事之一途，於以善其羣之相生相養已耳，未見其於餘民爲獨重也。國誠不可以無士，而無農商工賈焉，亦未見其能國也。苟謂士之所謂禮樂刑政，方有事於教學，而農商工賈之業，凡所以善其事者，有待於學，尤無窮也。然則一國之民既莫不待教矣，而養之、取之、任之者，又誰屬也？是故今文明國之於民也，教與養所同也。（王介甫上仁宗皇帝言事書批語）

嚴復的這一段話，把教育的社會學意義充分發揮。教育的目的在使人合羣；所謂「欲人人知職分之所當爲」，即在社會化中學習角色。他把教育的功能擴大，涵蓋整個社會角色之相互爲用，彼此挹注，並不限於禮樂刑政。這與傳統之「學而優則仕」的觀念，自然不同。

至於其教育方案，林耀華曾根據嚴復「與外交報主人論教育書」之內容，作一撮要，並與現代之教育系統相比較，如下表。

系統 學校等級	嚴 氏 教 育 系 統	現 代 教 育 系 統
學 校	小 學	初 等 教 育
1 學校年限		初 高 小 學 共 六 年
2 學生年齡	十 六 七 歲 以 前	六 至 十 二
3 課 本	舊 學 十 之 九	分社會自然算術等科
4 教 員	中 學 教 習	中 文 教 員
5 教 法	減 記 誦 益 講 解	先 講 解 後 記 誦
學 校	中 學	中 等 教 育
1 學校年限	四 至 五 年	初 高 中 學 共 六 年
2 學生年齡	十 六 至 二 十	十 二 至 十 八
3 課 本	中文十之三西文十之七	分 科 外 加 外 國 語
4 教 員	中 西 學 教 習 兼 有	中 外 教 員 兼 有
學 校	高 等 學 堂	高 等 教 育
1 學校年限	預備科專門科三至四年	四至八年（內包專門學校 大學本科大學院）
2 學生年齡	二 十 以 後	十 八 至 二 十 六
3 課 本	全西文（經史文辭諸學列 於專科）	大 學 分 文 理 法 各 科
4 教 員	西 學 教 習 華 人 補 教	中 外 教 授 兼 有

資料來源: 見❸，頁245。

由上表觀之，其具有現代教育之雛型，已極顯見。但基本上，他的目的在救中國之患，所謂「今吾國之所最患者，非愚乎？非貧乎？非弱乎？……凡事之可以瘉此愚，療此貧，起此弱者皆可爲。而三者之中，尤以瘉愚爲最急。」可見，他對教育之重視了。

（四）文化體系──中學爲體、西學爲用論　在清末國勢衰微之際，救國之論，不一而足。張之洞的「舊學爲體，新學爲用」，便是其一。自從張氏提出此言之後，攻擊者，無時或無，直到如今，仍有人視爲「文化思想上的一種反動主流」❺⑦。嚴復對此亦持反對態度。他說：

> 善夫金匱裘可桴孝廉之言曰：「體用者，即一物而言之，有牛之體則有負重之用，有馬之體則有致遠之用，未聞以牛爲體以馬爲用者也。」中西學之爲異也，如其種人之面目然，不可強謂似也。故中學有中學之體用，西學有西學之體用，分之則兩立，合之則兩亡。議者必欲合之而以爲一物，且一體而一用之，斯其文義違舛，固已名之不可言矣，烏望言之而可行乎！（與外交報主人論教育書）

嚴復之言，含有明顯的文化體系觀念。申言之，中國文化係一體系，西方文化係另一體系，兩者不可交互爲用。否則必遺後患而無功。他接著說：

> 一國之政教學術，其如具官之物體歟！有其元首脊腹而後有其六府四支，有其質幹根荄而後有其枝葉華實，使所取以輔者與所主者絕不同物，將無異取驥之四蹄以附牛之項領，從而責千里焉固不可得，而田隴之功又以廢也。輓近言變法者，大抵不揣其本而欲支節爲之，及其無功，輒自詫怪。不知方其造謀，其無成之理固已具矣，尙何待及之而後知乎！是教育中西主輔之說，特其一端已耳。

───────────────

❺⑦　同❺，第三册，頁250。

（同上）

他認為，變法之不成功，即在於未能了解中西文化體系之不同。所以一旦失敗，則每表詫異。因為一國之文化，乃自成一個體系，其中各部分彼此關連，相互糾結，牽一髮而動全身，不可能只變其中部分，而保留其他部分，否則保留部分頓失依據，不能發揮功能；而採用或吸收之新部分，亦必茫茫然無所適從。在這方面，嚴復的觀察極為深入，他以教育為例說：

> 然則今之教育，將盡去吾國舊以謀西人之新歟？曰：是又不然。英人摩利之言曰：「變法之艱，在去其舊染矣，而能別擇其故所善者葆而存之。」方其洶洶，往往俱去，不知是乃經百王所創垂，累葉所淘汰，設其去之，則其民之特色亡，而所謂新者從以不固。獨別擇之功，非暖姝囿習者之所能任耳；必將闊視遠想，統新故而視其通，苞中外而計其全而後得之，其為事之難如此。（同上）

嚴復之言，不僅客觀，而且合於社會學之觀點。可是，張之洞的「舊學為體，新學為用」說，並非一無是處。以社會學的觀點論之，所謂「舊學為體」，宜指保存非物質文化 (non-material culture)，即對於思想觀念方面的文化，加以保存；「新學為用」係指採用物質文化 (material culture)，尤指科學成就，其功能在效果與效率。張之洞的意思顯指思想觀念是中國的好，物質科學是西方的佳，取兩者而合一，則中國始可強盛。然而問題在中西文化是否能合一。傳統上，一般人總認為「東是東，西是西，東西永不能相遇」。所以，中國文化是中國文化，西方文化屬西方文化，中西文化不能合一。因之對於張之洞的中西體用之說，自然橫加攻擊。

可是，細察此種觀念，其疏忽文化變遷及社會變遷之事實，亦極明

顯。試以今日臺灣言之（臺灣在保存中國非物質文化方面，勝於中國大陸），無論在物質文化或非物質文化方面，其中多少是中國的？多少是西方的？稍事觀察，不難了然。換言之，臺灣並未全盤西化，但也未一成不變，現有的「臺灣文化」是中西合璧，不斷涵化（acculturation）的結果。嚴復所謂「必將闊視遠想，統新故而視其通，苞中外而計其全而後得之。」正是涵化時所要做的選擇功夫。由是而言，張之洞的西學為用，可以涵化於中國文化之中，當然中國文化（非物質文化）亦可因社會變遷之影響，而予以取舍存留。世界上沒有一種文化一成不變，所以中西文化之交互影響，彼此挹注，並非不可能。總之，社會變動不居，文化亦然，如何吸收優良的文化成分以為涵化之要素，方為主要問題所在。嚴復的取舍存留說，正是「闊視遠想」的做法，是涵化的必要步驟與過程。

（五）論人口　論中國人口問題者可謂不少。所謂問題，一在恐懼人口減少而有滅種之患；一在憂慮人口過多，使生活水準不能提高。清代以前，大都以人口減少為慮，其原因一在經濟，所謂人多生產力高；一在安全，蓋人多安全保障大。由此延伸，便形成為一種社會價值，所謂「多福、多壽、多子孫」之三多政策。馴至清末洪亮吉的「治平篇」之後，始對人口過剩有所警惕。唯到了孫中山，又擔心人口減少危及種族生存，而毛澤東的制度弊端論（人口本身非問題，問題是由於資本主義制度造成的），及「人多好做事」說，使中國人口急劇增長，以致將「人口爛攤子」留給後人去收拾。嚴復早歲留英，對於馬爾薩斯的人口論，自然瞭若指掌，所以他對人口增多造成的影響——尤其政治影響，剖析極為深入。他說：

支那有此生齒者，非特其天時地利之美，休養生息之宜，以有此也。其故實由於文化未開，則民之嗜欲必重，而慮患必輕；嗜欲

重，故亟亟於婚嫁，慮患輕，故不知預籌其家室之費而備之。往往一人之身，餬口無術，娶妻生子，視為固然。支那婦人，又凡事仰給於人，使一人生子四五人，而均須仰食於不足自給之一男子；則所生之子女，飲食粗弊，居住穢惡，教養失宜，生長於疾病愁苦之中，其身必弱，其智必昏。他日長成，必有嗜欲而無遠慮，又莫不亟亟於嫁娶。於是謬種流傳，代復一代，而國家又從無移民之法。積數百年，地不足養，循至大亂，積骸如莽，流血成渠，時暫者十餘年，久者幾百年，直殺至人數大減，其亂漸定。乃並百人之產以養一人，衣食既足，自然不為盜賊而天下粗安。生於民滿之日而遭亂者，號為暴君污吏；生於民少之日而獲安者，號為聖君賢相。二十四史之興亡治亂，以此券矣。不然，有治而無亂，何所謂一治一亂哉！　（保種餘義）

嚴復此言，極富社會學之意義。第一，他指出人口之增長與文化發展之程度有關。文化程度低，「則民之嗜欲必重，而慮患必輕」。第二，因為「慮患必輕」，故「男大當婚，女大當嫁」便隨著性欲的滿足而形成一種社會價值。第三，婦女不能自立，凡事仰賴男子供養，即使仰食不足，亦不離棄。如此人口遞增，終至不能自養；馴至爭食而「積骸如莽，流血成渠」。第四，國家無移民政策，代代如此，以致陷入惡性循環。所以他說：「二十四史之興亡治亂，以此券矣。」

綜觀嚴復之論，人口增長除馬爾薩斯提出的性欲與糧食競爭之外，他認為，文化能抑制或促進人口增長。西方人口雖然亦成問題，但因為文化發展較速，制度（文化要素之一）改變較易，所以人口問題很快得以解決。中國則反是，以致陷入生活水準不能提高之嚴重困境。他認為，要解決人口問題，不外以下數端：

1.提高人口品質　人口品質之高低，取決於精，不在於眾。他說：

夫種下者多子而子夭，種貴者少子而子壽，此天演公例，自草木蟲魚以至人類，所隨地可察者。（天演論導言十五案語）

他根據斯賓塞的觀念，認爲提高人口品質後，生育子女之人數自然減少，且能長壽。反之，品質低劣，生育子女固易，但易夭折。因此，減少人口的根本之計，在提高其品質，使之自然減少。

2.移民　移民是解決人口過剩的另一方法，歐洲即用此方法解決人口過剩的問題。嚴復說：

計學家戶口之論，十九稘間以馬爾達（即馬爾薩斯）所論爲最關。繼而天演家物競說行，於是歐洲各國人人自危，而殖民政策、世界主義，大用於時。約而言之，皆爲過庶之民謀耕地耳。（法意卷二十三第十六章案語）

換言之，「他以認……把人口密度密的民眾移到密度稀的地方去，一方面也可減少外人窺覦那些人口稀少的土地的野心。還是有提高民智，民智高，則嗜欲淺而計慮深，那末人口的過庶也可以減少了。」❺❽

3.廢除早婚及多妻制　中國社會，向以農業爲主，農業需要人力，故「所以做父母的不問其子女是否成人，是否有負擔家庭的能力，急急於擇婚，」❺❾以便增加人口。結果一方面造成人口過剩，另方面造成種族退化。嚴復說：

若夫吾民，則醵資嫁娶有之矣。不獨小民積蓄二三十千錢，即謀娶婦；即閥閱之家，大抵嫁娶在十六七間。男不知所以爲父，女未識所以爲母。（同上，卷十八第二十五章案語）

過早嫁娶，除了多生子女造成人口過剩外，對於種族健康，百害而無一益。他說：

---

❺❽　同❺❸，頁177。
❺❾　同❺❸，頁180。

民俗淫佚，其斂必偷，而男女身材，必日趨於短小，此察於英
法二民之異，而略可見者。中國吳越今日之婦女，幾無一長身者，
而日本之民尤甚。凡此皆有以致之者矣。故吾謂東方婚嫁太早之
俗，必不可以不更。男子三十，女子二十，實至當之禮法，誠當以
令復之，不獨有以救前弊也，亦稍已過庶之禍。（同上）

此外，多妻亦是造成人口過庶的另一因素，他說：

中國多婦之制，其說原於周易，一陽二陰，由來舊矣。顧其制
之果爲家門之福與否，……而吾國他日大憂，將在過庶，姑勿論
也。雖然，欲革此制，必中國社會出於宗法之後，而後能之。（同
上，卷十六第六章）

嚴復在九十年前就看到「吾國他日大憂，將在過庶」。而後來的政
客，不讀書，不思考，一直停留在「半部論語治天下」的階段，造成了
今日人口之「大憂」。回顧嚴復思想，甚不令人敬佩其遠見之正確。

（六）反對學生運動 現代的人類歷史，似與青年密不可分，尤其
學生在現代歷史過程中所扮演的角色，更有決定性的影響與作用。哈垂
（A. A. Khatri）說：

成千上萬的青年，對於世界各方面之改變，均有貢獻。他們所
造成的改變，可能微不足道，也可能是場政治革命。由青年推翻的
政府，比比皆是。他們是革命運動的先鋒。在此處爲終止戰爭而叫
囂，在彼處爲消除歧視而呼籲；在此地爲消除貧窮而奔走，在彼地
爲對抗壓迫而行動。他們提出的問題，從校園到國際事務，無所不
包。在今日的世界，青年在改變中以主要的面貌出現[60]。

---

[60] A. A. Khatri, "Youth as a Factor in Change," in *Transactions of
the Seventh World Congress of Sociology*, International Sociolo-
gical Association, 1970, p. 83.

在中國近代史上，此種情形亦然。其中以民國八年的五四運動，影響尤深。可是，嚴復對於學生運動，始終不以為然。他說，

從古學生干預國政，自東漢太學，南宋陳東，皆無良好效果，況今日耶!

咄咄學生，救國良苦。顧中國之可救與否不可知，而他日決非此種學生所能濟事者，則可決也。……以學生康擺渡等為傀儡耳!　❻

嚴復反對學生運動，一在其效果不彰，二在學生不過是傀儡，為成人奪取政權或爭取名利之工具。可是，嚴復之言，並未受青年學子之重視。事實上，青年人正義感濃，情緒易衝動，只要有人煽動，幾乎無不景從。尼斯貝 (Robert Nisbet) 曾說：

大學校園反叛或革命運動之產生，部分是受少數教師之刺激、鼓勵，與支持；但當學生運動發展到足以妨礙其利益時，則又出面干預、阻止，乃至消除此種運動❻。

嚴復之言，確有社會學之論證予以支持。一般青年，思不及此，結果成了他人的馬前卒，而社會，尤其政客，則賦予其行為一種社會價值，致使青年前仆後繼，死而後已。中國大陸的文化大革命是最典型的例子。當年紅極一時的紅衛兵，而今安在? 不僅犧牲了個人的青春、智力，甚至生命，而對於整個國家民族而言，何嘗不是一種損失? 一九八九年的天安門事件，如果適可而止，又何嘗會有重大犧牲。其實美國在一九六〇年代的學生運動，亦付出極為慘痛的代價❻。所謂前事不忘，

---

❻　同❻，頁301。

❻　Robert Nisbet, "Who Killed Student Revolution," in Kenneth Keniston (ed.), *Youth and Dissent: The Rise of a New Opposition*, New York: Harcourt Brace Govanovich, 1971, p. 87.

❻　一九六〇年代反越戰之際，大學校園的動亂，使美國的學術水準驟然下降。以社會學而論，在六〇年末及七〇年獲有博士學位而今有成者鮮少。就整個高等教育而言，已近空前危機。所以在一九八〇年代之初，常春籐大學才制定某些共同課目，藉以提高學術水準。

後事之師；以古爲鑑，可知得失。對靑年而言，作用似乎不大。人類歷
史何時才能擺脫惡性循環，着實發人深思。

　　三、嚴復社會思想評議　嚴復的社會思想是中西文化交流下的產
物。其基本觀念深受西方演化論之影響；其目的在求中國之富強。因爲
受演化論之影響，故其於追求中國富強之餘，仍然放眼於全世界、全人
類，乃至全歷史之發展。申言之，人不過宇宙萬物之一，只有把自己置
於整個宇宙之中，方能找到定位。他的「宇宙心」，即在「求眞理，垂
千秋」。他說：

　　　　人當有宇宙心，當人心遍及宇宙穹蒼，便能無所不通曉、無所
　　　不包容，任何時代、社會，各有其聲調、色彩、形式和尺寸，人的
　　　一切，因時、地、觀念而改變；這一刻的是，卻是下一刻的非，浮
　　　光掠影的生命轉瞬即逝，只有宇宙心與宇宙共存，那便是所謂眞
　　　理，垂千秋萬世不朽。❻❹

　　嚴復這種以宇宙爲中心的思想，不僅在當時言人所未言，即使如今
而言，亦極具先見。其社會學的含義，至少有二：（一）文化相對論。
在他看來，除宇宙本身之外，其他一切，隨時改變，轉眼成空，所謂
「這一刻的是，卻是下一刻的非」，正是此意。（二）是世界體系觀，
所謂「只有宇宙心與宇宙共存」，乃指宇宙爲唯一實體，而且是一整
體，不可分割，其本身就是萬事萬物存在之必然道理——眞理。嚴復認
爲，天地一切不斷改變，最後只剩下實體的宇宙，其他一切或趨一致，
或不重要，所以人類之整個思想應以宇宙爲衡量。今日我們衡量人類事
務，如能事事以整個宇宙爲重心，時時以整個人類的生存著想，則當不
至於置人類於絕途。例如，世界強權發展核武，美其名曰自保，而一旦

---

　　❻❹　華嚴（嚴停雲），「吾祖嚴復」，載「北美世界日報」，世界副刊，1990年
　　　　8月21日。

爆發大戰，僅美國與前蘇聯的核子武器，即可將地球毀滅三次。其他各國亦競相發展；而發展核子武器者只想「富強」，從不想到整個人類毀滅問題。今天讀嚴復思想，謂其「是中國近代化變局中的先知」，信有徵也。

　　至於其對社會變遷、中西文化之比較、人口問題之剖析等，都有其獨特正確之見解，惜乎未受世人重視罷了。

第六節　章炳麟

　　一、略傳　章炳麟字太炎，原名絳，浙江餘杭人。生於清同治七年（西元一八六八年），卒於民國二十五年。少從俞樾治經學，後又受業於黃以周。因病而未能參加科試，自後絕於仕途，惟深研國故。二十七歲，加入康有為之強學會，又與梁啓超辦「時務報」，倡言革命。兩年後，見知於兩湖總督張之洞，延入幕府，與同僚梁鼎芬不睦，乃赴上海任「昌言報」（原「時務報」）撰述。是年戊戌政變，清廷懸緝，章炳麟乃避難臺灣。次年赴日本，結識孫中山，相言革命。一九〇〇年義和團亂起，由日返滬，與唐才常、容閎、嚴復在上海宣言獨立，並斷髮以示決心。一九〇三年再度赴日，結識張繼、秦力山、馮自由等，並發起「中夏亡國二百四十二年紀念會」於東京，手撰宣言，聞者無不感動。同年返國，與劉師培、鄧實、黃節於上海創辦「國粹學報」，發揚國故，倡議排滿，主張革命。不久因為鄒容「革命軍」一書作序，大招滿清之忌，被捕下獄，與鄒容同禁於上海之西獄。三年後出獄，再赴日本，主「民報」筆政，並為留日學生講授國粹。其後遊美。辛亥起義，由美返國。民國元年，南京政府成立，方迎至京，旋赴北京，任袁世凱之高等顧問。袁竊國，章炳麟頗為不滿，袁將其幽禁。袁死後，黎元洪釋其南

歸。民國十四年創辦「華國」雜誌，同年遊兩湖，並講學於兩省。民國二十三年移居蘇州，有終老之志。次年設章氏國學講習會，親自主講，聞名而聽者甚眾。二十五年六月因病逝世，享年六十九歲。

章炳麟除倡言革命外，尚精研經術。學問淵博，性行耿介。著有「章氏叢書」「續章氏叢書」及「訄言」、「學林雅言」、「檢論」，均傳於世❻。

二、社會思想

（一）演化與人性　章炳麟認爲，人性之中善惡並存，雖然演化可使善更善，但同樣惡亦更惡。演化本身並不能使人類社會達於理想境界。所以他提出「俱分進化論」。他說：

> 近世言進化論者，蓋眩於海格爾氏，雖無進化之文明，而所謂世界之發展，即理性之發展者，進化之說已藥芽其間矣。達爾文、斯賓塞輩應用其說，一舉生物見象爲證，一舉社會見象爲證。……彼不悟進化之所以爲進化者，非由一方直進，而必由雙方並進；專舉一方，惟言智識進化可爾。若以道德言，則善亦進化，惡亦進化。以生計言，則樂亦進化，苦亦進化。雙方並進，如影之隨形，如魍魎之逐景，非有他也。智識愈高，雖欲舉一廢一，而不可得；曩時之善惡爲小，而今之善惡爲大；曩時之苦樂爲小，而今之苦樂爲大。然則以求善求樂爲目的者，果以進化爲最幸邪？其抑以進化爲最不幸邪？進化之實不可非，而進化之用無所取，自標吾論曰俱分進化論。（章氏叢書別錄卷二、俱分進化論）

由上觀之，章氏似乎認爲人及人類社會中之現象，成正負對偶比排

---

❻　同⓮，頁488—489；郭湛波，「近代中國思想史」，香港：龍門書店，一九七三年，頁267—269；馬岡，「中國思想史資料導引」，臺北市：牧童出版社，民國六十六年，頁184—186。

存在。其中正進，負亦進，兩者不可或分。換言之，社會道德因演化而轉進，而社會罪惡亦因演化而尾隨，甚至後者超越前者。所謂「道高一尺，魔高一丈」。所以，演化（進化）不能單指一方之精進，蓋其不能將人類導入理想之境。章氏之言，誠然可信。試以今日之電腦科技為例，其發展固然有正面的作用與影響，但應用電腦犯罪也如影隨形，應運而生。其他如自由發展（進化），暴力驟增（儘管有人不承認兩者有直接關連）。

至於人類行為之善惡，更為明顯。申言之，人類不會因演化而去惡存善。他特別以人類與下等動物比較，認為人類在演化過程中，並沒有盡失豺狼之心。他說：

> 人與百獸其惡之比較為小乎？抑為大乎？虎豹以人為易與而啖食之，人亦以牛羊為易與而啖食之。牛羊之視人必無異於人之視虎豹，是則人類之殘暴，固與虎豹同爾。虎豹雖食人，猶不自殘其同類者。大古草昧之世，以爭巢窟，競水草而相殺者，蓋不可計。猶以手足之能，土丸之用，相觝相射而止；國家未立，社會未形，其殺傷猶不能甚大也。既而團體成矣，浸為戈矛劍戟矣，浸為火器矣，一戰而伏屍百萬，喋血千里，則殺傷已甚於大古。縱令地球統一，弭兵不用，其以智謀攻取者，必尤甚於疇昔，何者，殺人以刃，固不如殺人以術。與接為構，日以心鬥，則驅其同類使至於悲憤，失望而死者，其數又多於戰，其心又慘於戰。此固虎豹所無，而人所獨有也。由是以觀，則知由下級之哺乳動物，以至人類，其善為進其惡亦為進也。（同上）

從歷史上看，數千年前的戰爭慘狀，至今依然存在，甚至由於武器之發展與精進，其悽慘較數千年前尤甚。雖然有國聯、聯合國等正面之演化成就，但對於整個人類擺脫戰爭之痛苦，沒有絲毫幫助。

由是而言，進化（演化）只是一種事實，一種過程，無關乎「進步」。社會現象變幻不定，向面不一；社會個體利害不同，人格不一，故難一致。在社會學理論中，有的強調共識與穩定，有的強調競爭與衝突，當知演化非指一面之進步而言。所以人性不可能因演化而趨善。其中主要原因在於欲望之不能滿足。章炳麟說：

> 若人則非獨有五官之樂也，……衽席之情，牀第之樂，芻豢之味，袞帛之溫……由飽煖妃匹而思土地，由土地而思錢帛，因錢帛而思高官厚祿……（同上）

正如涂爾幹所謂，欲望的滿足，並非滿足，而是更大欲望的刺激。只要人欲不能進化，則即是道德進化，亦不能達到「博愛」之境地。

（二）個人與社會的關係　章炳麟向以個人爲社會中心，所以強調個人主義：「認爲個人之本身，即其生活之目的。一切之社會關係皆緣個人之自擇以產生，一切之社會制度皆爲個人之自利而敷設。」⑯ 他說：

> 蓋人者委蛻遺形，倏然裸胸而出，要爲生氣所流、機械所制。非爲世界而生，非爲社會而生，非爲國家而生，非互爲他人而生，故人之對於世界社會國家與其對於他人，本無責任。責任者後起之事。必有所負於彼者，而後有所償於彼者。若其可以無負，即不必有償矣。然則人倫相處，以無害爲其界限。過此以往，則鉅人長德所爲，不得責人以必應爲此。（同上，別錄卷三、四惑論）

由上而言，章氏的觀點，顯然建立在交換論上。所謂「必有所負於彼者，而後有所償於彼者。」即係此意。他又認爲，如果個人對他人盡力而不求報酬，乃由於人天生之惻隱之心與愛意，而不是法律的規定。他說：

---

⑯　同⑩，頁 885。

吾為他人盡力，利澤及彼而不求圭撮之報酬，此自本吾隱愛之念以成，非有他律為之規定。吾與他人戮力，利澤相當，使人皆有餘，而吾亦不憂乏匱，此自社會趨勢迫脅以成，非先有自然法律為之規定。有人焉，於世無所逋負，采野稆而食之，編木菫而處之；或有憤世厭生，蹈清冷之淵以死，此固其人所得自主，非大羣所當訶問也。（同上）

由上觀之，章氏的個人主義思想，可謂達於極點，足可上承老莊，掩映西哲。當然他把個人與社會的關係看得太簡單了。人雖然「非為世界而生，非為社會而生，非為國家而生，非互為他人而生」，但如果欲生，則舍「社會趨勢」，便不可能生。人固然可以控制自己的行為，但非全部行為。因為無論其如何遺世獨立，其生存與生活的條件與環境，乃由他人所提供。人畢竟不只是「采野稆而食之，編本菫而處之」的「自然動物」。既然如此，則可以說，人類自始即是由「自然法律為之規定」的社會動物。所以，「大羣」（團體或社會）對於個體不能毫無「訶問」。

章炳麟認為，社會對於個人的干預或控制，僅在於利害之間。他說：

當訶問者云何，曰：有害於己，無害於人者，不得訶問之。有益於己，無益於人者，不得訶問之。有害於人者然後得訶問之。此謂齊物……凡有害於人者謂之惡人，凡有益於人者謂之善人。人類不為相害而生，故惡非所當為，則可遮之使止。人類不為相助而生，故善亦非人之責任，則不得迫之使行。（同上）

依章氏之言，只要有害於人者，社會方才干預，至於對人無害之行為，即使對己有害，社會亦無權過問。但那種行為為無害於人？從體系觀點而論，可能無一行為——無利與無害——與他人無干。譬如自殺，

雖然非傷及於人，但可能因爲自己之死，使妻子與子女之生活陷於困境。所以，自殺雖然「有益於己」，但卻「無益於人」，甚能不得訶問？

總之，章炳麟雖然亟思擺脫社會對於個人之干預，但其立論欠妥，沒有現代的自由主義 (liberalism) 圓潤，只是老莊思想之推衍而已。

（三）政治主張　由於章氏的思想以個人主義爲重心，在政治上，則採無政府主張。既無政府，自無國家。他對國家尤多貶抑。他說：

> 國家既爲人民所組合，故各各人民暫得說爲實有，而國家則無實有之可言；非直國家，凡彼一邨、一落、一集、一會，亦惟各人爲實有自性，而邨落集會則非實有。自性要之個體爲眞，團體爲幻，一切皆然，其例不可以僂指數也。……是故指環、眼鏡筐、時辰表廓一切虛僞，惟金是眞，如是邨落軍旅牧羣，國家一切虛僞，惟人是眞，雖有巧辯，不能奪其說也。……若彼國家則並非五識見量所得，欲於國家中求見量所得者人民而外，獨土田山瀆耳，……則國家之爲主體，徒有名言，初無實際可知已。……然則國家學者倡此謬亂無倫之說，以誑燿人，眞與崇信上帝同其昏悖。（同上，別錄卷三、國家論）

章氏思想，顯然「見樹不見林」。在社會中，他只見個人，不見團體。在他看來，除了個人，其他社會組織，概不存在，概是虛僞。他接著說：

> 夫國家猶是也，亦有大山巨瀆，天所以限隔中外者，然以人力設險爲多，蒙古之鄂博，中國之長城皆是類也。又不能爲，則置界碑，又不能爲，則虛劃界線於輿圖，以爲分域。凡所以設此外延者，與蛤蚌有甲，虎豹有皮何異。然則國家初設，本以禦外爲期，是故古文國字，作或從戈，先民初載，願望不過是耳。軍容國容漸

有分別，則政事因緣而起，若夫法律治民，不如無爲之化，上有司
契，則其勢亦互相牽連，不可中止，曰鄉無外患，亦安用國家。
（同上）

由是而言，有了國家，方有政事，如軍事悍衛、法律治民等；無國
家，則無外患，國家自無存在必要。他說：

國家事業……必非以一人赴湯蹈刃而能成就，我倡其始，而隨
我以赴湯蹈刃者，尙億萬人，如是則地獄非我所獨入，當有與我俱
入者在，而獨尸是語以爲名高，斯亦何異於盜竊乎？余以爲衆力集
成之事，眞無一可寶貴者，非獨蒞官行政爲然，雖改造社會亦然。
堯舜云、亞歷山德云……於近世巴枯寧、苦魯泡特金輩，雖公私念
殊，義利事異，然其事皆爲衆力集成，則與炊薪作飯相若，……夫
竈下執爨之業，其利於丞民者至多，然而未有視爲神聖者，彼國家
之事業，亦奚以異是邪！尸之元首則頗，歸之團體則妄，若還致於
各各人民間無過家人鄙事而已，於此而視爲神聖，則不異於事火呪
龍也。（同上）

由上言之，他把國家視爲一種罪惡。不僅國家如此，凡由集體力量
而形成的團體，亦然。他認爲，個人之事由個人自理，團體（國家）無
須越俎代庖。如果由個人自理，一切不過些瑣碎小事而已，所以「尸之
元首則頗，歸之團體則妄。」

章氏既然主張無國家，自然也就沒有政府了。他說：

五無者，超過民族主義者也。云何五無，一曰無政府，凡茲種
族相爭，皆以有政府，使其隔閡。假令政權墮盡，則犬馬異類，人
猶馴狎而優容之，何有於人類。抑非專泯種族之爭而已；有錢幣
在，則爭奪生而階級起，於是以共產爲生，則貿易可斷而錢幣必沈
諸大壑矣。有軍器在，則人將藉是以爲殺掠之資，於是鎔解銃礮，

椎毀刀劍，雖未足以絕爭心，而爭具則自此矣。其以牝牡相交，父子相繫，是雖人道之常，然有所暱愛則妬生，有所攝受則爭起，於是夫婦居屋，親族相依之事，必一切廢絕之，使人民交相涉入，則庶或無所間介矣。（同上，五無論）

以上是章氏論無政府之功能。人類的罪惡，似乎均因有政府而生，人類的問題唯因無政府而解。他又在序張繼譯「無政府主義」一書中說：

張繼譯無政府主義一卷，本意大利人馬剌跌士達著，其揮廓垢氛，解散維縶，悲愍眾生之念，亦以勤矣。……夫能平齊人之好惡，知一身之備物，刀割香塗，愛憎不起，黃塵火齊，等無差別者，斯天下之至高也。……恬惔寡營，屏人獨處，持茅粟為穀食，圍木皮作綺襦，大樂不至勞苦亦絕。……莊生有言，「魚之相濡以沫，不如相忘於江湖」，「吾生有涯，以隨知之無涯殆已！」昔人悲夸父之逐日，近賢悼奔馬之追杖，此則營求眇欲，自苦之根，麋集為生，伐性之斧；故知福為美疢，羣為聚癰，計文野者，是華士見不如歸大樸也，求幸福者是天宮見不如言苟全也。……若能循齊物之眇義，任蠻蚑蠻之各適，一人百族，執不相侵，並上食李之夫，犬儒裸形之學，曠絕人間，老死自得，無互強相陵逼，引入區中，庶幾吹萬不同，使其自己。斯猶馬氏所未逮乎？然其挽擣政家，鉏犂驅儈，振泰風以播塵墶，鼓雷霆以破積堅，墮高堙卑，丘夷淵實，蕩覆滿盈之器，大庇無告之民，豈弟首塗，必自茲始，雖有大智，孰能異其說邪……（同上，別錄二無政府主義序）

由上觀上，章氏所理想之境界，非但無政府，亦無社會組織。此境界遠古時期或者有之；行於近世，自然了無可能。例如一九六○年代末與七○年代初的美國嬉皮，雖然以反文化（Counterculture）見稱於

世，但最後仍然回歸現代社會。尤其其領袖人物發覺現代社會的價值超越其反文化價值時，便紛紛回到「凡塵」，重過「進步」生活，如魯賓 (Jerry Rubin)、韋塞曼 (Harvey Wasserman) 均是❻。總之，從現代社會的變遷而言，無政府可能只是理想、空想，少有實現之可能。

因此，面對現實社會之後，章炳麟依然重視各種制度——法。他所謂法，即現代所謂之社會制度，其中尤以政治制度為然，他說：

> 法者，制度之大名，周之六官，官別其守，而陳其典，以擾乂天下，是之謂法。故法家者流，則猶通俗所謂政治家也，非膠於刑律而已。（同上，檢論）

人在現世之中，社會秩序之維繫，乃生存的第一要務；而秩序之維持則須靠法。他說：

> 管子曰，法者所以興功懼暴，律者所以定分止爭，令者所以令人知事，論功計勞未嘗失法律。此則法以明刑，今之律矣，律以定分，今之名例矣，而通可以論功計矣。（同上，原法）

所以，在政治上，他依然主張以法家思想治國。因為唯法家「終能使民生……終使民膏澤」。他說：

> 法家焉，雖小器也，綜覈名實，而使上下交蒙其利，不猶愈于蕩乎？苟曰，吾寧國政之不理，民生之不邃，而必不欲使法家者整齊而摶紐之，是則救饑之必得于侂飯，而誡食壺殆者以寧為道殣也，悲夫！以法家之鷙，終使民生，以法家之慤，終使民膏澤，而世之仁人流涕洟以憂天下者，猥以法家與弘湯，仲舒佞人之徒同類，而媿娸之，使九流之善邃喪其一！（同上，檢論）

---

❻ 章炳麟所想像的無政府、無國家，乃至無社會組織之狀態，在近代西方，尤其美國，曾有「實驗」，所謂「社區探索」是也。詳見 ❷，頁168—174。

他之推崇法家，從學術而言，固使「九流」不失一善，從實際而言，亦能發揮「綜覈名實，而使上下交蒙其利」之功。所以，在政治上，章炳麟的思想可分成兩個層次：理想與現實。前者主無政府，後者重法治。

（四）反宗教　章炳麟原係無政府之虛無主義者，所以反對宗教，無足爲奇。他認爲，宗教起源於「民智」未開。換言之，對於各種現象不能解釋而又欲加以解釋時，往往以鬼神附會。他的看法與孔德的觀點相似。他說：

> 生民之初，必方士爲政……此五洲上世之所同也。自夏殷以往，其民則椎魯無觸理。……眇論之旨，非更千百年弗能闓懌，時爲之也。……當是時見……眩不可解者，以爲必有鬼神尸之，故天事不諭，而巫咸祒之術興，觀生不週，而聖人以神道設教……馮螭者、大蛆也，以爲河伯；海若者、右倪之龜也，以爲瀛之神龍；㜝者、淰葳也，奉于夏郊。而三代傳祀之，此猶生物也。……上帝無形，羕而益愚，增而益誣，故圜邱大旅者，淫祀之首，狂惑之宗也……周道衰、名法起，徇通之民，歸于老聃仲尼，明明在上，監照下方，不自辯護，……猶襲回而不遽黜，……雖精意，其愚誣均也。諸奉天神地祇物彪者，皆上世之左道，愚陋下材之所推樹。

（同上，檢論原教）

他因反對宗教，作「無神論」，「大爲基督教人所反對」（同上，別錄二答鐵錚）。何以如此？他認爲，中國德教雖然不同，但都是「依自不依他」。中國人有了問題靠自己，及靠社會國家來解決；外國人有了問題靠上帝來幫助。所以，中國本無宗教。他說：

> 支那德教雖各殊途，而根源所在，悉歸於一，曰依自不依他耳。自孔子至於孟荀，性善性惡互相鬨訟，訖宋世則有程朱，與程

朱立異者，復有陸王，與陸王立異者，復有顏李，雖虛實不同，拘
通異狀，而自貴其心，不以鬼神爲奧主一也。佛教行於中國，宗教
十數，獨禪宗爲盛者，即以自貴其心，不援鬼神，與中國心理相合
故。……昔無神之說，發於公孟，排天之論，起於劉柳，以此知漢族
心理，不好依他；有此特長，故佛教得迎機而入，而推表元功，不
得不歸之孔子。世無孔子，即佛教亦不得成行。僕嘗以時絀時申，
譁眾取寵爲孔子咎，至於破壞鬼神之說，則景仰孔子當如岱宗北斗
……孔子亦有天祝、天喪、天厭、獲罪於天等語，似非撥無天神
者，按孔子詞氣，每多優緩而少急切之言，故於天神未嘗明破。然
其言曰「鬼神之爲德，體物而不可遺」，此明謂萬物本體，即是鬼
神，無有一物，非鬼神，是即斯比諾沙汎神之說，汎神者，即無神
之遜詞耳。（同上）

所謂「鬼神之爲德，體物而不可遺」，是否「即無神之遜詞」，可
能有待商榷。但孔子謂「敬鬼神而遠之」，確有無神的觀念。孔子本人
既主無神，所以章氏對於康有爲把儒家變成孔教一說，發表「駁建立孔
教議」，以示不滿。他說：

近世有倡孔教會者，余竊訾其怪妄，宗教至鄙，有大古愚民行
之。……中土素無國教，……逮及衰周，孔老命世，老子稱「以道蒞
天下其鬼不神」。孔子亦不語神怪，未能事鬼。次有莊周、孟軻、
孫卿、公孫龍、申不害、韓非之倫，……由是妖言止息，民以昭蘇。

蓋孔子所以爲中國斗杓者，在制歷史，布文籍，振學術，平階
級而已。……自孔子作春秋，然後紀年有次，事盡首尾，……此其
有造於華夏者功爲第一。……自孔子觀書柱下，述而不作，刪定六
書，布之民間，然後人知典常，家識圖史，其功二也。……孔子於
中國爲保民開化之宗，不爲教主，無孔子，憲章不傳，學術不振，

則國淪戎狄而不復，民陷卑賤而不升，欲以名號加于宇內，通達之
國難矣。今之不壞，緊先聖是賴，是乃其所以高于堯舜文武而無算
者也。……故以德化則非孔子所專，以宗教則爲孔子所棄，今忘其
所以當尊，而以不當尊者奉之，適足以玷闕里之堂，污泰山之迹
耳。（同上，文錄二駁建立孔教議）

他認爲建孔教，不啻是對孔子的一種污辱。孔子的功勞「在制歷
史，布文籍，振學術，平階級而已」。與宗教無涉，故把孔子神化，自
更荒謬。

總之，章氏從社會發展的觀點上否定宗教，一切「依自不依他」、
「自貴其心」，與神鬼自無相干。章氏可說是中國反宗教思想的極端人
物。

一般人言宗教時，常必先辨明是否有鬼神或上帝存在，以爲崇拜對
象。但因神之存在與否無法證實，故反宗教之論常咄咄逼人，不假辭
色。其實，如把宗教視爲一種個人的及社會的需要，而不必追根究柢其
崇拜對象是否存在，則有神無神之爭，自非問題所在。此外，宗教的成
分原建立在「不可知上」，如果可知，則非宗教，自無爭論可言。所
以，對於宗教無須反對，無須排斥，信不信由你，它是因應需要而產生
的現象，其崇拜對象存在與否，無遜於宗教本身的價值與功能。涂爾幹
的「宗教生活的基本形式」(*The Elementary Forms of the Reli-
gious Life: A Study in Religious Sociology*) 一書，對此言之綦
詳[68]，茲不多贅。

三、章炳麟社會思想評議 在近代中國史上，章炳麟是一位不應忽

---

[68] Emile Durkheim, *The Elementary Forms of Religious Life: A
Study in Religious Sociology*, Trans. Joseph Ward Swain, London:
Allen & Unwin; New York: Macmillan, 1915.

視的人物，他的成就不限於國故的詮釋，而對政治、社會、文化等方面均有其不可磨滅的影響。就其社會思想而言，其中獨特之處，所在多有。例如，他的「俱分進化論」，可使吾人了解，人類社會不會因爲進化而無問題。道德固能精進，而罪惡亦隨之「進步」。由此而言，人類社會可能永無寧日。至於他的個人主義思想，雖非創見，但卻極端。個人主義又與自由有關，所以他倡言無國家、無政府，乃至無社會組織。章氏此說，雖僅見社會組織之弊，但其代表一時思想趨勢，殆無疑義 ❻❾。至於其宗教觀，與此亦有關係。所以基本上，章氏的社會思想可說是受中國傳統、西洋思潮，以及時代背景交互影響下的產物。

第七節　蔡元培

一、略傳　蔡元培字鶴卿，一字子民，浙江紹興人。生於清同治六年（西元一八六八年），卒於民國二十九年。先生才識宏偉，由秀才、而舉人、而進士、而翰林院編修。自一八九四年之後，開始涉獵譯本西書，思想爲之一變。同時學習日文，因同情維新派而辭職，旋東遊日本，加入同盟會，從事革命。返國後，組織愛國學社，參加蘇報及「張園」演講，宣傳革命。又與章炳麟組光復會於上海，並學習製造炸彈，斷髮短裝，練習軍事訓練。一九〇三年上海「蘇報案」發，鄒容、章炳麟被捕入獄，先生因赴青島學習德語而倖免。一九〇七年留學德國，時年四十有一。一九一一年辛亥革命成功，歸國任教育總長，旋辭職。次年率團迎袁世凱赴南京就任總統，未果。民國四年袁世凱改制敗亡，蔡元培受命爲北京大學校長。民國十五年由北京南下上海，創「中央研究

---

❻❾　時張繼譯，「無政府主義」，風行一時。另巴枯寧與馬克思的社會主義思想，與此亦有關連。

院」。日本侵華戰爭爆發，先生隨中央研究院撤至後方，行之香港，病逝。享年七十有二。著有「中國倫理學史」、「哲學要領」，另有「蔡元培先生全集」。

二、社會思想

（一）中西文化之比較　蔡元培時值中西文化交織之際，上承中國傳統⑳，下介西洋文明，其目的在使兩者互相調適。所以其思想中最值稱道，亦最合於社會學觀點者，厥為中西文化之比較。

他認為，西方文化來源廣泛，由多種文化相互交織、彼此涵化而成。他說：

> 歐洲文化最遠，推源埃及，其次是希臘、羅馬，後來容納希伯來文化，演成中世紀的經院哲學 (Scholostique)。後來又容納阿拉伯文化，並回顧希臘、羅馬文化，演成文藝中興的學術 (Ren-aigssance)。僅此科學、美術，積漸發展，有今日的文明。（中國的文藝中興）

又說：

> 希臘民族吸收埃及、腓尼基諸古國之文明而消化之，是以有希臘之文明；高爾日耳曼諸族吸收希臘、羅馬及阿拉伯之文明而消化之，是以有今日歐洲諸國之文明。（文明之消化）

他所謂「……吸收……諸國之文明而消化之」，即強調文化涵化——把他人文化變為自己文化的過程——的重要。所以，西方文化之發達，在其源頭不一，彼此涵化的結果。由於此種涵化，便產生了其特殊之文明與成就。他說：

---

⑳　詳見 W. J. Duiker 著，張力譯，「蔡元培與儒家傳統」，載周陽山、楊蕭獻編，「近代中國思想人物論：自由主義」，臺北市：時報出版公司，民國六十九年，頁265—288。

歐洲文化，不外乎科學與美術……而近代的科學、美術，實皆
植基於復興時代。……學術的種子，早已在希臘、羅馬分布了。…
…羅馬末年，因日耳曼人的移植，而舊文化幾乎消滅，這時候，保
存文化的全恃兩種宗教，一是基督教，一是回教，回教的勢力，局
於一隅；而基督教的勢力，則幾乎瀰漫全歐。基督教受了羅馬政治
的影響，組織教會，……於是把希臘、羅馬的文化。一切教會化。
例如希臘哲學家亞里斯多德，……教會即利用亞氏的學說爲工具，
曲解旁推，務合於教義的標準。有不合教義的，就指爲邪教徒，用
火刑懲罰他們。一切思想自由、信教自由，都被搶奪。中古時代大
學課程。……沒有歷史與文學，他的固陋可以想見了。那時候崇閎
的建築，就是教堂，都是峨特式，有一參天高塔，表示升入天堂的
願望，……附屬於建築的圖畫與雕刻，都以聖經中故事爲題材；音
樂詩歌，亦以應用於教會的爲時宜。及十三世紀，意大利詩人坦丁
始以意大利語發表他最著名的長詩神曲，……文詞的優美，又深受
希臘文學的影響，而可以與他們匹敵，這是歐洲復興時期的開山。
嗣後由文藝而藝術，由文藝而及於科學，以致政治上、宗教上，都
有一種革新的運動。（*中國新文學大系總序*）

所以，在西方文化中，從建築、文學、科學，到政治，都是多種文
化彼此「消化」的表現。反觀中國文化則否。中國文化甚少受他人影
響，是單獨發展的一種特例。他說：

中國的文化，自西曆紀元前二十七世紀至二十世紀，有農林工
商等業，有封建與公舉元首的制度，……正與埃及相類。從紀元前十
二世紀到三世紀，所定的制度，見周禮一書。……那時候說水火金
木土五行的箕子，很像說火氣水土四元的 Empedocles。……以數
學、物理學、論理學、政治學、道德學的墨子，很像亞里斯多德。

……從西曆紀元一世紀起，印度佛教傳入。……十一世紀以後到十七世紀，講孔子學說的學者，採用印度哲學，發展中國固有的學說，他們嚴正的行為，與斯多噶派（Stoicisme）相像；他們深沉的思想，與學院派相像；這一時期可與歐洲中古時代的文明相比。（中國的文藝中興）

他又說：

我國古代文化，以周代為最可徵信。周公的制禮作樂，不讓希臘的梭倫。東周季世，孔子的知行並重，循循善誘，正如蘇格拉底；……老子的神秘，正如畢達哥拉斯；陰陽家以五行說明萬物，正如恩派多克利以地水火風為宇宙本源；墨家的自苦，正如斯多亞派；莊子的樂觀，正如伊壁鳩魯派；名家的詭辯，正如哲人。……此外如周髀的數學，……墨子的物理學，……亦已樹立科學的基礎。（中國新文學大系總序）

由上見之，他把中西古代文化等量齊觀，中國文化絲毫不亞於西方。而中國文化的成就，可說完全靠自己創造的，與其他文化甚少關連。即使與其他文化有所接觸，亦因自身文化之統一與優越，而甚少受到影響。他說：

吾國古代文明，有源出巴比倫之說，迄今尚未證實；漢以後，天方大秦之文物，稍稍輸入矣，而影響不著；其最著者，為印度之文明。漢季，接觸之時代也；自晉至唐吸收之時代也；宋，消化之時代也。吾族之哲學、文學及美術，得此而放一異彩。（文明之消化）

印度文明（主要指佛教）雖然對中國文化有所影響，但對中國之主文化（Master Culture），並無改變作用。由此而言，中西文化平行發展，自無高低之分，進退之別。因此，「他對於歐洲近代文化所持的態

度是，『非徒輸入歐化，而必於歐化之中爲更進之發明。』對於中國舊
文化，『非徒保存國粹，而必以科學方法，揭國粹之眞相。』」❼ 由此
態度，可知其對於中西文化——乃至整個文化——交流與涵化觀念的重
視了。

　　一般而言， 蔡元培對於文化的認識， 較之民初之其他學者更勝一
籌。他不言「全盤西化」，也不奢言中國文化本位。他認爲，文化之優
劣在其社會適應性。適應性強的文化特質，無論中國的或西方的，都應
保存與接受，以爲涵化的要素；適應性弱的文化特質，不問其爲西方或
中國，自然應該淘汰。他說：

　　　　自元以來，與歐洲文明相接觸，逾六百年矣，而未嘗大有所吸
　　收，如球莖之植物，多蟄之動物，恃素所貯蓄以自贍。自趣嬴瘠，
　　亦固其所。至於今日，始有吸收歐洲文明之機會；吸收者，消化之
　　預備。必擇其可以消化者而始吸收之。食肉者棄其骨，食果者棄其
　　核，未有渾淪而吞之者也。 印度文明之輸入也， 其滋養果實爲哲
　　理，而埋蘊於宗教臭味之中。吸收者渾淪而吞之，致釀成消化不良
　　之疾。鈎稽哲理，如有宋諸儒，既不免拘牽門戶之成見；而普通社
　　會，爲宗教社會所薰習，迷信滋彰，至今爲梗。歐洲文明，以學術
　　爲中堅，本視印度爲複雜；而附屬品之不可消化者，而隨而多岐。
　　政潮之排盪，金力之劫持，宗教之拘忌，率皆爲思想自由之障礙。
　　使皆渾淪而吞之，則他日消化不良之弊，將視印度文明爲尤甚。審
　　愼於吸收之始，毋爲消化時代之障礙。（同上）

　　蔡氏之言，其精微處非常人可見。「全盤西化」，患在不消化，本
國文化本位，則「不免拘牽門戶之成見」。所以，如何選擇有益於國

---

❼　郭湛波，「近代中國思想史」，香港: 龍門書店，一九七三年，頁 255。

家、社會、民族之文化特質，以爲涵化之基礎，方爲「進步」之舉。所以，在民國二十四年，有所謂何炳松等十教授發表「中國本位的文化建設宣言」，徵詢蔡先生意見，他答覆說要把中國文化人類所公認爲善的，中國人認爲善，而外國人認爲不善的，外國人認爲善而中國人卻認爲不善的，列舉出來，作一方案，否則「憑空辯論，勢必如張之洞『中體西用的標語』，梁漱溟『東西文化』的懸談，贊成，反對，都是一些空話了。」⑫

蔡先生非文化人類學家，但其對文化之認識，較之同時代之其他學者，高出百倍，其偉大處可能在此，其成就也可能在此。

（二）論科學與迷信　蔡元培在檢視、比較中西文化之後認爲，中國最缺少者是科學，而科學則是西方社會進步的動力。所以，終其一生，均爲提倡科學而努力，冀以此使中國富強，社會發達。換言之，中國之羸弱不振，在於科學思想不發達。他說：

> 科學者，所以祛現象世界之障礙，而引致於光明。（世界觀與人生觀）

有科學，人類方有光明，科學的目的在發現眞理，科學的價值在實驗，他說：

> 吾人讀古人之書，其中所言苟非親身實驗證明者，不可輕信；乃至極簡單之事實。如一加二爲三之數，亦必以實驗證明之。夫實驗之用最大者莫如科學。……眞是眞非絲毫不能移易。……科學之價值，即在實驗。……古來科學家往往因試驗科學致喪其命，新發明之學理，有與舊傳之說不相容者，往往遭社會之迫害，如哥白

---

⑫　同上，頁256。

尼、賈利來之慘禍。（科學之修養）

中國自古缺乏實驗法，科學自然即不發達。他說：

　　朱熹釋格物為即物窮理，且說「即凡天下之物，莫不因其已知之理而益窮之……」似稍近於現代科學家之歸納法，然以不從實驗上著手，所以也不能產生科學。（中國新文學大系總序）

又說：

　　孔子同時有墨子，蘇格拉底之後有亞里士多德，則皆兼治科學者也。……中國墨學中絕，故以後科學永不發達。（哲學與科學）

中國自古缺乏科學，也就不求眞理，凡事迷信；迷信之人，則一切仰賴於神，他說：

　　昧理之人，於事理之較為複雜者，輒不能了然。於其因果之相關，則妄歸其因於不可知之神，而一切依賴之。其屬於幸福者，日是神喜而佑我也，其屬於不幸福者，日是神之怒而禍我也。於是求所以喜神而免其怒者，祈禱也，祭告也，懺悔也，立種種事神之儀式，而於其所求之果，渺不相涉也。然而人顧信之，是迷信也。……既歸其一切之因於神，而神之情不可得而實測也，於是不勝其徼幸之心，而欲得一神人間之媒介，以為窺測之機關，遂有巫覡卜人星士之屬，承其乏而自欺以欺人，或託為天使，或誇為先知，或卜以龜蓍，或占諸星象或說以夢兆，或觀其氣色，或推其誕生年月日時，或相其先人之墳墓，要皆為種種預言之準備，而於其所求之眞因，又渺不相涉也。然而人顧信之，是亦迷信也。（理信與迷信）

迷信是科學之大敵，社會進步的障礙，人類之所以為萬物之靈，在人有科學精神，有破除迷信的理性，他說：

　　種瓜得瓜，種豆得豆，有是因而後有是果，盡人所能信也。……礎潤而雨，徵諸濕也；履霜堅冰至，驗諸寒也；敬人者人恆敬之，

愛人者人恆愛之，符諸情也；見是因而知其有是果，亦盡人所能信也。……其所見爲因果相關者，常積無數之實驗，而歸納以得之，故恒足以破往昔之迷信。（同上）

迷信破除了，科學發達了，人類社會便自然會進步。

（三）道德相對論　自清末鴉片戰爭失敗之後，西方文物與思想不斷侵入，面對新的價值觀念，社會不能不作調適。此種調適，一則具有政治意義，即希望藉西方思想以振興國家民族；一則具有人道意義，希望藉西方思想，以改變傳統中不合人道的倫理、觀念，使中國人能過著人一樣的生活。因此，許多人對於中國傳統倫理之功能，提出質疑、檢討、修正與辯論。其偏激者，則高喊打倒孔家店，「衝決網羅」，廢除名教及禮教吃人等等。當然，維護傳統者亦起而反擊，一時「百家爭鳴，百花齊放」，孕育出中國社會思想史上的偉大時代。

在這些辯論中，道德即成了一個主要課題。正反兩派均言成理，持之有故。蔡元培的道德觀，可說能取兩者之長，去兩者之短，而且最具調適之功能與意義——即道德相對論。陳獨秀在闡釋蔡元培對道德的見解時說：

人與人相處的社會，法律之外，道德也是一種不可少的維繫物。根本否認道德的人，無論他屬某一階級，那一黨派，都必然是一個邪僻無恥的小人。但道德與眞理不同，他是爲了適應社會的需要而產生，他有空間性和時間性，此方所視爲道德的，別方未必然；古時所視爲不道德的，現在則必未然。譬如：活焚寡婦，在古代印度視爲道德，即重視守節的中國人，也未必以爲然；寡婦再嫁，在中國視爲不道德的事，在西洋，即在現時的中國，也不算得甚麼大不好的事……男女平權之說，由西洋傳到中國，當然和中國固有的道德，即禮教，大不相容了。……總之，道德是應該隨時代

及社會制度變遷，而不是一成不變的；道德是用以自律，而不是拿來責人的；道德是要躬行實踐，而不是放在口裏亂喊的；道德喊聲愈高的社會，那社會必然愈落後，愈墮落；反之，西洋諸大科學家的行為，不比道貌岸然的神父牧師壞，清代的樸學大師們，比同時湯斌、李光地等一班道學家的心術要良善得多。就以蔡先生而論，他是主張「以美育代替宗教」的，他是反對祀孔，他從來不拿道德向人說教，可是他的品行要好過許多高唱道德的人。（蔡孑民先生逝世後感言——民國二十九年三月二十四日重慶「中央日報」）❼❸

從以上蔡元培的道德觀見之，其相對之觀念極其明顯。申言之，道德隨時間、空間而不同。他自己也說：「近世學者據生理學、心理學、社會學之公例以應用於倫理，則知具體之道德不能不隨時隨地而變遷；而道德之原理，則可由種種不同之具體者歸納以得之。」（以美育代宗教說）他甚至把此種觀念加以擴大，包括自身的修養。他說：

> 修養之道，在平日必有種種信條；無論其為宗教的，或社會的，要不外使服膺者儲蓄一種抵抗之力，遇事即可憑之以抉擇。如心所欲所作而禁其不作，或心所不欲而強其必行，皆依信條之力，……信條之起，乃由數千年習慣所養成；及行之既久，必有不適之處，則懷疑之念漸興，而信條之效力遂失。……若古聖先賢之格言嘉訓，雖屬人造，要亦不外由時代經驗歸納所得之公律，不能不隨時代之變遷而異其內容，……欲求其能常繫人之信仰，實不可能。

（科學之修養）

事實上，社會或文化之中不變者甚少。只有一些「絕對」的觀念，不隨時空而改變。例如，「不可有無故殺人、說謊、偷竊、破壞」等等

---

❼❸　同上，頁257—258。

對團體有害之行爲。其他一切，從小的角色內涵到大的社會制度，均須因應「世殊事異」而變遷。因此，蔡元培對道德、禮教、名教等等問題的看法，不如全盤西化者激烈，也不像保守者固執。

（四）個人與社會的關係　在西方的社會思想中，個人爲社會而存在，抑社會爲個人而存在的爭論，由來已久。兩者實係見樹見林之不同。中國社會思想亦然。傳統上，個人依附社會，無社會便無個人。因此社會的一切制度，個人必須順從。蔡元培在這方面秉持傳統觀念，不過他在解釋時，卻不受傳統限制。例如他說：

> 積人而成羣。羣者，所以謀各人公共之利益也，然使羣而危險。我羣中之人出萬死不顧一生之計以保羣，而羣將亡。則不得已而有舍己爲羣之義務焉。……己在羣中，羣亡則己隨之而亡。今舍己以救羣，羣果不亡。己亦未必亡也。即羣不亡，而己先不免於亡，亦較之羣己俱亡者爲勝。此有己之見存者也。……立於羣之地位，以觀羣中之一人，其價值必小於眾人所合之羣；犧牲其一而可以濟眾，何憚不爲。……此無己之見存者也。……一曰從軍，戰爭，罪惡也；然或受野蠻人之攻擊而爲防禦之戰，則不得已也。例如比之受攻於德，比人奮勇而禦敵，雖死無悔，誰曰不宜？二曰革命，革命未有不流血者也；然不革命而奴隸於惡政府，則雖生猶死，故不憚流血而爲之。例如法國一七八九年之革命，中國數年來之革命，其事前之鼓吹運動而被拘殺者若干人，臨時奮鬥而死傷者若干人；是皆基於舍己爲羣者也。三曰暗殺。暗殺者，革命之最簡單手段也。殲魁而釋從，懲一以儆百，而流血不過五步。古者如荊軻之刺秦王，近者如蘇斐亞之殺俄帝亞歷山大第二，皆其例也。四曰爲眞理犧牲。眞理者，和平之發現品也。然或爲教會，君黨，若貴族之所忌，則非有捨己爲羣之精神，不敢言之。例如蘇格拉底創新哲學，下

獄而被酖；哥白尼爲新天文說，見讎於教皇；巴枯寧倡無政府主義
而被囚被逐，是也。（舍己爲羣）

　　他認爲，社會（羣）是個人合成，社會之存在係「謀個人公共之利
益」，所以倘社會或團體有危險，個人便應赴湯蹈火，捨命相救。但個
人捨己救羣只有在特殊情況下方可爲之。如對抗侵略之戰爭，剷除邪惡
政府之革命等等。換言之，個人不應爲野蠻的國家犧牲，不應爲邪惡的
政府去捨命。雖然它們也是「羣」，但其行爲侵害個人，不能「謀個人
公共利益也」。由此可見，蔡元培認爲個人應爲社會盡忠、捨命，但此
社會或其中之團體、組織、社區等，必須能爲個人謀利益，否則不值爲
其犧牲，爲其盡忠，相反的，應該起而反抗，爭取利益。他「以一種類
似孔孟的人文主義傳統觀念起始，　即人類社會係以個人爲本，　所有社
會進展必須要以人爲基本單位」❼❹。因此，凡違背「基本單位」利益的
「羣體」，都應剷除。

　　（五）論宗教與美育　蔡元培反對迷信，不信宗教。前已言之，其
信念除來自中國儒家傳統外，尚受西方思想之影響。他在論道德宗教的
起源時說：

　　　　上古之世，草昧初開。其民知識淺陋，所見驚奇疑異之事，皆
　　以爲出於神意。如人之生也從何來？人之死也從何去？萬物之生生
　　而代謝也，爲之者何人？高山之崔巍，大海之汪洋，雨露之恩澤，
　　雷霆之威嚴，日月之光華，即下至一草一木，一勺水，一撮土，凡
　　不知其理由者，　皆以爲有神寓乎其間而崇拜之。　此多神教所由起
　　也。其後於經驗上發明統一之理，則又以爲天地間有大主宰焉；雖
　　大至無外，小至微塵，莫不由其意匠之所造。　此一神教之所由起

---

❼❹　　同❼⓪，頁281。

也。既有宗教，而天地間一切疑難勿可解決之問題，皆得藉教義解答之。且推之於感情方面，而人類疾病死亡痛苦一切不能滿足之心慮，皆得於良心上有所慰藉，與之以新生的希望。又推之於行爲方面，而福善禍淫，使人人有天堂之歆羨與地獄之恐怖，以去惡而從善。此皆半開化人所信仰之主義，而無不求其主宰於冥冥之中者也。（駁尊孔教爲國教說）

蔡氏之言，與社會學的觀點同，特別與孔德的「人智發展」三階段說的第一階段──神學階段相同❼，顯然是受其影響。宗教之起源既然與自然現象、個人需要有關，則當此等現象的事實揭穿之後，宗教信仰即可能式微。他說：

> 人智日開，科學發達，以星雲說明天地之始原，以進化論明人類之由來，以引力說原子論明自然界之秩序，而上帝創造世界之說破，以歸納法組織倫理學、社會學等，而上帝監理人類行爲之說破。於是舊宗教之主義不足以博信仰。其所餘者，祈禱之儀式，僧侶之酬應而已。而人之信仰心乃漸移於哲學家之所主張。（同上）

所謂「人之信仰心乃漸移於哲學家之所主張」，正是孔德「人智發展」的第二階段──玄學階段。後來科學發達，各種現象均可一一解釋，此時知識脫離宗教而獨立。他說：

> 天演之例，由渾而畫，當時精神作用至爲渾沌，遂結合而爲宗教。又並無他種學術與之對，故宗教在社會上遂具有特別之勢力焉。迨後社會文化，日漸進步，科學發達，學者遂舉古人所謂不可思議者，皆一一解釋之以科學。日星之現象，地球之緣起，動植物之分佈，人種之差別，皆得以理化博物人種古物諸科學證明之。而

---

❼ 蔡元培留學歐洲，對於孔德的思想應有涉獵，其提及孔德的人道教，即係一例。

宗教家所謂吾人爲上帝所創造者，從生物進化論觀之，吾人最初之
祖始，實爲一種極小之動物，後始日漸進化爲人耳。此知識作用離
宗教而獨立之證也。（以美育代宗教說）

此正是孔德所謂之「人智發展」的第三階段——實證階段。由上言
之，可知其對宗教起源與發展的觀點。此外，他也指出，宗教之所以產
生，在宗教有其功能。換言之，宗教可以滿足人類的某些需要。他說：

> 宗教之原始，不外因吾人精神作用而構成。吾人精神上之作
> 用，普通分爲三種：一曰知識；二曰意志；三曰感情。最早之宗
> 教，常兼此三作用而有之。蓋以吾人當未開化時代，腦力簡單，視
> 吾人一身與世界萬物，均爲一種不可思議之事。生自何來？死將何
> 往？創造之者何人？管理之者何術……於是有宗教家勉強解答之。
> （同上）

質言之，至少宗教可以對人類之知識、意志、感情等方面，提供種
種答案。可是中國自古並未建立起一種如西方般的宗教，主要是受孔子
學說的影響。他說：

> 孔子之學說，教育耳，政治耳，道德耳。其所以不廢古來近乎
> 宗教之禮制者，特其從宜從俗之作用，非本意也。季路問事鬼神，
> 曰：「未能事人，焉能事鬼？」問死，曰：「未知生，焉知死？」
> 是孔子本身對於宗教已不啻自劃界限。（駁尊孔教爲國教說）

由於中國傳統即儒家傳統，宗教發展固受影響；同樣也未因宗教而
帶來災難。他說：

> 中國從沒有宗教戰爭，如歐洲基督教與回教，或如基督教中新
> 教與舊教的樣子。中國有一種固有的祖先教，經儒家修正後，完全
> 變爲有意識的紀念。不以神秘爲象徵，與孔德提倡的人道教相似。
> 舊有的多神教變爲道教，並不曾與儒教有多大的衝突；佛教傳入以

後，也是這樣。……總之，中國人是從異中求出相同之點，去調和他們，不似歐洲人專從異處著眼。回教傳入以後，也是這樣；基督教傳入以後也是這樣。……所以信仰自由主義在歐洲沒有定入憲法以前，在中國早已實行了。（中國的文藝中興）

從蔡元培的觀點而言，中國人的人智發展，似乎由孔子帶到了孔德所謂之玄學階段。當然，孔德的分段，並非斬釘截鐵，判然明確。事實上時至今日，宗教活動依然不輟，亦無消弭之跡象；中國人的宗教活動，亦應作如是觀。

蔡元培既然反對迷信，不信宗教，但他又不能取消宗教的功能，所以倡導以美育代宗教，並且使美育脫離宗教，以免宗教之累。他說：

美育之附麗於宗教者，常受宗教之累，失其陶養之作用，而轉以激刺感情。蓋無論何等宗教，無不有擴張己教，攻擊異教之條件。回教之穆罕默德，左手持可蘭經而右手持劍，不從其教者殺之。基督教與回教衝突，而有「十字軍」之戰，幾及百年。基督教中又有新舊教之戰，亦亙數十年之久。至佛教之圓通，非他教所能及。而學佛者苟有拘牽教義之成見，則崇拜舍利受持經懺之陋習，雖通人亦肯爲之。甚至爲護法起見，不惜於共和時代，附和專制。宗教之爲累，一至於此，皆激刺感情之作用爲之也。（以美育代宗教說）

宗教的發展，由解釋現象而變成刺激感情的力量，結果導致了宗教戰爭。所以蔡元培認爲，以美育代替宗教，可以陶冶感情而不刺激感情，他說：

鑒激刺感情之弊，而專尚陶養感情之術，則莫如舍宗教而易以純粹之美育。純粹之美育，所以陶養吾人之感情，使有高尚純潔之習慣，而使人我之見，利己損人之思念，以漸消沮者也。（同上）

他認爲在科學昌明的時代，唯有以美育替代宗教，方能解除人的苦痛。他說：

> 科學與宗教是根本絕對相反的兩件東西。科學崇尙的是物質，宗教注重的是情感。科學愈昌明，宗教愈沒落，物質愈發達，情感愈衰頹，人類與人類便一天天隔膜起來，而互相殘殺。……我的提倡美育，便是使人類能在音樂、雕刻、圖畫、文學裏又找見他們遺失了的情感。（與時代畫報記者談話）

他更進一步認爲，美到極處，人我不分，利害無爭。因此，美除了陶冶人之性情外，更可以和諧人際關係，甚至宇宙萬物的關係，都可因美而得到調適與增進。他說：

> 美以普遍性之故，不復有人我之關係，遂亦不能有利害之關係。馬牛，人之所利用者；而戴嵩所畫之牛，韓幹所畫之馬，決無對之而作服乘之想者。獅虎人之所畏也；而蘆溝橋之石獅，神虎橋之石虎，決無對之而生搏噬之恐者。植物之花，所以成實也，而吾人賞花，決非作果實可食之想。善歌之鳥，恆非食品。爛爛之蛇，多含毒液。而以審美之觀念對之，其價值自若。美色，人之所好也，對希臘之裸像，決不敢作「龍陽」之想；對拉飛爾若魯賓司之裸體畫，決不敢有周昉秘戲圖之想。蓋美之超絕實際也如是。（以美育代宗教說）

蔡元培強調美的功能，尤其在人格昇華方面，可以化干戈爲玉帛，棄衝突爲合作。這與道德的內化功能有異曲同工之效。但道德的力量，則仰賴美術，他說：

> 鄙人近從歐洲歸國，略有見聞，此次歐洲戰爭，最激烈者，則屬德法俄三國，而尤以德法之戰爲最久。持久之原因：第一因科學之發達，第二因美術之發達。……戰爭以軍人爲主體，爲軍人者俱

能奮勇前進，由此國民之道德。道德之養成，有謂倚賴宗教者，其
實不然。俄國最重宗教，莫斯科一市，即有教堂千餘所，……德國
北方，多奉耶教；南方多奉天主教。而德人對於宗教，並不極端信
仰，……大學生則對於教士多非笑之。一元論哲學家如海開爾等，
尤攻擊宗教。法國人對於宗教，較之德人尤爲淺薄；即如聖誕日，
法國則開市如常，並無何等點綴。自一八九二年法國厲行政教分離
之制，凡教士不得在國立學校爲教員，自小學以至大學皆然。此外
反對宗教之學說，自服爾得爾以來，不知有若干人。俄人宗教上之
信仰，較德法人爲高，而戰爭中之國民道德，乃遠不如德法，可以
見宗教與道德無大關係矣。然則法德兩國不甚信仰宗教，而一般人
民何以有道德心？此即美術之作用，……而道德之超越功利者，伴
乎情感，恃有美術之作用。（我之歐戰觀）

蔡氏的目的，顯然在斷絕宗教與道德的關係，而認爲美術才是道德
的眞正來源。所以，他不僅否定宗教，而且爲宗教找到替代品，可算是
無神論中的先進了。

三、蔡元培社會思想評議　蔡元培是中國現代化的先驅人物，對於
中國近代社會變遷，影響極爲深遠。尤其對於臺灣思想界的影響，如今
仍然餘音繞梁，久久不能離去。其主要原因在臺灣社會開放上，正符合
蔡元培的理想。換言之，踏著蔡元培的步伐向前邁進，雖然緩慢，但還
在走。至於對於中國大陸之影響，至今尚不明顯，即使以倡言言論自
由的北京大學，亦未見對這位前任校長的思想有何實踐（其原因見下
篇）。當然，蔡元培的思想，亦未必如一般人的阿諛奉承，全無問題。
他對中西文化，尤其是中國文化前途的看法，頗值稱道，可說是民初最
有見地的一個人。他提倡科學，破除迷信，亦值得稱道。他未把迷信與
宗教分開，所以，由於反迷信，隨著反宗教。他把宗教的信仰視爲不可

能證實的迷信，必因科學的昌盛而式微，故主張以美育替代宗教。這種
看法自非無爭議之處。蓋宗教是人類因應需要而產生的一種制度。費爾
巴哈 (Ludwig Feuerboch) 認爲， 宗教應以心理學的基礎解釋之[76]，
即此意也。一般人對宗教的個人及社會意義與功能，常予忽略，凡事每
以「科學」爲衡量，造成對宗教之歧視與曲解。其實美育絕不能替代宗
教，兩者的功能可能有所重叠，但非同一。所以宗教不能取代，更不能
消滅。至於其道德相對論，大體而言，瑕不掩瑜；以學術論，雖不周
全，但以之作爲改革中國傳統道德的理論而言，可以發揮某些效果。

第八節　胡　　適

一、略傳　胡適，字適之，安徽績溪人。生於清光緒十七年（西元
一八九一年），卒於民國五十一年，享年七十有一。先生聰穎過人，勤
讀不輟，受業於叔父介如。光緒三十年赴上海，入梅溪學堂，再入澄衷
學堂。宣統二年，考取公費留美， 入美國康乃爾大學農科， 不久改文
科。後改入哥倫比亞大學，就學於哲學家杜威 (John Dewey, 1859～
1952)，獲哲學博士學位。民國六年返國，任北京大學文科教授，發表
「文學改良芻議」，提倡白話文學，引起全國轟動，一時毀譽參半，其
主張終於在全國發揚光大。嗣後漫遊歐美各國，演講東方哲學，宣揚自
由主義。

　　民國十七年，任中國公學校長、北京大學文學院長。 中日戰爭期
間，任駐美大使，以其學術地位，折衝尊俎，貢獻良多。勝利後任北京

---

[76]　Jaroslav Pelikan (ed.), *The World Treasury of Modern Religious
Thought*, Boston: Little, Brown and Company, 1990, pp. 54—
63.

大學校長，國大代表。民國三十七年，中共叛亂，北平淪陷，赴美國講學。 次年中央政府遷臺， 胡氏於民國四十一年及四十三年兩度返臺講學。四十七年出任中央研究院院長，五十一年病逝臺北。

在中國近代史上，胡適是一位爭議最多的人物。他在學術上，雖然沒有重大成就，但作爲一位社會改革家，胡適的成就與影響，即使置之於世界舞臺，亦少能有人與其相比。此處所謂之影響，自然是指對於民初及民國三十八年政府退守臺灣以後的情況而言。在毛共時代，三百萬字的「胡批」，把胡適打壓了半個多世紀⑦，「胡適思想」（自由主義）自然發揮不了什麼作用。然而隨著中國大陸的改革與開放，未來胡適思想必然以一種新的面貌出現。

研究胡適思想的著作，可謂汗牛充棟，而胡適本人的著作亦不知凡幾，而且其思想前後有所改變。所以，眞正的「胡適思想」應以其最後的言論爲根據，以往思想有改變者，可由其「公開懺悔」略而不論⑱。

胡適著作範圍龐雜，計有「中國古代哲學史」、「章實齋年譜」、「戴東原的哲學」、「白話文學史」、「丁文江的傳記」，及「胡適文存」等等數十種。

二、社會思想

（一）方法論　方法是研究學問的工具，也是了解問題的起點。所謂「工欲善其事，必先利其器。」沒有好的方法，自然產生不出好的成績。胡適對於方法尤其重視。因此，在「胡適思想中有一種非常明顯的化約論（reductionism）的傾向，他把一切學術思想以至整個文化都化約爲方法。所以他在中國哲學史大綱中認定古代並沒有什麼「名家」，

---

⑦　余英時，「中國傳統思想的現代詮釋」，臺北市：聯經出版事業公司，民國七十六年，頁535。

⑱　見胡適，「從『到奴役之路』說起」，「自由中國」月刊，卷十，第六期，臺北市；民國四十三年三月十六日。

因爲每一家都有他們的「名學」，即「爲學的方法」❼❾。他的方法論主要來自杜威的思想。他在介紹杜威的方法時說：

> 杜威先生不曾給我們一些關於特別問題的特別主張——如共產主義、無政府主義、自由戀愛之類——他只給了我們一個哲學方法，使我們用這個方法去解決我們自己的特別問題。他的哲學方法總名叫做「實驗主義」，分開來可作兩步說：
>
> 1.歷史的方法——「祖孫的方法」，他從來不把一個制度或學說看作一個孤立的東西，總把他看作一個中段：一頭是他所以發生的原因，一頭是他自己發生的效果。上頭有他的祖父，下面有他的子孫。捉住了這兩頭，他再也逃不出去了！這個方法的應用，一方面是很忠厚寬恕的，因爲他處處指出一個制度或學說所以發生的原因，指出他的歷史背景，故能了解他在歷史上占的地位與價值，故不致有過分的苛責。一方面，這個方法又是最嚴厲的，最帶有革命性質的，因爲他處處拿一個學說或制度所發生的結果來評判他本身的價值，故最公平，又最厲害。這種方法是一切帶有評判（critical）精神的運動的一個重要武器。
>
> 2.實驗的方法——實驗的方法至少注重三件事：（1）從具體的事實與境地下手；（2）一切學說理想，一切知識，都只是待證的假設，並非天經地義；（3）一切學說與理想都須用實行來試驗過；實驗是眞理的唯一試金石。（胡適文存第一集）

廣義言之，這種方法就是現代社會學方法。在歷史法中，杜威「從來不把一個制度或學說看作一個孤立的東西，總把他看作一個中段：一頭是他所以發生的原因，一頭是他自己發生的效果」。這正是現代體系

---

❼❾　同❼❼，頁550。

（或系統）分析的基礎所在。 當然社會學中的歷史法， 尚含有歸納之義。但我們看社會現象的發生，不能「斷章取義」，視之爲獨立的無關事件。至於「實驗的方法」，也是研究社會現象的必要程序之一，其過程與社會學中所應用者，全無不同。胡適師宗杜威，故其方法論自亦以杜威爲標的，惟「 胡適對杜威的實驗主義只求把握它的基本精神、 態度，和方法，而不墨守其枝節。」❽所以，胡適便把此種方法「擴大應用於解決一切具體的社會問題」上❽。他說：

一切主義，一切學理，都該研究。但只可認作一些假設的（待證的）見解， 不可認作天經地經的信條； 只可認作參考印證的材料，不可奉爲金科玉律的宗教；只可用作啓發心思的工具，切不可用作蒙蔽聰明、停止思想的絕對眞理。如此方可以漸漸養成人類的創造的思想力，方才可以漸漸使人有解決具體問題的能力，方才可以漸漸解放人類對於抽象名詞的迷信。（同上）

胡適的此種態度，正是社會學的態度。他所謂之「解放人類對於抽象名詞的迷信」，正是孔德從玄學（抽象）時期進入實證（科學）時期的努力方向。總之，胡適對於方法論的觀點，與現代社會學的方法並無不同，只是沒有社會學方法之多樣性而已。

（二）個人主義 所謂個人主義，是以個人主見、尊嚴爲基礎的一種社會思想，與自由主義密不可分。賈祖麟 (J. B. Grieder) 說：

胡適在一九一八年發表了他的易卜生主義論文之後數年，胡適又漫談一項以個人主義新精神爲基礎的社會思想改革計畫，以後他一直十分堅持。 倘若胡適以自由思想家而爲人所矚目， 一則是因爲他對個人思想與社會責任，以及對個人活動所在的社會環境的性

❽ 同上，頁552。
❽ 同上。

質這兩方面，曾表示過他的意見；二則是由於他那更爲明顯清楚的政治見解——而他在這兩方面的看法至少具有同樣的重要性 **⑫**。

胡適也說：

> 眞正的個人主義就是個性主義（individuality），它的特性有兩種：一、是獨立思想，不肯把別人的耳朵當耳朵，不肯把別人的眼睛當眼睛、不肯把別人的腦力當自己的腦力。二、是個人對於自己思想信仰的結果要負完全責任，不怕權威、不怕被監禁殺身，只認得眞理，不認得個人的利害**⑬**。

在胡適的思想中，最有貢獻的便是此種思想，而最受爭議的，也是此種思想。事實上，個人主義是其一切思想的根基。質言之，其他思想均由此出發。他最早的個人主義表現，係在「易卜生主義」一文（同上）。他之所以提倡個人主義，要在使個人的個性充分發揮。個性的發揮「須要有兩個條件：第一，須使個人有自由意志。第二，須使個人擔干係。」（同上）。由此而言，個人主義並非自私自利的代名詞。相反的，是發展自我潛能的計畫。在任何一個社會國家中，唯有每個人都能充分發揮自己，不受無理的限制，這個國家社會才有進步的希望。他嘗說：

> 家庭是如此，社會國家也是如此。自治的社會，共和的國家，只是要個人有自由選擇之權，還要個人對於自己所行所爲都負責任。若不如此，決不能造出自己獨立的人格。社會國家沒有獨立的人格，如同酒裏少了酒麴，麵包裏少了酵，人身上少了腦筋，那種

---

⑫ 賈祖麟（J. B. Grieder）著，張振玉譯，「胡適對社會改革的主張與理想」，周陽山、楊肅獻編，「近代中國思想人物論：自由主義」，臺北市：時報出版公司，民國六十九年，頁324。

⑬ 胡適，「個人自由與社會進步」，「獨立評論」，北平市，民國二十四年五月十二日。

社會國家決沒有改良進步的希望。（同上）

因爲社會由個人組成，個人的人格發展了，社會自然就有進步的可能。由此可知，胡適認爲要有富強的國家和安定的社會，必先有健全的個人；而要有健全的個人，則個人須先有發展自己的自由。此其所以倡導自由主義的根本原因。反之，個人不得自由，便不能發展自己，社會因之不能進步。他說：

> 自由主義就是人類歷史上那個提倡自由、崇拜自由、爭取自由、充實並推廣自由的大運動。世間的民族，在這個大運動裏，努力有早有晚、成功有多有少。在這個大運動裏，凡是愛自由的、凡是承認自由是個人發展與社會進步的基本條件的、凡是承認自由難得而易失、故必須隨時隨地勤謹護視培養的，都是自由主義者。
> （同上）

胡適的論點，主要在強調由尊重自由、思想自由，到社會制度之改革與個人心理之解放。如今看來，此種思想雖無特殊之處，但在獨裁專制及封建閉塞之社會，自由主義依舊有震撼的力量。尤其中國在清末民初之際，一方面傳統力量籠罩社會，另一方面西洋思想漸次滲入，加之救亡之圖，彼此唱和，於是認爲救中國須從心理、思想、文化上解放之自由主義主張，於焉產生。一般而言，中國近代社會思想史，即自由主義發展史。其對近代中國擺脫封建束縛、重估社會價值、改革社會制度等等方面的影響，至爲深遠；也是中國現代化過程中最有貢獻的一股力量。

總之，胡適以個人尊嚴爲社會生活的基礎，以自由之環境爲個人發展的條件。唯有如此，社會才能進步，國家才能富強，人民才能安康。「個人沒有自由，思想又從何轉變，社會又從何進步？革命又從何成功。」[84]

---

[84] 同上。

（三）中西文化之比較　前文指出，胡適是中國近代史上──或整個中國歷史上──最受爭議的人物。他之所以備受攻擊（中共曾發動大陸學者批判胡適，洋洋灑灑三百萬言），一在他提倡自由主義，強調個人尊嚴，觸怒當道的無知政客。尤其有獨裁傾向的政客，對其最爲厭惡。此種「政治面」的壓制，最爲學界所反抗，故胡適的「個人哲學」，尚不構成其爲「社會批判」之對象。但另一方面，胡適對於中國文化之攻擊，情況則就不同了。主要原因在胡適全面否定中國（或東方）文化的價值，因此，不僅保守之士，即使「中間」人士對此亦頗有微詞，因爲胡適動搖了他們的根本生活方式。那麼胡適對於中西文化之態度如何？他說：

> 我很不客氣的指摘我們的東方文明，很熱烈的頌揚西洋近代文明。人們常說東方文明是精神文明，西方文明是物質文明，或唯物的文明。這是有誇大狂的妄人捏造出來的謠言，用來遮掩我們的羞臉的。……東方人在過去的時代，也曾製造器物，做出一點利用厚生的文明。但後世的懶惰子孫得過且過，不肯用手用腦去和物質抗爭，並且編出「不以人易天」的懶人哲學，於是不久便被物質戰勝了。……荒年了，只好逃荒去；瘟疫來了，只好閉門等死；病上身了，只好求神許願。……現在有一些妄人……天天要你們相信中國的舊文化比任何國高，中國的舊道德比任何國好。還有一些不曾出國門的愚人鼓起喉嚨對你們喊道，「往東走，往東走，西方的這一套把戲是行不通的了！」我要對你們說：不要上他們的當，……我們必須承認我們自己，不但物質機械上不如人，不但政治制度不如人，並且道德不如人，知識不如人，文字不如人，音樂不如人，藝術不如人，身體不如人（胡適文選）

由上見之，胡適的口吻，有些像基督教「新約聖經」中保羅對基督

徒的訓示與祈盼。他的目的在要國人面對現實，實事求是，不要爲了自卑而掩蓋，不要爲了自大而狂妄。他又說：

> 東方的文明的最大特色是知足；西洋的近代文明的最大特色是不知足。 知足的東方人自安於簡陋的生活， 故不求物質享受的提高，不想征服自然，只求樂天安命。……這樣受物質環境的拘束與支配，不能跳出來，不能運用人的心思智力來改造環境、改良現狀的文明，是懶惰不長進的民族的文明，是真正唯物的文明。……西方人大不然，他們說「不知足是神聖的」，物質上的不知足產生了今日鋼鐵世界、汽機世界、電力世界；理智上的不知足產生了今日科學世界。……這樣充分運用人的聰明智慧來尋求真理以解放人的心靈，來制服天行以供人用，來謀人類最大多數的最大幸福，……是真正理想主義的文明，決不是唯物的文明。（胡適文存第三集）

又說：

> 西洋近代文明特色便是充分承認這個物質的享受的重要；建築在三個基本觀念之上：第一人生的目的是求幸福。第二所以貧窮是一椿罪惡。 第三所以衰老是一椿罪惡， …… 是一種利用厚生的文明。（同上）

胡適認爲，今日中國之當務之急，是如何消除舊有的種種罪孽，使中國起死回生。他說：

> 中國今日最可令人焦慮的，是政治的形態、社會的組織，和思想的內容與形式，處處都保持中國舊有種種罪孽的特徵，太多了，太深了。……從破敗的農村，到簇新的政黨組織，何處不具有「中國的特徵」？思想的內容與形式，從讀經祀孔、國術國藝，到滿街的性史，滿牆的春藥，滿紙的洋八股，何處不是「中國的特徵」。……總之，在這個我們還只僅僅接受了這個世界文化的一點皮毛的

時候，侈談「創造」固是大言不慚，而妄談折衷也是適足為頑固勢力添一種時髦的煙幕彈。（同上，第四集）

胡適進一步認為，對於西方文明之認識，必須真確，不可存有偏見，並且要真正了解人類發展之大勢；擯棄妨礙進步的迷信，以科學的態度與方法追求真理。胡適對於中西文化態度的堅持，畢生未改，他在逝世前三個月的一篇演講中指出：

我們應當丟掉一個深深的生了根的偏見，那就是以為西方的物質的、唯物的文明雖然無疑的占先，我們東方人還可以憑我們的優越的精神文明自傲。……必須丟掉，承認東方文明中所含的精神成分，實在很少。應當學習了解、賞識科學和技術絕不是唯物的，乃是高度理想主義的，乃是高度精神的。……第一，我認為我們東方這些老文明中沒有多少精神成分。那些老文明本來只屬於人類衰老的時代，年老身衰了，心智也頹唐了，就覺得沒法子對付大自然的力量了，沒有一點生活氣力。……近代文明是歌頌人生的文明，是要利用人類智慧改善種種生活條件的文明。第二，科學和技術的新文明是人類真正偉大的精神的成就，我們必須學習，去愛好，去尊敬的。因為近代科學是人身上最有精神意味而且的確最神聖的因素的累積成就；那種因素就是人的創造的智慧，是用研究實驗的嚴格方法去求知，求發現，求絞出大自然的精微秘密的那種智慧。

……我主張把科學和技術的近代文明看作高度理想主義的，精神的文明，……對東方那些老文明，對科學和技術的近代文明的重新估量，我們東方人才能夠真誠而熱烈的接受近代科學。……得不到一點這樣的科學技術的文明的哲學，我怕科學在我們中間不會深深的生根，我怕我們東方的人在這個新世界裏也不會覺得心安理得。（文星雜誌卷九第二期）

胡適把中國的希望完全寄託在科學之上。質言之，中國人在這個世界裏能否心安理得，完全決定於接受科學的程度。在中國，把科學作如是觀的學者並不多見。這種科學萬能的思想，固然有助於中國科技之發展，但也招惹不斷的批評，尤其他對中國文化之沒落說，引起許多人之強烈不滿。至於其對中西文化之比較正確與否，只有使用他自己的方法論去證實了。

（四）社會改革與中國現代化　胡適是近代中國最前進的社會改革家，他的目的在使羸弱古老的中國從根本上站起來。所以，他大膽地提出種種社會改革方案。胡適的社會改革基礎建立在社會不斷變遷的實事上。申言之，社會既然不斷變遷，故需要不斷的改革方案與之配合，方能救國家，救社會。他說：

> 社會國家是時刻變遷的，所以不能指定那一種方法是救世的良藥。十年前用補藥，十年後或者須用泄藥了；十年前用涼藥，十年後或者須用熱藥了。況且各地的社會國家都不相同，適用於日本的藥，未必完全適用於中國；適用於德國的藥，未必適用於美國。只有康有爲那種「聖人」，還想用他們的「戊戌政策」來救戊午的中國；只有辜鴻銘那班怪物，還想用二千年前的「尊王大義」來施行於二十世紀的中國。（胡適文存第一集）

由上見之，解決社會問題的方法有空間性，也有時間性。但無論如何，須先了解社會的眞相如何，然後才能對症下藥，進行改革。

胡適所以強調社會改革的重要，在於改革個人「沒有下手的地方」，「主張正心、誠意、獨善其身的辦法……其實是沒有辦法」。他說：

> 這個觀念（指孟子所謂「窮則獨善身」）的根本錯誤在於把「改造個人」與「改造社會」分作兩截；在於把個人看做一個可以提到社會外去改造的東西。要知道個人是社會上種種勢力的結果！社會

上的「良好分子」並不是生成的，也不是個人修鍊成的——都是因爲造成他們的種種勢力裏面，良好的勢力比不良的勢力多些。……古代的社會哲學和政治哲學只爲要妄想平空改造個人，故主張正心、誠意，獨善其身的辦法。這種辦法其實是沒有辦法，因爲沒有下手的地方。近代的人生哲學漸漸變了，漸漸打破了這種迷夢，漸漸覺悟：改造社會的下手，方法在於改良那些造成社會的種種勢力——制度、習慣、思想、教育等等。那些勢力改良了，人也改良了。所以我覺得「改造社會要從改良個人做起」，還是脫不了舊思想的影響。（同上）

由此而言，胡適的思想可說是一種「唯社會學」的思想。他把改良社會環境作爲社會改革的重心，而不是以改良個人去適應惡劣的社會環境。譬如：種子再好，在貧瘠的土地上也結不出好果實。反之，如果土地肥沃，播種之後再不斷灌溉，則一定有好的果實出現。所以改良社會應先從改良社會環境——制度、習慣、思想、教育等等——上著手，僅做些正心、誠意及獨善其身的工夫，對於社會發展或進步毫無影響。

那麼當時的社會環境有那些問題呢？胡適說：

我們真正的敵人是貧窮、是愚昧、是貪污、是擾亂。這四大惡魔是我們革命的真正對象，而他們都不是用暴力的革命所能打倒的。打倒這四大敵人的真革命只有一條路，就是認清了我們的敵人，認清了我們的問題，集合全國人才智力，充分採用世界的科學知識與方法，一步一步的做自覺的改革，在自覺的指導之下，一點一滴的收不斷的改革之全功。不斷改革收功之日，即是我們目的達到之時。（同上，第三集）

貧窮、愚昧、貪污、擾亂等問題不是「用暴力的革命所能打倒的」，所以他才主張由社會來改革。爲了祛除愚昧，他提倡白話文學。

他在「文學改良芻議」中，主張以白話文體表達情感和思想。白話文不僅可以「表達二十世紀的新情感和新思想」[85]，更重要的是容易學習。因爲文學題材只不過是種工具，工具有效、便利，學習自然容易；學習容易，人們自然不再愚昧、無知。一個社會國家的人民不愚昧、不無知，自然會追求眞理，努力奮進。如此，獨裁專制的愚民政策不能發揮作用，民主自由亦必隨之發達。所以，胡適的白話文運動是澈底的、深入的、根本的社會改革。換言之，只有透過白話文使人民的知識提高，其他的社會問題方能解決，或至少容易解決。

胡適畢生從事的工作，就是要使人民有知，尤其要有科學的知；就是要使人民有追求眞理、判斷是非的能力，進而使國家社會現代化。換言之，要因應二十世紀的快度變遷，使國家達到富強的境地，必須拋棄傳統的舊觀念、舊價值、舊思想，以科學的態度與方法去迎接新觀念與新價值。

（五）社會批判　由於胡適主張社會改革，而改革的第一步，則須先作批判，以便了解社會問題之癥結、性質，與影響，進而提出改革的方案及其他相關事項，俾使此方案順利進行。胡適是近代中國社會批判最力的人物。他抓住中國傳統的弊端，不斷地加以「負面判斷」（negative judgement），並且認爲唯有去此弊病，社會國家才能進步。這與黑格爾（G. Hegel）所謂之人類歷史是人類自決的進展，並不斷地超越現存的社會約制，可謂不謀而合。所以他說：

> 人生的大病根在於不肯睜開眼睛看世間的眞實現狀。明明是男盜女娼的社會，我們偏說是聖賢禮義之邦；明明是贓官汙吏的政治，我們偏要歌功頌德；明明是不可救藥的大病，我們偏說一點病

---

[85]　同[77]，頁537。

也沒有! 卻不知道: 若要病好，須先認有病; 若要政治好，須先認現今的政治實在不好; 若要改良社會，須先知道現今的社會實在是男盜女娼的社會。……因為我們對於社會的罪惡都脫不了干係，故不得不說老實話。（同上，第一集）

要說「老實話」，自然是負面判斷; 歌功頌德，錦上添花，對於社會了無助益。尤其是一個知識分子，更應該秉持良知，克盡自己的社會責任。此外，也是「因為我們對於社會的罪惡都脫不了干係，故不得不說老實話。」（同上）申言之，「社會是由個人組成的」，批判社會不僅有利於他人，也有利於自己。綜觀胡適的思想，幾乎均以批判為出發點，而影響所及，不僅在當時形成風尚，而且延續至今❽⑥。

（六）對於家族制度的批評　胡適對於中國文化的批評，其中以家族制度及婦女地位最為具體。中國的家族制度建立在父子關係上，所以胡適首先對此關係發難。他說:

　　吾國家庭，父母視子婦如一種養老存款。……子婦視父母遺產為固有。……再甚一族一黨，三親六戚，無不相倚依。一人成佛，一族飛昇; 一子成名，六親聚噉之。如蠅之附骨，不以為恥而以為當然，此何等奴性! 真亡國之根也! 夫子婦之養親孝也，父母責子婦以必養，則倚賴之習成矣。（留學日記）

中國家庭中的父子關係（或兩代關係）建立在經濟的基礎上，所謂「養兒防老，積穀防飢」是。這原係農業社會下的產物。但胡適認為此種制度容易養成倚賴，形成墮性，最礙個人之發展; 而且也容易養成自

---

❽⑥　批評家殷海光常說他是「五四後期人物」（見林毓生，「殷海光先生一生奮鬥的永恆意義」，前揭書，頁 436）。此外也有些以米爾斯（C. Wright Mills）的「社會學想像」為論點的青年學者，亦以批評為能事。唯對於中國的傳統文化欠缺認識，不過「趨炎附勢」，自不能與胡適比。但其承續胡適的批判傳統則一。

私自利，不負責任的習性。他說：

> 吾常語美洲人士，以爲吾國家族制度，子婦有養親之責，父母
> 衰老，有所倚依，此法遠勝彼邦個人主義之但養成自助之能力，而
> 對於家庭不負贍養之責也。至今思之，吾國之家族制，實亦有大
> 害，以其養成一種依賴性也。……吾國家庭對於社會，儼若一敵國
> 然，曰揚名也，曰顯親也，曰光前裕後也，皆自私自利之說也。
> （同上）

胡適對於中國傳統家庭制度的批評，多少可以獲得社會理論之支持。尤其孝的限制性，更爲胡適所不齒。所謂「不愛其親而愛他人者，謂之悖德，不敬其親而敬他人者，謂之悖禮。」就是一種狹義的自私觀念。所以他主張子婦婚後，即應與父母分居，但不遠去，且時常往來。如此一則家庭的齟齬不易產生，再則父母與子婦皆保持其自立的特性，親子之間亦不致疏遠。

此外，胡適對於婦女地位之提高，鼓吹激勵，亦不遺餘力。胡適在一九一四年之前認爲，中國傳統女德的標準高於他國。他說：「忽念吾國女子所屬地位，實高於西方女子，吾國顧全女子之廉恥名節。」（同上）自是年之後，胡適思想有了改變，「……一則由於他對婦女選舉權密切的注意，二則是康乃爾大學一位教授的女兒威康艾迪斯，他一個純學問上的朋友，對他的影響。他拋棄了以前認爲女子只是應當做「賢妻良母」的主張，而採取了新的見解，就是「女子教育之最上的目的乃在造成一種能自由獨立之女子。」」❽ 所以在他回國之後，看到婦女依然受到殘酷的虐待時，便強烈地批評中國所「獨有的寶貝」：「八股、小腳、太監、姨太太、五世同居的大家庭、貞節牌坊、地獄活現的監獄，

❽ 同❽，頁330。

以及板子夾棍的法庭。」（胡適論學近著）尤其對於不合人道的殘酷行爲大表不滿。行之二十世紀，中國人依然陶醉在「餓死事極小，失節事極大的吃人禮教」之中，「沒有一個理學聖賢起來指出裹小腳是不人道的野蠻行爲。」（同上）在不人道的野蠻行爲中，其甚者莫過於褒揚烈婦烈子的殺身殉夫。他說：「以近世的人道主義的眼光看來，褒揚烈婦烈女殺身殉夫，都是野蠻殘忍的法律，這種法律，在今日沒有存在的地位。」（同上）他甚至對於中國男人最祈望、女人最忌諱的貞操問題都提出質疑。他說：

今試問人：「貞節是什麼？」或者「你爲什麼褒揚貞操？」他大概要回答說：「貞操就是貞操，我因爲這是貞操，故褒揚他。」這便是今日道德思想宣告破產的證據。……貞操這個問題並不是「天經地義」，是可以澈底研究，可以反覆討論的。（同上）

胡適的這種「性革命」思想發表在五十八年以前，即使在今天，恐亦不爲多數男人所接受，更遑論半個多世紀以前了。胡適的目的，不只是在提倡和維繫人道，也是在由此以建立一個自由、平等、互賴的社會。

三、胡適社會思想評議　在中國近代史上，胡適思想的社會影響，可與孫中山國民革命的政治影響相提並論。他「一方介紹歐美的思想，一方用西洋的思想方法來整理中國古代思想。」[88] 所以「他在中國思想史和文學史（特別是小說史）方面都起了劃時代的作用。這種開新紀元的成就，主要來自他所提倡的方法、觀點，和態度。」[89] 但此非意味胡適思想了無瑕疵。事實上，他自己對有些主張或看法就「公開懺悔」

---

[88]　同[71]，頁343。
[89]　同[82]，頁536。

過⑨。胡適最受爭議之處在其對中國文化之全盤否定，並以他所嚮往的西方科學文明取代之。從最近幾十年來社會發展的狀況觀之，科學技術確實爲人類帶來不少方便，但科技也爲人類留下滅絕之危機。所以控制科技發展與成就的「非物質文化」，比科技本身之「物質成就」更爲重要。質言之，科技之一味發展，帶給人類的是禍不是福。羅馬俱樂部諸君子的研究⑨，足可爲鑑。科技屬於工具性的文化，工具的運用及其後果，則由人類之其他非科技性觀念決定之。所以科技並不代表一切，不能解決一切。相反的，科技運用不當，則有招致滅絕之危機。胡適強調科技的重要，可說是民初「一元論」思想之通病。張君勱在「胡適思想路線評論」中說：

　　……建立一國之文化，不能缺少三種態度：（一）宇宙各種現象囊括無遺；（二）各異之學說應公平論斷；（三）不忘本國歷史與其所遺留之制度之眞意義。有科學，同時不能無道德無宗教；不可因科學而排道德與宗教；亦不可因道德宗教而排科學。更進而言之，主革新者，不可抹殺傳統，同時亦不可因傳統而阻礙進步。其在分科學術上言之，誠不能如此面面俱到。⑨

張氏之言，可謂客觀、持平之論（胡適排宗教，並不排道德，只是要改變傳統道德之內涵而已）。

至於胡適對於中國家庭的批判及婦女地位之聲援，社會學中已有研

---

⑨　如在「從『到奴役之路』說起」一文中，他說：「十八世紀的新宗教信條是自由、平等、博愛。十九世紀以後的新宗教信條是社會主義。」當時講了許多話申述這個主張。現在想起，應該有個公開懺悔。」，「自由中國」，卷十，第六期，臺北市，民國四十三年三月。另在「充分世界化與全盤化」一文中，承認因爲用字不小心，引起的一點批評（文存第四集）。

⑨　見 Donella H. Meadows 等著，朱岑樓、胡薇麗譯，「成長的極限」，臺北市：巨流圖書公司，民國六十二年，第四章。

⑨　項維新、劉福增主編，「中國哲學思想論集現代篇2」，臺北市：牧童出版社，民國六十七年，頁31—32。

究，其觀念頗有見地。其對個人自由之堅持，其非自由社會無以進步的
信念，不僅近代歐美歷史可作見證，在社會學理論中亦有根據。再就其
提倡的自由主義而言，在先進國家早已效果明顯，而其與此有關的社會
改革方案，亦少有可議之處。總之，胡適對中國現代化的影響，不只在
理論上展現出堅實的基礎，而在社會發展的過程上，也都有具體之表
現。因此，「胡適與國運」❽實應重新評估。

---

❽　徐子明，「胡適與國運」，出版時地不詳。該書把中國的一切問題——從
　　社會道德的墮落到共產黨叛亂、政府退守臺灣，都歸咎於胡適思想。從胡
　　適思想的結構而言，其最大特質在前後一貫，有系統，不矛盾。他以杜威
　　的科學方法論為基礎，認為凡事都應追根究柢，以明眞相。因此，必然涉
　　及社會批判；因為批判的社會壓力大，故提倡自由主義。他認為只有在自
　　由的環境之下，才能解除束縛、追求眞理。七十多年來，一般學界人士多
　　接受胡適的自由主義，而政客則對他多有顧忌，因此他說：「東方的自由
　　主義運動始終沒有抓住政治自由的特殊重要性，所以始終沒有走上建設民
　　主政治的路子。西方的自由主義的絕大貢獻正在這一點：他們覺悟到只有
　　民主的政治方才能保障人民的基本自由。」（自由主義是什麼，胡適時論
　　第一集）如今臺灣海峽兩岸的中國政治都在改變。臺灣的政治因胡適傳統
　　及外來影響，已經走上自由主義和民主政治之路，而中國大陸因改革開放
　　亦有自由與民主之傾向，不久的將來，必然隨著經濟、教育、大眾傳播的
　　發展而作大幅改革；屆時進入二十一世紀，正是中國社會思想發揚光大之
　　時期。

第 九 篇
中國社會思想的回顧與前瞻

第一章　中國社會思想的回顧

在中國歷史上，社會思想最發達的時期有二：一爲春秋戰國，一爲民國初年。這兩個時期的社會思想，均與其時代背景有關。春秋戰國時期的社會思想，一在承續歷史的演進；一在解決當時的社會問題。綜括當時的思想，不外「六家」、「九流」之說。雖然「六家」、「九流」有其分類上的限制❶，但以歸納分析及馬微博 (Max Weber) 的「理想類型」(ideal type) 言之，亦能自成一家之言。

所謂「六家」，係指「陰陽、儒、墨、名、法、道德」等而言。六家思想雖異，其對於人與人類社會之解釋，以及社會問題之解決與人生幸福之追求，目標則一；所謂「天下同歸而殊塗，一致而百慮。」（易繫辭下）無論何家，都有豐富的社會思想，其中尤以儒、法、道、墨四家爲最。司馬遷「論六家要旨」時說：

　　夫儒者以六藝爲法，六藝經傳以千萬數，累世不能通其學，當

---

❶　胡適在「中國古代哲學史臺北版自記」中說，他不承認司馬談把古代思想分作「六家」的辦法，更不承認劉向劉歆父子分的「九流」。他「直接回到可靠的史料，依據史料重新尋出古代思想的淵源流變」。臺北市：商務印書館，民國五十九年，頁 5。胡適的看法，固未可厚非，但如以馬微博的「理想類型」(ideal type) 分析之，則「六家」、「九流」，亦未嘗不可。

年不能究其禮，故曰「博而寡要，勞而少功」。若夫列君臣父子之禮，序長幼夫婦之別，雖百家弗能易也。

墨者以尙堯舜道，言其德行曰：「堂高三尺，士階三等，茅茨不翦，采椽不刮。食土簋，啜土刑，糲粢之食，藜藿之羹。夏日葛衣，多日鹿裘。」其送死，桐棺三寸，舉音不盡其哀。教喪禮，必以此爲萬民之率。使天下法若此，則尊卑無別也。夫世異時移，事業不必同，故曰「儉而難遵」。要曰彊本節用，則人給家足之道也。此墨子之所長，雖百家弗能廢也。

法家不別親疏，不殊貴賤，一斷於法，則親親尊尊之恩絕矣。可以行一時之計，而不可長用也，故曰「嚴而少恩」。若尊主卑臣，明分職不得相踰越，雖百家弗能改也。

道家無爲，又曰無不爲，其實易行，其辭難知。其術以虛無爲本，以因循爲用。無成勢，無常形，故能究萬物之情。不爲物先，不爲物後，故能爲萬物主。有法無法，因時爲業；有度無度，因物與合。故曰「聖人不朽，時變是守。虛者道之常也，因者君之綱也。」羣臣並立，使各自明也。其實中其聲者謂之端，實不中其聲者謂之窾。窾言不聽，姦乃不生，賢不肖自分，白黑乃形。在所欲用耳，何事不成。乃合大道，混混冥冥。光耀天下，復反無名。凡人所生者神也，所託者形也。神大用則竭，形大勞則敝，形神離則死。死者不可復生，離者不可復反，故聖人重之。由是觀之，神者生之本也，形者生之具也。不先定其神，而曰「我有以治天下」，何由哉？（史記卷一百三十太史公自序）

司馬遷對於上述四家的評述，攝其要，刪其繁，最能掌握其精神所在。

就儒家而言，他所謂「列君臣父子之禮，序夫婦長幼之別」，乃社

會組織之要義所在。但這「列、序」兩字含有規範性與強制性，雖然比法家的「一斷於法」爲溫和，但畢竟對於個人的行爲有所約制。同時，爲了發揮社會組織的功能，便強調以道德教化和個人修持爲手段的人格改變。由於自我修持的意義來自外力，故往往限制個人自我的發展。所以到了民國初年，儒家思想備受批評與攻擊。這些批評即是當時之主要社會思想。

　　就民初社會思想之內涵而言，固然以批評儒家爲主，這種批評的主要含義，在反抗自西漢董仲舒以來的「罷黜百家，獨尊儒術」的主張，以及由儒家思想所建立起來的社會組織。批評之內容固廣，要旨不過「解放」而已。換言之，要以變遷改變中國傳統社會組織之模式。例如，在婦女方面，傳統上主張「婦順者，順於姑舅」（禮記昏義），如果公婆要求合理，固當順從孝敬，其不合理又如之何？或謂儒家思想僅指出一個方向，其中細節，則待個人以當時的情境去「拿捏分寸」❷。可是對於「累萬世不能通其學，當年不能究其禮」而言，一般人根本無由拿捏，既如此，自然「勞而少功」。再如，「古者天子后立六宮、三夫人、九嬪、二十七世婦，八十一御妻，以聽天下之內治，以明章婦順，故天下內和而家理。」（禮記昏義）如此複雜之家庭關係，怎能「內和而家理」？至於禮（制度）對於君臣、上下、父子等等關係之限制，自無贅言。凡此種種，均是民初學者批評的主要對象。唯批評有餘，而創新不足。質言之，文化規範之取捨，不是根據個人的善惡或片斷的西洋思想爲基礎，而須顧及到整個文化的均衡與運行。

　　何以民初的學者批評有餘，而創造不足？此與時代背景亦有關係。

---

❷　蔡錦昌，「從中國古代思考方式論較荀子思想之本色」，臺北市: 唐山出版社，民國七十八年，頁14。

蓋民初以後，中國對外開放，留學之風漸盛，即使不出國門，亦可透過翻譯而了解西洋思想之大概。此時之西方思想，亦可謂發展之鼎盛時期，有社會主義、自由主義、民主思潮、科技思想等等，林林總總，光怪陸離。多數中國學者，或得西方一說，或服膺某種理論，於是據以放言高論。這種「一元論」，只能作為批判之片面依據，不能作為整體文化建設的基礎，所以創見不多。換言之，不過把西方思想應用於中國社會之改良上而已。

可是儘管如此，民初留下的社會思想，亦足以啓迪心智，發人深省。例如「五四」運動期間的中國文化全盤改革論，部分影響至今。唯今人已不如「五四」，所以只能在「五四」中反覆論證，了無新義。

儒家思想到了「五四」，可謂清理、檢討的開始。在大陸，到了文化大革命的破四舊，才算徹底摒棄。在臺灣，則因「中華文化復興運動」而占天時，所以儒家思想並未受到摧殘，但批判依然不輟，唯因「情隨事遷」，批評者因無新義，氣燄已大不如前。

在「五四」批判儒家之後，固守中國文化者亦察覺到：一味復古，固無意義，而一味批判，亦必將中國傳統中之優異特質，付之一炬。所以便根據當代人類學、社會學、以及其他社會科學的觀點，對儒家思想重新詮釋、重新檢討，此便是「新儒家」，例如牟宗三、唐君毅、徐復觀、羅光，乃至在美國的余英時、杜維明、林毓生諸教授均是。「新儒學」的最大特點，在不固執以往之文化本位，能走出中國文化的範疇，放眼世界文化之過去、現在，與未來，並以各種人文社會科學之知識，作客觀的、整體的、前瞻的分析與批評，所以目前是「新儒學」發展之全盛時期。此外，加上自一九六○年代之後，受儒家思想影響的亞洲四小龍，經濟上起飛迅速，社會上安和樂利，遂使人領悟到儒家思想的實

質意義❸。故儒家思想現在又重新翻身；這種「翻身」是透過現代知識
分析的結果，即對其作理性批判之後的成績。「新儒學」基本上承認儒
家思想應該批判——肯定與否定。杜維明教授說：「不但對封建遺毒要
狠批，而且要在這一基礎上，對塑造中華民族文化認同的泉源活水，如
儒家對知識分子風骨的塑造，即孟子所謂大丈夫的精神、范仲淹先天下
之憂而憂的氣魄，以及儒家的道德理想、政治理想，乃至儒家的認識、
美學和宇宙論都有一個比較全面深入的把握。」❹「比較全面深入的把
握」正是「五四」時期以及其承續者所欠缺的。所以現在全盤否定儒家
思想之言論已經滅跡。

　　其次是法家思想。法家的主張，自古至今從未沉寂。許多人常以儒
法對比，認為儒家以仁治，與法家之「嚴而少恩」不同。事實上，只要
有社會組織，就要用法家思想，此與「嚴而少恩」無關，而是人性使然。
今天講民主者，必言法治，無法何以治？儒家從來未棄法，「無法」之
社會，只是種理想。孔子尚做過司法部長（大司寇），依法誅少正卯。
只是儒、法思想的取向不同而已。

　　法是束縛人類行為的方法或工具，與禮同。所以古代禮法並述❺。
後人之所以反對法家思想，實肇始於心理因素，與社會組織無涉。因
為法家「殘酷」，惻隱之心便油然而生。可是在實際生活中，又離不
開法，所以人類的社會生活便在矛盾之中進行。這種一方面仁愛（儒
家），一方嚴酷（法家）的矛盾，無論起於人性（康德認為此種矛盾有

❸　美國資本主義之發展，一在馬微博所謂之基督新教倫理，一在富蘭克林
　　（Benjamin Franklin, 1706～1790）所謂之「自助」、「勤儉」，這些
　　特質，均係儒家思想之精華。
❹　杜維明，「儒家第三期發展的前景問題」，臺北市：聯經出版事業公司，
　　民國七十八年，頁12。
❺　高維昌，「周秦諸子概論」，臺北市：商務印書館，民國五十三年，頁
　　86。

助於社會進步），或起於社會組織，至今仍無調和之可能。

　　法家思想重在效率與效果，所以多爲統治者用當社會控制之工具。但人是多面動物，無論以何種工具控制，均不可能達到「理想」的境地。王船山說：「任法，則人主安而天下困；任道，則天下逸而人主勞。」（讀通鑑論卷一）事實上，任法，人主未必安，天下亦未必困；任道亦然。他又說：「法愈密，吏權愈重，死刑愈繁，賄賂愈章，塗飾以免罪罟，而天子之權，倒持於掾史。」（同上）可是在現代的西方國家，法確實密，吏權亦大，但死刑卻不繁，賄賂卻不顯。因爲守法與否，原因複雜；有生來不守法的生物因素，有人格差異之心理因素，也有與人適應不良的社會因素。所以法的問題，不在法家思想之嚴酷，而在人是否能守法❻。可是如上所言，法家思想違背人類先天的同情心（即孟子所謂之「惻隱之心」）及自由之願望，所以一切社會均以「可做而不可說」對待之。自古以來，中國帝王便以儒家之名，行法家之實。其目的即在於此。

　　總之，法家思想是人類羣體生活之產物，這種思想隨著近代人權至上的社會思潮而日趨沒落，但非消滅。不過可以肯定的是，除非在特殊之情況下，法家思想不會用作社會全面控制的工具❼。

　　復次是墨家，墨家即現代人道主義的典範（儒家有人權主義之傾向）。此種思想與儒家有些關連。所謂「學儒者之業，受孔子之術」。所以在某些觀念上，墨儒兩家僅有程度上的差異，而無實質上的不同。例如儒家講仁愛，墨家講兼愛，此外如尚賢等均同。墨家以兼愛爲要務，所以具有宗教性質。胡適說墨家的天志、兼愛、非攻、明鬼、非

---

❻　張承漢，「論守法與違法」，「國魂」，第四三一期，臺北市，民國七十　　年十月，頁34—35。

❼　所謂「治亂世，用重典」。國家在戒嚴時期，或存亡關頭，法家思想會被　　運用，但不會宣揚。

命、節葬、短喪、非樂、尚賢、尚同等九項「教條」，含有濃厚的宗教意義。其中天志（上天的意旨）、兼愛、非攻（類似基督教耶和華見證會的主張）、明鬼等，均有宗教之性質。而節葬、短喪、非樂，則有社會之含義。至於尚賢、尚同，則顯然與政治有關。雖然如此，墨家社會思想眞正之價值在其人道之觀念——兼愛與非攻。這種觀念正是當前世界的新價值。西方人如能提早了解墨家思想，儘可不必兜圈子，走遠路。

　　最後爲道家，也就是所謂之老莊思想。道家思想基本上是對當時社會環境（尤其是政治）不滿的一種消極反應。胡適說：「老子的無爲主義，依我看來，也是因爲當時的政府不配有爲，偏要有爲；不配干涉，偏要干涉，所以弄得『天下多忌諱而民彌貧；民多利器，國家滋昏；法令滋彰，盜賊多有。』」❽所以道家主張放棄文明之制度，回歸自然的本色——放任無爲。道家思想最重天——自然，並「把天看作一個有意志、有智識、能喜能怒，能作威作福的主宰。」❾因爲自然主宰一切，所以人應跳出現世，「獨與天地精神往來而不敖倪於萬物，……與造物者游，而下與外死生無終始者爲友。」（莊子天下篇）從社會學的觀點而言，道家思想的最大貢獻，在使人於文明發展的同時，能反省人生之眞諦所在，進而改變社會組織、社會制度，乃至文明（科技）發展的方向與用途。

　　時至二十世紀行將結束之今日，雖然物質文明進展神速，而心理的空虛與悲悽亦與日俱增。人生似乎失去了正當的方向與途徑；人際關係不只澆薄，而且殘酷。換言之，人類文明的發展並未與人類幸福之眞義相契合。在今天，人類的空虛、落漠，尤甚於往昔；人與人之間的關係

❽　胡適，「中國古代哲學史」，臺北市：商務印書館，民國五十九年，頁47。

❾　同上，頁50。

變成一種可用的工具。這些因文明科技帶來的後遺症，唯有道家思想可以提供一個反思的機會。雖然現代人不可能抱定「出世主義」；「雖然與世人來往，卻不問世上的是非、善惡、得失、生死、喜怒、貧富……一切只是達觀。……在人世，卻和不在人世一樣，」❿ 是不可能的。但是人可以根據「出世主義」，重新檢討文化發展的方向，人類關係調適的意義。因此，道家社會思想在實質上雖少有功效（一九六〇年代的美國嬉皮，可謂道家思想的落實，但卻失敗了），但其對人類社會發展之啓示，卻有不可抹滅的意義。

　　綜括四家中國傳統之社會思想，不難發現其特質、意義與貢獻。置之今日社會，意義非凡，自不待言。所以重新檢討，重新詮釋❶，重新賦予一種活力，對於中國，乃至整個人類文化之發展，自當貢獻匪淺。

---

❿　同上，頁131—132。
❶　在這方面，當前以余英時教授最有成就，也是當今兩岸第一人。

第二章　中國社會思想的前瞻

第一節　二十世紀的社會價值及其困境

　　要了解中國社會思想未來的出路，不僅要了解其內涵，更要了解他國思想與世界大勢。蓋今日的世界，已非百年前的世界；「世界性的學術思想」，已經在一個包容異己的大環境中，不斷比較、批評，與形成之中。今日吾人要考慮的問題，固不應劃地自限，而思想的對象，亦不應妄顧世界大勢及其他文化之價值。故只有「立足中原，放眼天下」，才能為中國社會思想找到方向。

　　因此，在這二十世紀行將結束之時，首先要了解二十世紀及其未來的社會價值，據此中國社會思想方能找到定位與出路。

　　二十世紀的人類社會價值，概括言之有三：相對論、民主政治，及科技。三者雖是價值，但亦能為社會帶來混亂。申言之，三者屬「中性」文化，其本身不作價值判斷，而其為價值抑禍源，在於應用之個人。

　　可是正因為三者的價值中立，任何人都可以之作為其思想的工具，或為達到某種特定目標的手段。猶如一把利劍，其用於誅奸伏惡，或殘

害忠良，與劍無關，而與操劍者有關。因此，相對論、民主政治，及科技，用於改善民生（如核子發電），或用於滿足個人的私慾（如藉民主製造暴亂），或用於擾亂視聽（藉相對論而自高），與此三者無關，與之有關者是別有居心之人，此三者不過工具而已。

就相對論而言，社會文化現象的相對觀，最早源自古希臘的智者（Sophists）。他們的目的在打破希臘的傳統價值觀念，教人以達到目的不擇手段。所謂是非、善惡、美醜、對錯等等都是相對的，而非絕對的；都是暫時的，而非永久的。於是一時翕然成風，尤爲雅典青年所嚮往。蘇格拉底目睹此景，大爲憂傷，乃終日在街頭與人辯論，其目的在維護價值的絕對性。在傳統中國，對於社會文化現象的解釋，也有相對觀與絕對觀之不同。所以古往今來，持相對觀與絕對觀的學者，對於社會現象的解釋或問題之解決，自是水火不容，難趨一致。尤其到了近代，文化相對論甚囂塵上之後，是非善惡更不易辨。我們只要放眼於當前的學術思想，不僅範疇不同者不能相辯，即使在同一範疇者，而欲由中求出一「理」之得，又何嘗容易。何以如此？乃因社會或人事現象過於繁複，不便或不能單從一種觀點或一個向度分析故也。

前面已經指出，相對論本身即是一種價值，它是一種客觀、理性、不獨占、不霸道、不狂妄的分析觀點。此種價值用指思想觀點或方法而言，與思想的內容及對象無關。然而，以此種觀點解釋社會現象或解決社會問題時，便使人有紛然雜陳，莫衷一是之感。甚至令人覺得每說都有道理，每論都是真理。這種情況對所謂之知識分子而言，都有極大之影響，對一般大眾而言，其影響就更不言可喻了。

所以，判斷思想的正確與否，除了從邏輯的運用上著眼外，尤應從思想涉及之社會事務內容上著手。可是，要從社會事務上著手，就要有個指標，以爲裁奪的準則，這個指標即是大眾利益或社會福利。換句話

說，凡符合大眾利益或社會福利的思想，就是正確的思想。反之，只為一己之利的思想，就是不正確的思想。也有人說，對目前情況不利的思想，對未來情況可能有利；有些紛歧的思想就是根據此種論點而產生的。事實上，這種思想最不正確。試問對目前不利的思想能破壞未來有利的情況或條件，怎能說對未來有利？例如，以暴力手段改革社會制度，必然要動搖既定的社會基礎；而欲恢復社會基礎，即要付出極大之代價，那麼新的制度何時才能發揮功能呢？一種思想對未來是否有利，需要根據目前各種情況的完整資料，作系統分析之後，方可確認，這步工作不是一般人所能做到的。換句話說，即使有充分而完整的資料尚不能使思想正確，又何況沒有充分資料，或有而無系統分析能力呢？

以上所言，也許過於抽象，但其要義，是在對於各種「思想」要有判斷的能力。否則，基於相對觀念的思想極易混淆視聽；因為一般人如果不辨真偽，自然容易盲從，盲從只會成為他人思想下的犧牲品，其後果之悲哀，就不足為奇了。

其次再言民主政治。民主是目前各國社會的最高價值。無論資本主義社會或共產主義社會，無不假民主之名以行其事。事實上，民主並不是一種盡善盡美的政治制度，只是目前尚未找到更理想的制度代替罷了，所以只好把它當作是一種理想制度來實行。時下言民主者的最大錯誤，是把民主當作「目的」；認為只要民主制度實現，一切問題就可解決，所以才想盡一切方法去實現民主制度。殊不知，民主是政治的手段而非目的。政治的目的是在使社會安和樂利；而達到此一目的方式有多種，民主制度不過其中之一。希臘先哲柏拉圖、亞里斯多德、波里標斯（Polybuis）等人均曾指出許多不同之政治體制，例如貴族政體、王者政體、榮譽政體、寡頭政體、暴君政體、共和政體、民主政體、暴徒政體等，民主政體即其中之一。且以為政體的改變即社會變遷。我國自古

行君主政體（遠古之禪讓政治是否爲儒家虛構，尙待考證），其中也有明君創造輝煌政績，如成康之治、文景之治、明章之治、貞觀之治、開元之治。可見政績良窳不能完全歸於統治之方式。故民主制度之功能與其說是求社會的安和樂利，毋寧說是全民參預的一種滿足，或是少數人（不是多數人）追逐名利權位的一種手段。今日民主國家在政治上之動盪不已，與民主體制本身不無關係。

　　以上所言，不在貶低民主政體的價值，只是想從「思想史」的過程中分析政體的發展與功能，視民主爲社會過程中的一個階段，未來可能有更好之政治體制出現。事實上，批評民主——尤其是西方民主——的人不在少數，因爲在民主政體之下，少數之人往往利用或操縱他人以達到其逐謀私利的目的，我們從各國革命的社會過程中，不難得其眞相。

　　在一般之社會中，尤其是開發中的社會，階級劃分可別爲上中下三層。上層者，因無更高名利權的追求，故其行動在維護其既得之利益。中層者——多爲知識分子，因嚮往上層階級的名利權而不甘屈居其下，乃時時思以取而代之。取代之道，則是糾合下層階級，從事革命。因爲下層人數最多，且多數「有勇無謀」，只要誘之以重利，不難獲得他們的效忠。所以中層之知識分子常運用其智慧控制下層的無知大眾，稍行詐術，即可使其作爲奪取政權的工具或資本。因此，凡在社會中製造不安的人，大都是欲操縱下層階級的中層階級分子。當然，取得政權並不一定使用暴力，但其過程類多如此。只是一般無知的大眾，不是做爲他人爭權下的犧牲品，就是做了他人罪過的代罪羔羊，而藏身於後的人，或在第二線指揮操縱之人，永遠是名利權的享受者。

　　民主制度既有利於個人爭權之進行，所以有政治興趣或野心之人，無不施出渾身解數，以謀取大眾之「支持」。尤其自馬基維里（Niceolo

Machiavelli）提出政治爲超道德的思想以後，政治已不含有道德成分；政治一旦不以道德爲基礎，後果如何就不難想像了。當然民主政治並非如此恐怖，化解之道，要靠法律；而更重要的是要靠大眾的智慧與教育，才能瞭解某些人的用心，不受其左右，不做其爭權的工具。

最後是科技。前面說過，科技本身不能主動影響社會過程，但它可用作製造不安的工具，加深問題的嚴重性。試觀今日各國社會秩序的混亂，與科技產品（如槍械、汽車、電子設備等等）的發展是否有關，就不難了然了。布什（Vannevar Bush）在「科學的貧乏」（*Science is not Enough*）一書，告訴我們許多科學以外的事[12]。因此，如果科學技術運用不當，極可能用作製造社會危機的工具[13]。屆時科學的「罪惡」就大了。爲了避免濫用，其最佳之途徑是適當的管理，可是澈底管理，亦非易事。例如管理規則的制定與執行，而且管理亦常是圖謀不軌者製造不安的藉口，因爲「自由與民主」畢竟是現代社會的最高價值。

第二節　中國社會思想的研究與發展

了解二十世紀人類的社會價值及其困境之後，不妨探討一下中國社會思想在未來人類歷史上所能占的地位及其功能。這種探討，主要在了解中國社會思想——尤其是儒家思想——是否可以說明某些現象或解決某些問題。

---

[12] Vannevar Bush, 李克譯, 「科學的貧乏」(*Science is Not Enough*), 香港: 今日世界出版社, 西元一九七五年。

[13] Carsun Chang, Tang Chun-I, Mon Tsung-san, and Hsu Fo-kuan, "A Neo-Confucian Manifesto" in Jaroslav Pelikan (ed.), *The World Treasury of Modern Religious Thought*, Boston: Little, Brown & Co., 1990, p. 362.

一、儒家社會思想的反思

回顧人類的歷史，尤其是學術史，有些思想或不見容於當時，卻光大於後世；或喧騰一時，而後消失；或備受批評，而後「見眞章」。總之，形形色色，各有起伏。但整體言之，只有那些合於社會生活需要的思想才能永垂不朽，不因撻伐、批評、攻擊而消失。中國儒家的社會思想（或廣義言之，中國的社會思想），亦歷經此一過程。秦以前，儒家思想並未獨霸，事實上，大有伸展不開的情勢。漢之後，因罷除百家，獨崇儒術，才造成儒家思想的獨占局面。儘管形式上如此，實質上並非唯我獨尊。換言之，思想之起伏與否，悉定於統治者本人的喜好。自古來儒家雖與政治相結合，但只是被利用而已。所謂「假儒家之名、行法家之實」。所以在政治上，沒有一個朝代或統治者眞正實行過儒家思想。然而就社會學的觀點而言，情況則就不同了。蓋儒家倡導敬天法祖的家族制度，及個人誠意、正心、修身、齊家的種種文化規範，卻限制了個人的發展，形成了所謂「封建社會」的模式⑭。所以，到了民國初年，打倒孔家店及全面廢儒的呼聲，造成儒家思想的低潮期。當時主張「充分西化」的人，只是籠統的主張以西方文化取代儒家思想，可是即使「五四」揭櫫的反傳統、反儒家，也沒有把儒家思想澈底改變或消滅。其中的「深層意義」，確實發人深思。從「理想上」看，「五四」提倡的是西方的「啓蒙文化」，此種文化以「重視科學實徵，民主建國；強調個性解放，人格尊嚴；提倡法治、人權；主張以商品經濟和市場機制來調

---

⑭　批評中國社會的人，動輒以中國爲封建社會相譏諷。嚴格地說，封建只是政治上的一種控制手段。故應說是種「封建政治」，不是「封建社會」。例如，中國家族制度，其中權威之行施與影響確訂之於「社會規範」之中，但此係社會組織的必要條件，每個社會均無例外，唯其形成有所不同而已。所以與其說中國是封建社會，無寧說是「封建國家」，才合實情。

動生產力的文明」⑮。以對抗中國傳統的封建文化——「以家長官僚制度爲核心的政治文化，以宗法家族紐帶爲綱領的社會文化，以小農自然生產爲基礎的經濟文化」，及「由三個系統所孕育出來的政治、社會和經濟文化以權威主義、保守傾向和集體方式爲其特色，造成了壓抑個體性，扼殺創造性，和消解積極性的不良後果。」⑯從理論上看，傳統的中國儒家文化自然不是西方文化之對手，可是七十多年來，以科學、民主爲特色的西方文化，似乎並沒有把傳統儒家文化澈底根除，相反的，從一九六〇年代之後，儒家的思想文化有撥雲見日，重整旗鼓的新景象。此種景象不在中國大陸，卻在日本、臺灣、新加坡、香港等地區開花結果，更沒有像美國加州大學教授列文森所謂：「儒家這個源遠流長的人文傳統，因經不起西化的考驗，逐漸在現代中國銷聲匿跡了。」⑰爲什麼儒家思想沒有銷聲匿跡呢？從歷來中國文化論戰的觀點分析，貶抑中國文化者，通常有以下幾項共同特徵：

（一）對於文化現象本身欠缺認識與了解　在一個以學術爲公器的社會裏，任何人都有表達社會思想的機會與權利，只要言之有理，任何思想均可或均無不可，或均有價值。民初的時代背景，爲反傳統、反儒家成就一種新的局面。因此，無論了解文化或不了解文化的人，均欲一吐被傳統壓抑的不快。「五四」時期的大將如胡適、陳獨秀、錢玄同等等，都不具備了解文化現象的背景與知識。這不是貶抑彼等之用心，而是在當時的中國，文化人類學（或文化學⑱）、社會學等之知識尚不發達使然。即具備此等知識者，亦往往各執一偏之見（見下），不能作總體（macro）的考量。例如，批評者常把儒家思想批判得一無是處，從

---

⑮　同❹，頁273。
⑯　同❹，頁274。
⑰　同❹，頁276。
⑱　爲我國故社會學家黃文山教授所創。

個人的孝順到政治的獨裁，無一能與西方相比。這種全面否定的批判，是反批判、保守，及中國文化本位主義者反擊的藉口。事實上，反「五四」的健將也提不出什麼社會學、文化人類學的理論基礎，但其批評同樣言之有物，據之有辭。所以七十多年，兩方的批判都未對中國文化，尤其儒家思想有何實質上貢獻。反之，儒家思想之落實表現，證明其優越性與適應性。此所以儘管不斷地遭受責難，儒家仍未能澈底消滅的原因──臺灣如此，中國大陸亦復如此。

（二）立論偏頗　在反中國傳統方面，陳序經、吳景超、潘光旦（論點最為客觀）可算是專業方面的代表人物。但在立論方面依然有其可議之處。例如陳序經視文化為一個有機體，認為其中部分改變，其他部分必須跟著改變，否則非但不能發揮功能，且會有反功能，此係文化體系論之要義所在。但另一方面，物質文化之改變，不一定要改變（當然可以改變）非物質文化，方能發揮效用。例如西藏的喇嘛、尼泊爾、不丹的和尚，他們可以坐飛機、坐汽車、用電腦（現代文明），卻不一定要放棄佛教信仰（傳統的文明）。事實上，許多現代化的文明或思想（狹義），在傳統的、封建的社會中依然可以發揮功能；而傳統的、封建的思想，在現代化的社會中亦可有其作用；兩者並立，無須排斥。例如，民國八十二年臺灣乾旱，有縣市長坐汽車（現代物質文明）到廟裏上香（傳統的非物質文明），或披麻戴孝、跪地祈雨。雖然有些不協調，但並不排斥。由此可見，這些傳統的、迷信的、封建的舉動，無礙於現代化的表現。文化革新是一種調適過程，有些文化特質固因世遷事異，不能發揮功能，但其存在，亦不妨礙「現代化」的進行。

在儒家思想中，最受批評的是強調人格修持與重視家族制度。一般人認為，自我修持能妨礙個性之發展，扼殺智能的表現；尤其不合理的道德規範，能造成人際關係之摩擦與個人生活的痛苦。家族制度亦然。

現試就此兩種觀念的社會意義，略加申述。

　　回顧人類的社會史，社會組織出現之前，絕非「大同世界」，因為人在求生存為第一要務的前提下，社會不可能安和樂利。西方的霍布斯（Thomas Hobbes, 1588~1679）、史賓諾莎（Baruch Spinoza, 1632~1677）、孟德斯鳩（Montesquieu, 1689~1755）、福爾泰（Voltaire, 1694~1778）、休姆（David Hume, 1711~1776）；中國的管仲、商鞅、韓非等等，均認為遠古人類社會是強凌弱、眾暴寡的混亂狀態。現代的人類學也證實了這一點。因此，為了保障人類生命的安全，和維繫社會秩序，才有「聖人」創立各種社會制度，限制人的行為。因為社會制度——政治、經濟、教育、法律、家庭等等制度——有限制自由、束縛行為的作用，且常因事過境遷發生反作用，難免弊端叢生，為人詬病。況且制度的「限制性」常與「社會野蠻」狀態成正比例。申言之，人類行為愈野蠻，限制行為的制度就愈殘酷。就西方社會而言，古代除了政治上的蠻橫專斷外，宗教上的霸道獨裁，也造成人民的強烈不滿。所以自啟蒙時期開始，一直到近代的個人主義興起，其追求的理想，不外在擺脫社會制度的干預和追求個人自由的空間。這些都是對於制度限制的強烈反應。到了二十世紀五〇年代以後，人道、人權的觀念隨之唱和，一時翕然成風，整個西方社會沐浴在自由的空氣之中。從某種角度而言，自由確是現代文明發展的基本要件；但從另一角度而言，由於自由、人權的氾濫，使整個西方社會充滿緊張、恐怖，與不安。其中最明顯的是犯罪的增加和暴力的不斷。當然，犯罪問題不能完全歸咎於社會之放任，但在一個人人可以自由購買槍枝，行為可以放縱不羈的環境中，整個社會趨於暴力與消極兩個極端。加之社會福利使人養尊處優，人性的墮落已在西方社會表露無遺。湯恩比（Arnold J. Toynbee, 1889~1975）、史賓格勒（Oswald Spengler, 1880~1936）等等都預

言西方行將沒落，並非無的放矢，危言聳聽。因為人類爭自由，乃由於不自由，人之所以不自由，乃起於太自由。所以如何控制自我，在開闊的文化規範之內追求自由，就成了今後人類社會發展的重要課題。

欲人類在文化規範內發展自我，除了文化規範應作合理調整外，最重要是個人修持與道德內化。即「大學」所謂「自天子以至於庶人，壹是皆以修身為本」，捨此無他。故無論個人如何反傳統、倡自由，從社會學的觀點而言，「修身」是調適社會和維繫社會秩序的不二法門。當然，修身不是像宋朝理學家放棄萬事，唯以修身為本。事實上，修身可與工作、創造、發明等同時進行，並不排斥。今天，只要稍有良知的人都了解修身與社會生活的關係，都知道「修身」的社會意義。因此，「修身」不只是儒家思想的特質，也是人類社會應走的一條路。

其次，再就反傳統者所謂一無是處的中國家族制度而言，其弊端固然不少，如關係調適不易、依賴、家長專斷等等。但也有優點，如互助合作、道德觀念濃厚，社會制裁力大等等。尤其後者的社會控制力，方使青少年無犯罪問題。試觀今日式微的西方家庭，夫婦關係形同兒戲，對於子女教養更不重視（尤以下層階級為然），任其「自由發展」**⑲**，以致青少年之犯罪日益嚴重。當然，青少年犯罪的原因不限於家庭，但破碎的家庭是青少年犯罪的溫牀。我們固不應否認中國傳統家庭之弊，但把其優點提出來，以為文化涵化的要素；把不合理的成分剔除，嵌入合理的、合時的、合法的、合情的價值與觀念，以充實傳統之不足。然後觀其調適結果，再作調整。所以文化適應是一種自然調適的過程，比以外力全盤改變，強加推行，可能更有效、更合理、更能滿足人的實際

---

⑲ 以美國論，史巴克（Benjamin Spock）醫生的「育兒指南」（*Baby and Child Care*）一書，是一九五〇年代以來美國兒童教養的寶典。其言順人之性，縱人之情的自由發展，至今仍為中上階級教育子女的準繩。

需要。

　　因此，今天對於中國社會思想的反思，尤其儒家思想的反思，最重要的是從知識入手，不是從偏見著眼；既不須澈底貶抑，也無須加以高估。可是近代批判者似乎走錯了路，否定了中國思想文化的一切特質。正如杜維明教授所言：

　　　　他們抹殺儒家在傳統文化中的影響。譬如從知識社會學的觀點把先秦儒家界定爲百家爭鳴、百花齊放中的一鳴一放，或從文化人類學的角度把宋明理學歸約爲官學，屬於上層社會控制中的意識型態，和一般人民的信仰結構迥然異趣[20]。

　　這種歸約的方式，對於文化革新並無實質上的幫助。反之，把他種思想文化引進中國，讓其自然涵化，其不適應者，日久自然淘汰；適應者，日久自然成爲生活方式的一部分。文化革新非短期可成，如強制執行，效果適得其反。例如在伊朗，巴拉維國王的全面現代化，非但沒有成功（人民生活確已改善），而且國破家亡，喪身異域；柯梅尼之所以成功，就在盤居傳統，維護文化。

　　從整個世界觀之，世界文化之形成，已見雛型。中國的社會思想不僅要重估價、重反思，更重要的是在把不受時空影響的特質，提供於世界文化的大熔爐中，以爲涵化的要素，如此不僅對中國人有利，對整個世界、全體人類亦有利。

　　當然這並非否定「五四」的貢獻（在當前態勢之下，誰也不敢、不能、也不須否定）。「五四」的批判精神、自由主張，爲中國文化注入新的血輪，唯有在新的血輪中，中國的思想文化才能更上層樓。

―――――――――――

[20]　同[4]，頁277。

世界五大文化源流及其涵化與變遷過程圖

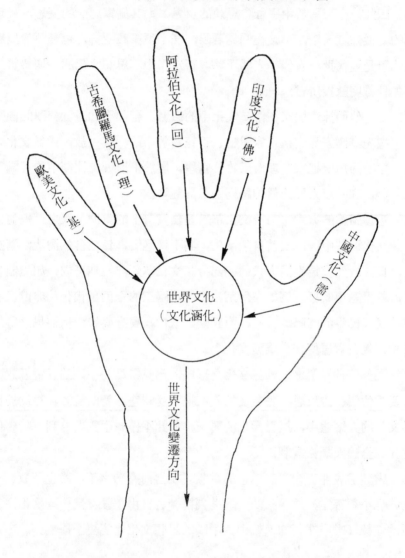

注：1. 括弧中的儒、佛、回、理、基，指各文化的主要非物質成分而言。
　　2. 在歐美地區，尤其北美，由於種族互婚所產生的「生物涵化」，對於世界文化之形成與發展，亦有貢獻。

二、中國大陸與臺灣的努力方向

社會思想之發展方法固多，　最重要的在於環境的自由與不斷的研究。可是這兩個要件，在目前的海峽兩岸各有欠缺。中國大陸缺乏自由的環境，臺灣則缺乏研究的熱誠。所以當今研究中國思想有成者，多在國外❷。因此，為了促進中國社會思想的發展，兩岸必須「重檢討、再反思」，如此才能袪除障礙，傲視世界。

就中國大陸而言，共產主義之意識型態，是妨礙社會思想發展的主要障礙。雖然從一九七八年對外開放、對內改革以來，思想、言論之自由，已有改善，但卻始終固守僵硬的共產主義意識型態。因此，不妨回首數十年來共產主義發展之大勢，客觀的、冷靜的思索，中國究竟該往何處去？

在以往，許多批評共產主義的人，常因挫折感的表露而情緒化；既無新義，又無新知，時間一久，變成「反共八股」。批評層次不能提高，自然不能信服於人，尤其不能使共產主義的理論家接受。近三十年來，馬克思社會學 (Marxist Sociology) 的發展與驗證，已對共產主義的成敗與命運，作了客觀的肯定。所以共產主義的理論家（嚴格說來，共產主義只是一種哲學，不能稱為理論），雖然力圖辯解，曲為之庇，但其內心深處，卻已澈底動搖，此何以近數十年來，共產主義學說始終「反覆論證」，了無新義，與批評者同出一轍。

然而，我們在批評共產主義時，必須肯定一個事實：共產主義也是一種為改革社會而產生的社會思想。當初馬克思創立共產主義，著實懷有拯救時弊的理想，他是一位憤世嫉俗的改革者。後來共產主義橫行世

---

❷　如美國耶魯大學的余英時、哈佛大學的杜維明、威斯康辛大學的林毓生等教授，以及其他外籍人士，均有所成。

界，部分原因不能不說是資本主義的咎由自取，和社會極端不平等所造成的。但是這些事實，並不表示共產主義是真理，馬列思想是定律。反之，它只不過是社會思想發展過程中的一派主張而已；既非真理，亦非定律，而且隨著社會驗證與變遷，馬列主張與共產主義，一定不久於人世。歷史鐵則，昭然若揭，稍加思索，當知並非空穴之來風也。

眾所周知，共產主義的最大剋星，是實證主義（或科學的）的社會學理論。馬克思自詡其共產主義是科學的，以與從前之烏托邦（或空想的）共產主義有所區別。可是事實上，馬克思的共產主義只不過是一種社會的文化目標——華而不實的理想部分。人盡皆知，任何一種文化，為了引導社會發展，自身必然以某種超現實的理想（文化目標），作為追求之對象。此種超現實的文化理想，古今中外的思想家多曾論及，何獨馬克思為然。例如柏拉圖的「共和國」、耶穌的「天堂」、奧古斯丁（Augustine, 354~430）的「上帝城」、莫爾（Thomas More, 1478~1535）的「烏托邦」、康潘尼拉（Tommaso Campanella, 1568~1639）的「太陽城」、孔子的「大同」境界、荀子的「至平」理想、莊子的「至德」之世等等，均是社會的文化目標或理想。然而，社會生活本身過於複雜，並受許多現實條件（如人格、互動、情境、生理等等）之限制，文化目標並不一定能夠達成。在一般情況下，文化目標的達成，有賴制度化的方法，而社會對於目標與方法之間的關係，必須予以密切配合。如果文化目標與人性及社會生活的本質背道而馳，則制度化的方法便不可能發揮效果，此時即會產生失調。因此，文化目標之達成與否，決定於制度化的方法；而制度化方法之有效與否，決定於其對人類各種需要的滿足。由此推論，共產主義能否實現，決定於共產制度；共產制度是否有效，決定於其能否滿足人類的需要。

在以往，由於社會科學的方法不發達，對於所有社會生活現象的解

釋，僅憑直覺的歷史意識或片斷的哲學（不是科學）基礎；對於社會問題的解決，尤其如此。但是，從哲學層次上找依據，不是曲高和寡，無法實現；便是以偏概全，不務實際。究其原因，即在於文化目標與制度化方法間之失調所致。馬克思的共產主義即是如此。換句話說，共產黨把超現實理想，以不能滿足人類需要的制度化方法去實現，結果問題重重，窒礙難行；為了解決這些窒礙難行的問題，便動用武力，作為實行制度化方法的後盾，結果建立起一種「組織型態的社會」，也就是斯賓塞 (Herbert Spencer, 1820～1903) 所謂的「軍事型社會」(Militant Society)。

何以說馬克思的共產主義不務實際？此可從以下兩方面言之:

第一，馬克思的「思想命題」，漏洞百出，不夠健全，以致不能成為一套完整的理論體系。只要稍知下述事實，其理論基礎，即不難動搖:（一）社會不只是經濟組織與財產所有權的反映；（二）就整個社會而言，社會衝突（或鬥爭）很少是兩極化的；（三）社會中的利益，並非永遠與社會階級相契合；（四）社會中的權力關係，並非永遠是財產所有權的直接反映；（五）衝突並非永遠導致社會變遷❷。從上述事實觀之，馬氏思想之不正確，不言可喻。然而，以往何以有那麼多的國家實行馬氏的共產主義，或欲行共產主義？這就是前面指出的:共產主義是種文化目標（理想），雖然華而不實，但卻極具吸引力──給人一種「無窮」的希望。

第二，從階級鬥爭的學說觀之，其中問題之多，更難釐清。蓋共產主義者把階級鬥爭當作是社會過程的唯一模式。我們稍加思考，即知鬥爭（或衝突）不過是社會互動的方式之一，其他如合作、競爭、強制、

---

❷　Jonathan H. Turner, *The Structure of Sociological Theory*, III. Chicago: The Dorsey Press, 1986, p. 134.

交換等等，皆係互動方式；況且在此等互動方式之中，合作乃屬首要；蓋無合作，便無社會。共產黨在奪權過程中，如不合作，怎能成功？

此外，衝突或鬥爭並不限於階級之間，換言之，衝突或鬥爭是種普遍現象，同一階級中，亦有鬥爭，德國社會學家達倫道夫（Ralf Dahrendorf）對此言之甚詳，無庸贅述㉓。當然，衝突或鬥爭也有某些功能，如有助於團體的整合，促進成員間的溝通，加強團結，面對現實等等，但所付出代價要比合作大得多。因此，自不能鼓舞衝突或鬥爭。

再者，由於共產主義社會係一軍事型之社會，一切以權力為主；故有權力方有一切，因此，權力就成了社會唯一的和最高的價值，這與資本主義社會中之最高社會價值——名、利、權——不同。名利權三者雖相關，但非絕對相關，因此可以分別追求。共產主義社會只有一種最高的社會價值——權力，故鬥爭或競爭必然劇烈，結果如何，不難想像。反觀資本主義社會有三種可以分開追求之最高社會價值，範圍廣，競爭就不如共產主義社會那樣殘酷，結果就「和平」得多了。

了解了馬克思思想的「偏頗」以後，我們不難看出共產黨所面臨的困境。一方面他們想要改變（因為他們了解到馬氏思想的謬誤），但格於政權建立的理論基礎而不能變；另一方面，想要抓住馬克思的共產主義而不變，則又鑑於馬氏思想的空泛無物，而不得不變，因之處在兩難之間。近數十年來，許多共產主義國家因受現實所迫，作了部分的修正，或小幅度的改變，這就是前面所說的：共產主義不能滿足人類的需要，必須改變的原因；這也是一種社會變遷的大勢，不是一種思想或力量所能遏阻的。

又何以共產主義不能滿足人類需要呢？這是因為共產主義迷信文化

㉓ Ralf Dahrendorf, *Class and Class Conflict in Industrial Society*, Stanford, Calif.: Stanford University Press, 1959.

（意識型態）力量對於人類行為與思想的決定性影響。因此，設計一套制度（共產），以武力強迫實行。前已言之，制度是文化目標達成的方法，而其本身也是文化的一部分。可是文化不是萬能的，它並不決定一切。所有的文化制度必須與人類基本特質相配合，始可發揮功能；絕不是藉武力或刑罰就能達成的。「淮南子原道訓」上說：「夫崎法刻誅者，非霸王之業也；箠策繁用者，非致遠之術也。……故任一人之能，不足以治三畝之宅也；脩道理之數，因天地之自然則六合不足均也。」正說明了社會制度須與自然現象與人類需要相調合，始能順利運行。如果以刑罰武力為手段，只能作為個人獲得社會價值的工具，對於社會有何益處？共產主義把人及社會看得太簡單了，結果產生出主義空泛，制度不全的社會主張。所以，除了改變以外，實無他途可行。

　　前面指出，近數十年來，共產主義已經作了某種程度的改變（如修正主義）。同樣，資本主義也作了某種幅度的修正。事實上，傳統的共產主義和資本主義是兩種極端，極端的生活方式有違人類生活的實際需要，所以必須向著「中間」方向變遷，才有發展餘地。如何變？是技術，且因人、因事、因地而制宜，但歸結言之，不外乎科學方法。此處只指出幾項變遷的基本觀念。

　　第一，中共的領導階層必須有為中國長期發展的計畫。換言之，政權的維護，個人及團體利益均是短暫的，使中國人民及社會得以發展，才是道德與政治的長遠目標。古人云：以天下為己任，就是向全中國人負責，向全人類負責，不是向個人及團體利益負責。因此，苟利於中國之發展者，即應大刀闊斧，澈底改變，不必猶豫。況且此種改變對中共本身未嘗不利。

　　第二，重新檢討馬克思的共產主義。從社會、文化、心理、歷史背景、人民需要等方面作澈底省察，並給予學術界充分自由，以探首於共

產主義以外的思想領域，放棄「一元論」的觀點。如前所言，一元論是極端，極端的觀點，不適於人類生活之實際需要。

第三，研究並應用社會科學的知識。中國自古以來，即有豐富的社會思想，但少有突破性的表現，原因很多，此不贅言。中共自建政權以來，始終以馬列毛的思想統治大陸，對於社會科學的知識根本不予重視。加上三十年的閉關自守，外國飛騰躍進，而本身仍喊口號；知識不能精進，只有在共產的範圍之內鬥爭了，因此要求發展，談何容易。

第四，中共領導階層必須具備現代化的知識。須知現代社會與過去不同，盤根錯節，交相牽連。沒有高度之系統分析能力，不足以擔當重任；沒有專業知識，不足以作正確決策。臺灣的成就，原因固多，但政府領導人的專業知識，應係主因之一。

總之，社會不斷變遷，科技發展、經濟進步、理念執著、文化交流等等，都是其因素。無論接受與否，今天的社會與昨天不同，今年與去年有別，五十年前與五十年後不一，時間愈長，差距愈大，但卻都向著以個人為主體，以人格尊嚴為重心之方向發展。這種變遷的大勢，不是某種政治力量所能阻止的。

其次就臺灣而言。基本上，臺灣已經有了自由的言論、民主的政治、普及的教育、繁榮的經濟，但正因如此，卻缺乏研究的毅力與熱誠。學術工作，不在一舉而有成，而在點滴累積，不斷研究。在社會思想方面，尤其如此。可是臺灣的社會思想研究，可能是學術中最弱的一環。所謂「最弱」，係指研究與努力的成果而言。事實上，有關中國的社會思想，無時無之，但均乏深度。其主要原因，在研究者只從「橫面」（現實社會資料）上著眼，不做「縱面」上（歷史過程）觀察；深入廣博之知識，只有從縱橫交錯點上，才能建立起來。可是當前的臺灣社會學界，幾乎均對中國傳統思想欠缺認識。研究者不能通史、通經，

甚至妄加排斥，自然難有成績。胡適曾說：

> 我所遇歐洲學生，無論其為德人、法人、俄人、巴爾幹諸國人，皆深知其國之歷史政治，通曉其國之文學。其為學生而懵然於其祖國之文明歷史政治者，獨有二國之學生耳，中國與美國是已……吾國之學子有幾人能道李、杜之詩，左、遷之史，韓、柳、歐、蘇之文乎？可恥也。（留學日記卷十）

因為不能通史、通經，只想以西學自高。可是西學之中，有許多在中國思想中早已有之。孫中山說：

> 近來歐洲盛行的文化，和所講的無政府主義與共產主義，都是我們中國幾千年以前的舊東西。譬如黃老的政治學說就是無政府主義。列子所說：「華胥氏之國，其人無君長，無法律，自然而已。」是不是無政府主義呢？我們中國的新青年，未曾過細考究中國的舊學說，便以為這些學說，就是世界上頂新的了，殊不知道在歐洲是最新的，在中國就有幾千年了。從前俄國所行的，其實不是純粹共產主義，是馬克思主義，馬克思主義不是真共產主義，蒲魯東、巴古寧所主張的才是真共產主義；共產主義在外國只有言論，還沒有完全實行，在中國洪秀全時代，便實行過了。洪秀全所行的經濟制度，是共產的事實，不是言論。歐洲之所以駕乎我們中國之上的，不是政治哲學，完全是物質文明。（民族主義第四講）

雖然我們不應高估中國傳統的經典思想，但不了解，如何批判？美國芝加哥大學社會思想委員會以使學生精研經典見稱，因為「對於經典的思想意義的研讀與探討，實係一個訓練思想的有效途徑」❷❹。換言之，僅讀詮釋性的二三手資料，不僅不能訓練思想，而且極易導入歧途。所

---

❷❹　林毓生，「思想與人物」，臺北市：聯經出版事業公司，民國七十二年，頁294。

以，傅斯年掌中央研究院歷史語言研究所時，訂出三個目標。其中之一是：「凡能直接研究材料，便進步；凡間接的研究前人所研究或前人所創造的系統，而不能豐富細密參照所包含的事實，便退步。」例如，言及「全盤西化」一詞時，總認爲是胡適所創，實則是潘光旦評胡適文章時所用。如再言「中學爲體，西學爲用」時，總認爲是張之洞所創，實係嚴復評張之洞時所用（張氏原文是「舊學爲體，新學爲用」，意思雖同，但用字不同）。再如對於馬微博（Max Weber）與涂爾幹（Emile Durkheim）思想之詮釋，可謂汗牛充棟，但有幾人能抓住馬、涂兩氏思想的精義？多數不過人云亦云而已。清朝史學家趙翼的一首詩，最能表明此種現象。詩云：

> 雙眼須憑自主張，紛紛藝苑說雌黃；
>
> 矮人看戲何曾見，都是隨人說短長。（甌北詩集）

今天臺灣的社會學界，主要受傳統與西方兩種文化價值的影響，但卻不能加以調合。於是根據米爾斯（C. Wright Mills, 1916～1962）的「社會學想像」（The Sociological Imagination），先肯定自我批判的地位，然後以批判理論（Critical Theory）的哲學指引行爲方向[25]，時常對於中國的傳統思想，放言高論，說短論長，結果徒爲識者笑。梁啓超說：

> 今世所稱好學深思之士有兩種，一則徒爲本國學術思想界所窘，而於他國者未嘗一涉其樊也。一則徒爲外國學術思想所眩，而於本國者不屑屑。（中國學術思想變遷之大勢）

臺灣社會學界便有對本國學術不屑一顧的趨勢，所有論證都圍繞在

---

[25] 見 Axel Honneth, "Critical Theory," in Anthony Giddens and Jonathan Turner (eds.), *Social Theory Today*, Standford, Calif.: Standford University Press, 1987, pp. 347—376.

馬微博、涂爾幹、派深思、哈伯瑪斯（Jurgen Habermas）、馬克思等人的思想內打轉，試以彼等之思想詮釋社會之現象。但是因為不能掌握傳統的淵源與流向，結果所有的詮釋皆欠深入。甚至對於傳統避而不論，或論不及「義」。薩孟武說：

> 蓋有感於今人唯洋是視，數典忘祖，竟謂中華文化無一「可取」，沐猴而冠，「洋」未學成，「華」已消滅，可嘆亦可憐矣❷❻。

薩氏之言，並非無道理。今天為學不深是臺灣思想界最大的危機。尤其外務過多，常求速成；或據一立論，盤據山頭，儼如學閥；缺乏宏觀氣度與深層意識。在此種情況下，欲社會思想，乃至整個社會學之進步，無異緣木求魚，鮮有可能。徐復觀曾說：

> 中國近代知識分子的性格，就一般地來說，在消極方面，缺少分析思考的能力，缺少艱苦實踐的精神。在積極方面，則常以浪漫的情調，與徹底自私的現實主義，作不調和的結合。這兩個方面，實際只是一個性格的兩面。在這種性格之下，很容易接受什麼，在接受時不願多作考慮。也很容易拋棄什麼，在拋棄時決無半毫顧惜。而最後的立場，亦即最後決定其意志的，卻只是自己的名，自己的利；為了這，可以不顧一切。正因為知識分子的這種特殊性格，便缺乏了擔當建立民主政治的真正文化上的努力，因而在我們歷史運命的總挫折中，應當分擔一部分，甚至是一大部分的責任❷❼。

徐氏之言，雖有些尖酸刻薄，但其深層意義，確實發人深省。

除了上述缺乏研究熱誠的危機外，近來還有「重科技、重經濟」及

---

❷❻　薩孟武，「中國政治思想史」，臺北市：三民書局，民國六十一年，頁513。

❷❼　徐復觀，「中國思想史論集」，臺北市：學生書局，民國七十年，頁258。

「泛政治化」的兩種危機。余英時教授在民國八十二年中央研究院評議會上，發表了一番語重心長的講話，他說：

> 人文的發展在臺灣有兩種危機，一是全世界皆然的「重科技、重經濟」的危機，但臺灣在這方面又更加深一點，因為這十幾年來臺灣的經濟建設和科技發展是很有貢獻，但人文卻沒有跟著走，如同一個人一條腿跛了，一條腿在跳，科技有了，思考能力卻沒有，道德水平沒增加，生活品質沒提升，藝術欣賞品味也沒提高。另一方面，學術受到泛政治化，結果，變得大家不願意提到中國文化，覺得中國文化是大陸的。這種心理荒唐極了。因為真要講本土，只有高山族才是土著❷❸。

第一種危機，在數十年前社會學界的老前輩（如今幾均凋零）即已發現，無奈此種「社會」與「心理」趨勢，不是短期可以扭轉的。這一危機與研究熱誠的缺乏有些關連。在今日臺灣的思想界，潛心於學術研究者為數不多，多數為了追求名、利、權（直接與間接），或趨炎赴勢，用為晉身的工具。我們只要把研究成果放到世界學術水平上稍加衡量，便知我們的程度與成績了。數十年來政府在高等教育上的投資不可謂少，但成績卻寥寥無幾。何以如此？要在經濟腐蝕了人心，名利斲喪了鬥志。

至於第二種危機全是由於短視造成的。近幾年來，隨著戒嚴之解除，言論自由之後，政治論調，不一而足，影響所及，使「臺灣化」的趨勢日益明顯。於是整個人文學術便在有意無意之間作了政治的附屬與工具。姑不論臺灣將來的前途如何，我們將獨有之特質棄諸不顧，與人爭長，可謂愚不可及。余英時教授接著指出：

---

❷❸ 「臺灣學術研究有泛政治化之虞」，「世界日報」，加拿大：多倫多，一九九三年十二月十二日，二版。

做人文研究，臺灣在社會學和人類學等方面是不可能超前西方的，只有中國人文的研究，如中國宗教、文化和社會，才是西方沒有的。我們在這方面可以超前，爲什麼不發揮？所以，我們要把政治化那關跳過，研究中國文化、歷史，也研究臺灣。只有對中國和臺灣過去幾十年的發展了解越多，我們才會更懂臺灣。（同上）

余教授直指社會學，當在社會學的研究成績最不足觀。今天我們不能再把社會學之不發達歸咎於政治，事實上政治對於社會學研究的限制完全解除，即使一些敏感的課題也可染指，其他廣大的社會領域，政治亦從未加以限制。所以肩負社會學，尤其社會思想之研究、傳授，以及發揚光大之責任者，怎能不以余教授之言，惕勵自省，努力以赴！

主要參考書目

第一篇 緒 論

第一章 中國社會思想的性質

郭　眞，中國社會思想概觀，上海市：光華書局，西元一九三〇年。

天下出版社主編，中國社會史料輯要，上海市，民國二十三年。

程伯羣，中國社會思想史，上海市：世界書局，民國二十六年。

余英時，歷史與思想，臺北市：聯經出版事業公司，民國六十五年。

王爾敏，中國近世思想史論，臺北市：華世出版社，民國六十七年。

龍冠海、張承漢，西洋社會思想史，臺北市：三民書局，民國六十八
　　年。

Robert Nisbet 著，徐啟智譯，西方社會思想史，臺北市：桂冠圖書公
　　司，民國六十八年。

謝　康，中外社會思想之比較研究，臺北市：中央文物供應社，民國七
　　十三年。

楊懋春，中國社會思想史，臺北市：幼獅文化事業公司，民國七十五
　　年。

余英時，中國思想傳統的現代詮釋，臺北市：聯經出版事業公司，民國
　　七十六年。

Emory Bogardus, *The Development of Social Thought* (2nd ed.),
　　N.Y.: Lougmans, 1949.

Harry Elmer Barnes and Howard Becker, *Social Thought from*

Lore to Science, vols. I~III, Washington D.C.: Harren Press, 1952.

Rollin Chambliss, *Social Thought*, N.Y.: Dryden Press, 1954.

Alvin Boskoff, "From Social Thought to Sociological Theory" in *Modern Sociological Theory*, edited by Howard Becker and Alvin Boskoff, N.Y.: Dryden Press, 1957.

Robert Briggs, *Social Thought and Social Action*, London: Longmans, 1961.

第二篇　先秦時期的社會思想

第一章　殷周時期的社會思想

尚書。

周易。

詩經。

柳詒徵，中國文化史(上冊)，臺北市：正中書局，民國四十七年臺三版。

曾　謇，中國古代社會，臺北市：食貨出版社，民國六十七年臺再版。

姜蘊剛，中國古代社會史，臺北市：華世出版社，民國六十八年臺一版。

第二章　春秋戰國時期的社會思想

孔　子，論語。

孟　子，孟子。

老　子，老子。

莊　子，莊子。

墨　子，墨子。

管　仲，管子。

商　鞅，商君書。

韓　非，韓非子。

楊　朱，列子。

第三篇　西漢時期的社會思想

第一章　西漢的社會背景

韓復智，漢史論集，臺北市：文史哲出版社，民國六十九年。

韓復智編，中國史論集（中冊），臺北市：國立編譯館，民國七十四年。

第二章　西漢的社會思想

陸　賈，新語。

賈　誼，新書。

班　固，漢書。

董仲舒，春秋繁露、舉賢良對策。

司馬遷，史記。

揚　雄，太玄、法言。

班　固，白虎通義。

劉　安，淮南子。

桑弘羊，鹽鐵論。

第三章　東漢的社會背景

張蔭麟，中國史綱，臺北市：正中書局，民國四十六年。

錢　穆，國史大綱，臺北市：商務印書館，民國五十一年。

韓復智，漢史論集，臺北市：文史哲出版社，民國六十九年。

韓復智編，中國史論集（中冊），臺北市：國立編譯館，民國七十四年。

第四章　東漢的社會思想

王　充，論衡。

仲長統，昌言、羣書治要、後漢書。

王　符，潛夫論。

荀　悅，申鑒、漢紀、後漢書。

陳安仁，中國上古中古文化史，臺北市：華世出版社，民國六十四年。

第四篇　魏晉南北朝的社會思想

第一章　魏晉南北朝的社會背景

韓復智編，中國通史論文選輯，臺北市：雙葉書廊，民國六十一年。

韓復智編，中國史論集（中冊），臺北市：國立編譯館，民國七十四年。

薩孟武，魏晉南北朝的貴族政治，社會科學論叢，臺北市：臺大法學院，民國三十九年。

第二章　魏晉南北朝的社會思想

葛　洪，抱朴子。

劉　勰，文心雕龍、劉子新論。

傅　玄，傅子。

何承天，達性論。

范　縝，梁書范縝傳、答舍人。

何啓民，魏晉思想與談風，臺北市：商務印書館，民國五十六年。

第三章　佛學思想與我國傳統思想的衝突

張東蓀，中國哲學史上佛教思想之地位，項維新、劉福增主編「中國哲學思想論集」，臺北市：牧童出版社，民國六十五年。

柳詒徵，中國文化史（中冊），臺北市：正中書局，民國四十七年。

梁啓超，中國學術思想變遷之大勢，臺北市：中華書局，民國四十九年。

楊森富編，中國基督教史，臺北市：商務印書館，民國六十七年。

第五篇　隋唐五代時期的社會思想

第一章　隋唐五代的社會背景

韓復智編，中國史論集（下冊），臺北市：國立編譯館，民國七十四年。

薩孟武，中國社會政治史，第三冊，臺北市：三民書局，民國六十四年。

第二章　隋唐五代的社會思想

韓　愈，韓昌黎先生文集。

柳宗元，柳河東集。

劉禹錫，新唐書、劉賓客文集。

无能子，无能子。

趙　蕤，長短經。

羅　隱，兩同書。

第六篇　宋元時期的社會思想

第一章　宋元時期的社會背景

錢　穆，中國近三百年學術史，臺北市：商務印書館，民國四十六年。

陳鐘凡，兩宋思想述評，臺北市：華世出版社，民國六十六年。

韓復智編，中國史論集（下冊），臺北市：國立編譯館，民國七十四年。

第二章　宋元時期的社會思想

李　覯，李直講先生文集。

王安石，王臨川集、宋史。

司馬光，資治通鑑、司馬文正公集。

范仲淹，范文正公集。

葉　適，水心集。

許　衡，魯齋全書。

第七篇　明清時期的社會思想

第一章　明代的社會背景

柳詒徵，中國文化史（中冊），臺北市：正中書局，民國四十七年。

韓復智編，中國史論集（中冊），臺北市：國立編譯館，民國七十四
　　年。

第二章　明代的社會思想

方孝孺，遜志齋集。

王陽明，陽明全書。

王　艮，王心齋文集。

李　贄，李氏焚書、初譚集。

容肇祖，明代思想史，臺北市：臺灣開明書店，民國五十一年。

第三章　清代的社會背景

郭廷以，近代中國史綱，香港：中文大學，西元一九八〇年。

韓復智編，中國史論集（下冊），臺北市：國立編譯館，民國七十四
　　年。

第四章　清代的社會思想

黃宗羲，明儒學案、明夷待訪錄。

顧亭林，日知錄、天下郡國利病書。

王夫之，讀通鑑論、宋論、船山遺書。

唐　甄，潛書。

戴　震，戴氏遺書。

洪亮吉，洪北江文集。

焦　循，雕菰集。

第八篇　民國時期的社會思想

第一章　民國時期的社會背景

郭廷以，近代中國史綱，香港：中文大學，西元一九八〇年。

韓復智編，中國史論集（下冊），臺北市：國立編譯館，民國七十四
　年。

第二章　民國時期的社會思想

孫中山，國父全集。

康有為，大同書。

梁啟超，飲冰室全集。

譚嗣同，譚嗣同全集。

嚴復，侯官嚴氏叢刻。

章炳麟，章氏叢書、訄言、檢論、學林雅言、續章氏叢書。

蔡元培，蔡元培先生全集。

胡　適，胡適文存，中國哲學史大綱。

蕭公權，中國政治思想史(上、下冊)，臺北市：文化大學，民國六十九
　年。

薩孟武，中國政治思想史，臺北市：三民書局，民國六十一年。

余英時，文明論衡，臺北市：九思出版公司，民國六十八年。

余英時，歷史與思想，臺北市：聯經出版事業公司，民國五十五年。

余英時，中國思想傳統的現代詮釋，臺北市：聯經出版事業公司，民國
　　七十六年。

林毓生，思想與人物，臺北市：聯經出版事業公司，民國七十二年。

杜維明，儒家第三期發展的前景問題，臺北市：聯經出版事業公司，民
　　國七十八年。

蕭公權等，近代中國思想人物論：社會主義，周陽山、楊肅獻編，臺北
　　市：時報出版公司，民國六十九年。

史華慈等，近代中國思想人物論：自由主義，周陽山、楊肅獻編，臺北
　　市：時報出版公司，民國六十九年。

周策縱等，五四與中國，臺北市：時報出版公司，民國六十八年。

郭湛波，近代中國思想史，香港：龍門書店，西元一九七三年。

黃俊傑主編，中國文化新論——思想篇：理想與現實，臺北市：聯經出
　　版事業公司，民國七十一年。

王爾敏，晚清政治思想史論，臺北市：華世出版社，民國五十八年。

第九篇　中國社會思想的回顧與前瞻

第一章　中國社會思想的回顧

司馬遷，史記。

杜維明，儒家第三期發展的前景問題，臺北市：聯經出版事業公司，民
　　國七十八年。

余英時，中國思想傳統的現代詮釋，臺北市：聯經出版事業公司，民國
　　七十六年。

第二章　中國社會思想的前瞻

余英時，民主革命論，臺北市：九思出版社，民國六十八年。

余英時，中國思想傳統的現代詮釋，臺北市：聯經出版事業公司，民國

七十六年。

林毓生，思想與人物，臺北市：聯經出版事業公司，民國七十二年。

王爾敏，中國近代思想史論，臺北市：華世出版社，民國六十六年。

徐復觀，中國思想史論集，臺北市：臺灣學生書局，民國七十年六版。

其他參考書，可見各章附注。

跋

　　本書下冊於上冊出版後八年問世，其中歷程，一言難盡。我在本書「自序」中曾寫道：寫社會思想史不易，寫中國社會思想史尤其不易。其中涉及問題之多，絕非想像可及。八年來雖不斷參閱有關資料，可是隨著年齡的增長，體驗之增加，越來越不敢輕易落筆。眼見時光流失，歲月蹉跎，對於社會學界之後進，似有責任未了之嘆；對於先師龍冠海教授之期許未成，又有寢饋難安之感。在此期間，我特赴美國哈佛大學研究「二十世紀的美國社會思潮」，期對當代的社會思想有所了解，用以說明中國社會思想，尤其近代中國社會思想之發展大勢，可謂收穫豐碩，助益匪淺。但在面對浩若煙海的典籍時，常有時不我予，力不從心之嘆。因此，我乃於民國七十九年提前自臺大退休，移居北美，專心著述，以了心願。原擬先成本冊，唯已有兩書邀約在前，為守承諾，於兩書完成後始著手整理，添補未成部分（在臺時已完成約三分之二）。今下冊問世，成敗不計，內心如釋重擔。可是另一方面，期待於後學之能潛心研究中國社會思想者，又加深了心中的負擔。所以我在本書最後一篇呼籲兩岸社會學界，專心於中國社會思想之研究，不使先賢思想埋沒於「荒煙蔓草」間，更可據以創建新猷，為人類未來的社會指供新的方向，為將來的生活提供新的內涵。如此，方不愧為中華兒女，龍的傳人。

　　最後尤要特別感謝鄉長黃鵬志先生之細心校訂，不斷指正。否則，疏漏連連，難對讀者。

張承漢　　識於加拿大西安大學威頓圖書館
　　　　　　中華民國八十三年六月一日

書名	作者	學校
公司法論	梁宇賢 著	中興大學
票據法	鄭玉波 著	臺灣大學
海商法	鄭玉波 著	臺灣大學
海商法論	梁宇賢 著	中興大學
保險法論	鄭玉波 著	臺灣大學
民事訴訟法釋義	石志泉 原著 楊建華 修訂	輔仁大學
破產法	陳榮宗 著	臺灣大學
破產法論	陳計男 著	行政法院
刑法總整理	曾榮振 著	中地院學
刑法總論	蔡墩銘 著	臺灣大學
刑法各論	蔡墩銘 著	臺灣大學
刑法特論（上）（下）	林山田 著	政治大學
刑事政策（修訂版）	張甘妹 著	臺灣大學
刑事訴訟法論	黃東熊 著	中興大學
刑事訴訟法論	胡開誠 著	臺灣大學
行政法（改訂版）	林紀東 著	臺灣大學
行政法	張家洋 著	政治大學
行政法之基礎理論	城仲模 著	中興大學
犯罪學	林山田 等著	政治大學等
監獄學	林紀東 著	臺灣大學
土地法釋論	焦祖涵 著	東吳大學
土地登記之理論與實務	焦祖涵 著	東吳大學
引渡之理論與實踐	陳榮傑 著	外交部
國際私法	劉甲一 著	臺灣大學
國際私法新論	梅仲協 著	前臺灣大學
國際私法論叢	劉鐵錚 著	政治大學
現代國際法	丘宏達 等著	馬利蘭大學等
現代國際法基本文件	丘宏達 編著	馬利蘭大學
平時國際法	蘇義雄 著	中興大學
中國法制史	戴炎輝 著	臺灣大學
法學緒論	鄭玉波 著	臺灣大學
法學緒論	孫致中 著	各大專院校

書名	著者		學校
強制執行法	陳榮宗	著	臺灣大學
法院組織法論	管歐	著	東吳大學

政治‧外交

書名	著者		學校
政治學	薩孟武	著	前臺灣大學
政治學	鄒文海	著	前政治大學
政治學	曹伯森	著	陸軍官校
政治學	呂亞力	著	臺灣大學
政治學概要	張金鑑	著	政治大學
政治學方法論	呂亞力	著	臺灣大學
政治理論與研究方法	易君博	著	政治大學
公共政策概論	朱志宏	著	臺灣大學
公共政策	曹俊漢	著	臺灣大學
公共政策	朱志宏	著	臺灣大學
公共關係	王德馨	等著	交通大學
中國社會政治史(一)～(四)	薩孟武	著	前臺灣大學
中國政治思想史	薩孟武	著	前臺灣大學
中國政治思想史（上）（中）（下）	張金鑑	著	政治大學
西洋政治思想史	張金鑑	著	政治大學
西洋政治思想史	薩孟武	著	前臺灣大學
中國政治制度史	張金鑑	著	政治大學
比較主義	張亞澐	著	政治大學
比較監察制度	陶百川	著	國策顧問
歐洲各國政府	張金鑑	著	政治大學
美國政府	張金鑑	著	政治大學
地方自治概要	管歐	著	東吳大學
國際關係——理論與實踐	朱張碧珠	著	臺灣大學
中美早期外交史	李定一	著	政治大學
現代西洋外交史	楊逢泰	著	政治大

行政‧管理

書名	著者		學校
行政學（增訂版）	張潤書	著	政治大學
行政學	左潞生	著	中興大學
行政學新論	張金鑑	著	政治大

書名	著者	服務學校
行政管理學	傅肅良 著	中興大學
行政生態學	彭文賢 著	中興大學
各國人事制度	傅肅良 著	中興大學
考詮制度	傅肅良 著	中興大學
交通行政	劉承漢 著	成功大學
組織行為管理	龔平邦 著	前逢甲大學
行為科學概論	龔平邦 著	前逢甲大學
行為科學與管理	徐木蘭 著	臺灣大學
組織行為學	高尚仁 等著	香港大學
組織原理	彭文賢 著	中興大學
實用企業管理學	解宏賓 著	逢甲大學
企業管理	蔣靜一 著	臺灣大學
企業管理	陳定國 著	臺灣大學
國際企業論	李蘭甫 著	中文大學
企業政策	陳光華 著	交通大學
企業概論	陳定國 著	臺灣大學
管理新論	謝長宏 著	交通大學
管理概論	郭崑謨 著	中興大學
管理個案分析	郭崑謨 著	中興大學
企業組織與管理	郭崑謨 著	中興大學
企業組織與管理（工商管理）	盧宗漢 著	中興大學
現代企業管理	龔平邦 著	前逢甲大學
現代管理學	龔平邦 著	前逢甲大學
事務管理手冊	新聞局	
生產管理	劉漢容 著	成功大學
管理心理學	湯淑貞 著	成功大學
管理數學	謝志雄 著	東吳大學
品質管理	戴久永 著	交通大學
可靠度導論	戴久永 著	交通大學
人事管理（修訂版）	傅肅良 著	中興大學
作業研究	林照然 著	輔仁大學
作業研究	楊超然 著	臺灣大學
作業研究	劉一忠 著	舊金山州立大學

社　會

書名	著者	服務機關
系統分析	陳　進　著	美國聖瑪麗大學前
社會學	蔡文輝　著	美國印第安那大學
社會學	龍冠海　著	臺灣大學
社會學	張華葆　主編	東海大學
社會學理論	蔡文輝　著	美國印第安那大學
社會學理論	陳秉璋　著	政治大學
社會心理學	劉安彥　著	美國傑克州立大學
社會心理學	張華葆　著	東海大學
社會心理學	趙淑華　著	東海大學
社會心理學理論	張華葆　著	東海大學
政治社會學	陳秉璋　著	政治大學
醫療社會學	廖榮利　等著	臺灣大學
組織社會學	張苙雲　著	臺灣大學
人口遷移	廖正宏　著	臺灣大學
社區原理	蔡宏進　著	臺灣大學
人口教育	孫得雄　編著	東海大學
社會階層化與社會流動	許嘉猷　著	臺灣大學
社會階層	張華葆　著	東海大學
西洋社會思想史	張承漢　等著	臺灣大學
中國社會思想史（上）（下）	張承漢　著	臺灣大學
社會變遷	蔡文輝　著	美國印第安那大學
社會政策與社會行政	陳國鈞　著	中興大學
社會福利行政（修訂版）	白秀雄　著	政治大學
社會工作	白秀雄　著	政治大學
社會工作管理	廖榮利　著	臺灣大學
團體工作：理論與技術	林萬億　著	臺灣大學
都市社會學理論與應用	龍冠海　著	前臺灣大學
社會科學概論	薩孟武　著	前臺灣大學
文化人類學	陳國鈞　著	中興大學

書名	著者		學校
勞工問題	陳國鈞	著	中興大學
少年犯罪心理學	張華葆	著	東海大學
少年犯罪預防及矯治	張華葆	著	東海大學

教　育

書名	著者		學校
教育哲學	賈馥茗	著	師範大學
教育哲學	葉學志	著	彰化教育學院
普通教學法	方炳林	著	臺灣師範大學
各國教育制度	雷國鼎	著	臺灣師範大學
教育心理學	溫世頌	著	美國傑克州立大學
教育心理學	胡秉正	著	政治大學
教育社會學	陳奎憙	著	臺灣師範大學
教育行政學	林文達	著	政治大學
教育行政原理	黃文輝	主譯	臺灣師範大學
教育經濟學	蓋浙生	著	臺灣師範大學
教育經濟學	林文達	著	政治大學
工業教育學	袁立錕	著	彰化教育學院
技術職業教育行政與視導	張天津	著	臺灣師範大學
技職教育測量與評鑑	李大偉	著	臺灣師範大學
高科技與技職教育	楊啟棟	著	臺灣師範大學
工業職業技術教育	陳昭雄	著	臺灣師範大學
技術職業教育教學法	陳昭雄	著	臺灣師範大學
技術職業教育辭典	楊朝祥	編	臺灣師範大學
技術職業教育理論與實務	楊朝祥	著	臺灣師範大學
工業安全衛生	羅文基	著	臺灣師範大學
人力發展理論與實施	彭台臨	著	臺灣師範大學
職業教育師資培育	周談輝	著	臺灣師範大學
家庭教育	張振宇	著	淡江大學
教育與人生	李建興	著	臺灣師範大學
當代教育思潮	徐南號	著	臺灣大學
比較國民教育	雷國鼎	著	政治大學
中等教育	司琦	著	政治大學
中國教育史	胡美琦		文化大學

書名	著者	機構
中國現代教育史	鄭世興 著	臺灣師大
中國大學教育發展史	伍振鷟 著	臺灣師大
中國職業教育發展史	周談輝 著	臺灣師大
社會教育新論	李建興 著	臺灣師大
中國社會教育發展史	李建興 著	臺灣師大
中國國民教育發展史	司琦 著	臺灣政治大學
中國體育發展史	吳文忠 著	臺灣師大
如何寫學術論文	宋楚瑜 著	臺灣大學
論文寫作研究	段家鋒 等著	政戰學校等

心理學

書名	著者	機構
心理學	劉安彥 著	傑克州立大學等
心理學	張春興 等著	臺灣師大等
人事心理學	黃天中 著	淡江大學
人事心理學	傅肅良 著	中興大學

經濟・財政

書名	著者	機構
西洋經濟思想史	林鐘雄 著	臺灣大學
歐洲經濟發展史	林鐘雄 著	臺灣大學
比較經濟制度	孫殿柏 著	政治大學
經濟學原理（增訂新版）	歐陽勛 著	政治大學
經濟學導論	徐育珠 著	南康涅狄克州立大學
經濟學概要	歐陽勛 等著	政治大學
通俗經濟講話	邢慕寰 著	前香港大學
經濟學（增訂版）	陸民仁 著	政治大學
經濟學概論	陸民仁 著	政治大學
國際經濟學	白俊男 著	東吳大學
國際經濟學	黃智輝 著	東吳大學
個體經濟學	劉盛男 著	臺北商專
總體經濟分析	趙鳳培 著	政治大學
總體經濟學	鍾甦生 著	西雅圖銀行
總體經濟學	張慶輝 著	政治大學
總體經濟理論	孫震 著	臺灣大學

書名	著（編）者		服務機構
數理經濟分析	林大侯	著	臺灣大學
計量經濟學導論	林華德	著	臺灣大學
計量經濟學	陳正澄	著	臺灣大學
經濟政策	湯俊湘	著	臺灣大學
合作經濟概論	尹樹生	著	中興大學
農業經濟學	尹樹生	著	中興大學
工程經濟	陳寬仁	著	中正理工學院
銀行法	金桐林	著	中央銀行
銀行法釋義	楊承厚	著	華南銀行
商業銀行實務	解宏賓	編	中興大學
貨幣銀行學	何成偉	著	東吳大學
貨幣銀行學	白俊男	著	東吳大學
貨幣銀行學	楊樹森	著	文化大學
貨幣銀行學	趙鳳培	著	政治大學
現代貨幣銀行學	柳復起	著	新南威爾斯大學
現代國際金融	柳復起	著	新南威爾斯大學
國際金融理論與制度（修訂版）	歐陽勛等	編	政治大學
金融交換實務	李麗	著	中央銀行
財政學	李厚高	著	逢甲大學
財政學（修訂版）	林華德	著	臺灣大學
財政學原理	魏萼	著	臺灣大學
商用英文	張錦源	著	政治大學
商用英文	程振粵	著	政治大學
貿易契約理論與實務	張錦源	著	政治大學
貿易英文實務	張錦源	著	政治大學
信用狀理論與實務	蕭啟賢	著	輔仁大學
信用狀理論與實務	張錦源	著	政治大學
國際貿易	李穎吾	著	政治大學
國際貿易實務詳論	張錦源	著	政治大學
國際貿易實務	羅慶龍	著	逢甲大學